STORE BOOK 2021

inside retail

Herausgeber:
dLv — Deutscher Ladenbau Verband

STORE BOOK 2021

Cornelia Dörries

dLv Deutscher Ladenbau Verband

INHALT

8 **Vorwort** Carsten Schemberg
12 **Lebenszeichen** Cornelia Dörries

Leuchttürme des Einzelhandels

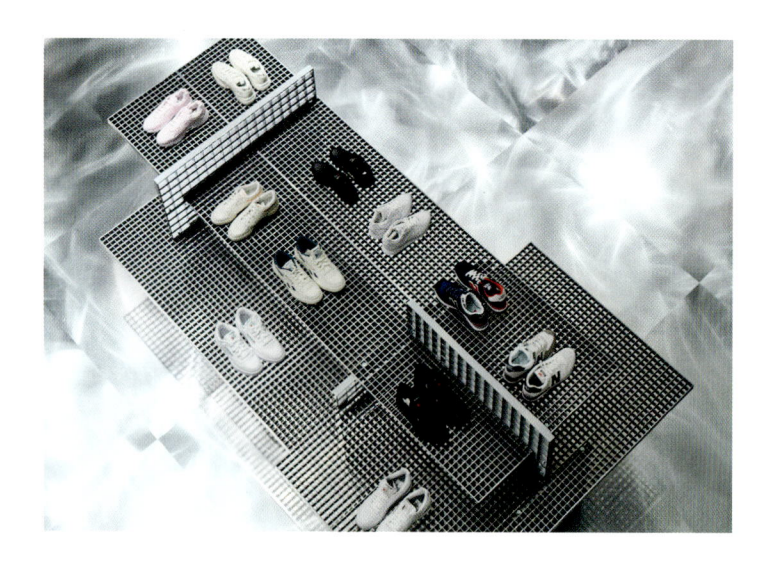

14 **INTERVIEW**
Marc Ramelow

16 **BREUNINGER — NÜRNBERG**
Nachhaltig, spektakulär und futuristisch zugleich

22 **BRAUN — HAMBURG**
Like a gentleman

26 **RAMELOW — STENDAL**
Von guten Geistern beseelt

30 **STEFFL SPORTS WORLD — WIEN**
Hauptsache Alpen

34 **SCHUH FRANK — BAD KREUZNACH**
Nur das Beste

38 **EBIKER — LAUFENBURG**
Die neue E-Klasse

42 **SCHUHHAUS CHRISS — ETTLINGEN**
Gut zu Fuß

Aufenthaltsqualitäten

46 **INTERVIEW**
Siegmund Dumm

48 **BÄCKEREI BURKHARD — LYSS**
Genuss in drei Geschwindigkeiten

54 **BÄCKEREI VATTER — BUCHHOLZ**
Der Duft von gutem Brot und weiter Welt

58 **DIE MEISTEREI — INGOLSTADT**
Mehr als täglich Brot

62 **BAVARIA TOWERS BETRIEBSGASTRONOMIE — MÜNCHEN**
Mahlzeit modern

64 **BEETSCHWESTER — MÜNSTER**
Grünschnäbel

INHALT

Wandel als Prinzip

68	**ALLES NEU MACHT DER MAI** Daniel Schnödt
70	**GLOBETROTTER — BERLIN** Destination Fernweh
76	**C&A — BERLIN** Charakter und Anspruch
80	**COTTET OPTICIAN'S SHOP — BARCELONA** Schau an
84	**BUCHERER — HAMBURG + DÜSSELDORF** Wertebewusstsein
88	**SÜDTIROLER SPARKASSE — ST. ULRICH** Deutlich im Plus
92	**PORSCHE DESIGN STORE — FRANKFURT AM MAIN** PS zum Anfassen
94	**CAMPER STORE — MÁLAGA** Fußgerecht

Essen und Trinken

98	**INTERVIEW** Matt Druyen
100	**EDEKA HUNDRIESER — ESSEN** Ein Markt in neuen Dimensionen
106	**EDEKA SCHENKE — RHEDA-WIEDENBRÜCK** Einer für fast alles
110	**GETRÄNKEWELT TADSEN — BREDSTEDT** Flaschenposten
114	**GIESINGER BRÄU — MÜNCHEN** Von wegen Blau-Weiß

INHALT

Kann sich sehen lassen

118 **MARKETING FÜR APOTHEKEN FUNKTIONIERT NUR ÜBER ARCHITEKTUR**
Klaus Bürger

120 **FRESHLY COSMETICS — BARCELONA**
Erfolgreiche Frischzellenkur

127 **SCHTONY OPTIK — KIEL**
Ansichtssachen

130 **BRINCKMANN & LANGE — LEIPZIG**
Tradition als Neuerfindung

134 **MYKITA — MÜNCHEN**
The Look of Lifestyle

138 **APOTHEKE BILK — DÜSSELDORF**
Durchblick frei Haus

140 **PROJECT LOBSTER — BARCELONA**
Sehenswert

142 **PANIS EYEWEAR — OISTERWIJK**
Augenschmaus

144 **BARA HEALTH BY NATURE — KFAR SABA**
Zwischen Pflanze und Kunde

Alles außer gewöhnlich

148 **INTERVIEW**
Nicole Srock.Stanley

150 **MUSEUMSSHOP RESIDENZSCHLOSS — LUDWIGSBURG**
Moderne im Adelsstand

156 **IKEA HOME OF TOMORROW — STETTIN**
Anders als gewohnt

160 **SLOWEAR18 — MAILAND**
Das Grün der Lagune

164 **SALLYS WELT FLAGSHIPSTORE — MANNHEIM**
Alles echt

168 **MUROEXE — AMSTERDAM**
Mit leichtem Gepäck

172 **FLORISTERÍA COLVIN — BARCELONA**
Das Vanitas-Motiv

174 **SOUVENIR SHOP IN PLAZA MAYOR — MADRID**
Viva España

176 **KINO LUX — BAAR**
Leinwandhelden

INHALT

Inspiration Asien

180 **STORES AROUND THE WORLD**
Wolf Jochen Schulte-Hillen

182 **ON/OFF MULTI-BRAND FASHION STORE — SHANGHAI**
Raumpatrouille Planet Fashion

188 **SHEFALI'S BOUTIQUE STUDIO — VADODARA**
Weise Fügung

192 **FREITAG — KYOTO**
Trendwerkstatt

196 **GEIJOENG CONCEPT STORE — SHENZHEN**
Reizklima

200 **M-I-D CONCEPT STORE — OSAKA**
Lichtschrein

204 **CLOUD BISTRO — SHANGHAI**
Ganz oben

Vorübergehend geöffnet

208 **A DECADE OF NOMADIC RETAIL**
Christoph Stelzer

210 **COLE & SON POP-UP — PARIS**
Blütenträume

212 **DR. MARTENS - TOUGH AS YOU POP-UP — STUTTGART**
Work hard, play hard

214 **CRASH BAGGAGE — SHANGHAI**
Who cares

Details im Fokus

217 **FLOKK SHOWROOM — WARSCHAU**
Nichts als Stühle

218 **LAGO SHOPPING CENTER — KONSTANZ**
Das Licht leitet

219 **P448 FLAGSHIP STORE — MAILAND**
Die blaue Stunde

220 **Projektpartner**

224 **Impressum**

VORWORT

Carsten Schemberg,
dLv-Präsident, Geschäftsführer
Theodor Schemberg Einrichtungen
GmbH

Das Jahr 2020 wird in die Geschichte eingehen als das Jahr der Corona-Pandemie. Der Einzelhandel war im Frühjahr – bis auf die systemrelevanten Branchen – im Lockdown. Die stationären Händler erlebten den zweiten GAU vor Weihnachten, als sie ab dem 15. Dezember schließen mussten. Das hatte es noch nie gegeben: über mehrere Wochen geschlossene Läden, und das weltweit.

Wir haben uns angesichts dieser für den Retail teils desaströsen Lage im Frühjahr gefragt, ob wir unser STORE BOOK in diesem Jahr werden realisieren können oder ob wir das Projekt aussetzen müssen. Immerhin seit 2014 gibt der dLv jährlich das Buch der herausragenden Läden heraus. Es ist eine Werkschau nationalen und internationalen Store-Designs. Es zeigt das ganze Können der Planer, der Designer, der Ladenbauer und vieler weiterer Gewerke, die am Entstehen eines Stores beteiligt sind.

Es gibt auch Einblick in die unterschiedlichen kulturellen Sichtweisen. So sind besonders die Läden, die von japanischen Architekten geplant werden, Musterbeispiele reduzierter Gestaltung mit wenigen, aber hochwertigen Materialien. Sie zeigen die ganze Kunst der japanischen Architektenschule, die eine große und bedeutende Tradition vorweisen kann. In den bisherigen Ausgaben des STORE BOOK haben wir vor allem aus den im Retail boomenden Ländern wie China, Südkorea oder Singapur futuristische Läden gesehen, wie wir sie in Europa nicht kennen. Und es wurden und werden Projekte aus Ländern eingereicht, die auf der weltweiten Store-Landkarte keine Hotspots sind, wie Armenien, Panama oder Taiwan. Das macht unser Buch so interessant. Denn wir können überall auf der Welt noch innovative, überraschende, schöne oder auch polarisierende Läden entdecken.

VORWORT

Die Sorge, dass wir in diesem für den Retail weltweit so schwierigen Jahr überhaupt genügend Projekte werden zeigen können, war unbegründet. Wir haben über hundert Einreichungen aus aller Welt erhalten und hatten die Qual der Wahl. Besonders freut es mich, dass wir auch aus Deutschland, Österreich und der Schweiz großartige Projekte bekommen haben. Eines davon sehen Sie auf dem Cover des Buchs: Breuninger in Nürnberg.

Das STORE BOOK 2021 ist das siebte in der Reihe seit 2014. In diesen sieben Jahren hat sich die Retail-Landschaft gewaltig verändert. Waren es 2014 noch die Fashion-Stores, die das Buch dominiert haben, sind es jetzt Bäckereien mit Cafés, Bike-Läden und Supermärkte. Wir haben eine Sparkasse genauso dabei wie eine Betriebskantine. Wir haben mutige Einzelhändler wie Ramelow, die in einem kleinen Ort wie Stendal, den viele sicher auf der Landkarte erst suchen müssen, den großen Wurf wagen und neu eröffnen. Bekannte Player wie Globetrotter oder C&A erfinden sich noch einmal neu und Getränkemärkte wagen ein Trading-up. Der Pop-up-Store wiederum hat sich als Teil der Marketingstrategie vieler internationaler Brands gut etabliert. Das sehen wir daran, dass diese Flächen mittlerweile aufwändig inszeniert werden. Das Buch ist daher auch ein guter Gradmesser für die Entwicklung der Handelsbranchen.

Gerade weil die Veränderungen, getrieben durch die Digitalisierung, so zahlreich sind, haben wir einige Experten nach ihren Einschätzungen gefragt. Ich freue mich, dass wir Ihnen damit neben der Vorstellung der Top-Stores auch ein wertvolles Kompendium an Hintergrundwissen an die Hand geben können.

Die Agenturen, Unternehmen und Hersteller, die an den im Buch vorgestellten Projekten beteiligt waren, stellen wir Ihnen im Factbook zu jedem Projekt, aber auch am Buchende noch einmal kompakt vor. Mit dabei sind auch diejenigen, ohne die es dieses Buch gar nicht in dieser Form gäbe: die Fotografen. Sie sind es, die uns den Blick in die Stores ermöglichen und unser Auge auf die Details lenken. Deswegen verdienen auch sie eine besondere Würdigung.

Ich bedanke mich besonders bei den Firmen, die uns mit einer Anzeige unterstützen. Ohne sie wäre das Buch nicht zustande gekommen.

Tauchen Sie ein in die Welt der atemberaubenden Ladenkonzepte und gehen Sie auf die Reise von Barcelona über Paris, Amsterdam, Ingolstadt, Berlin nach Osaka und Shenzhen. Machen Sie Halt in St. Ulrich in Südtirol, Bad Kreuznach, Laufenburg und brechen Sie nach Israel und Indien auf.
Die ganze Welt der Läden 2021 liegt vor Ihnen.

Carsten Schemberg

dlv *Deutscher Ladenbau Verband*

Deutscher Ladenbau Verband

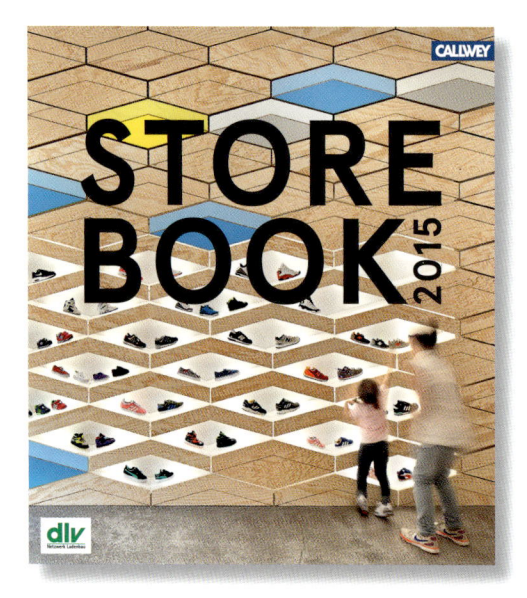

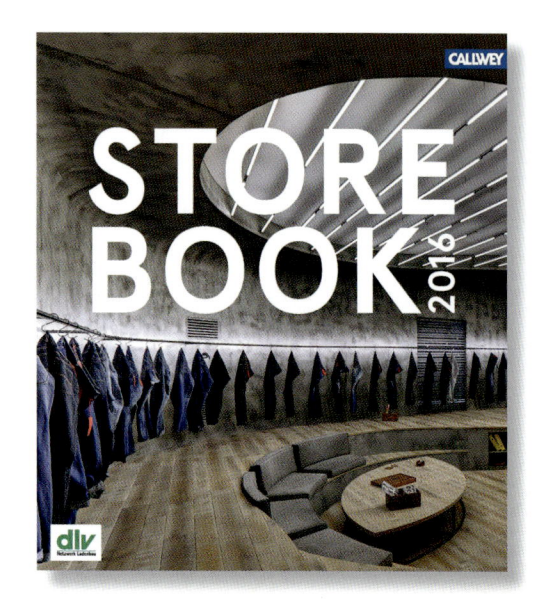

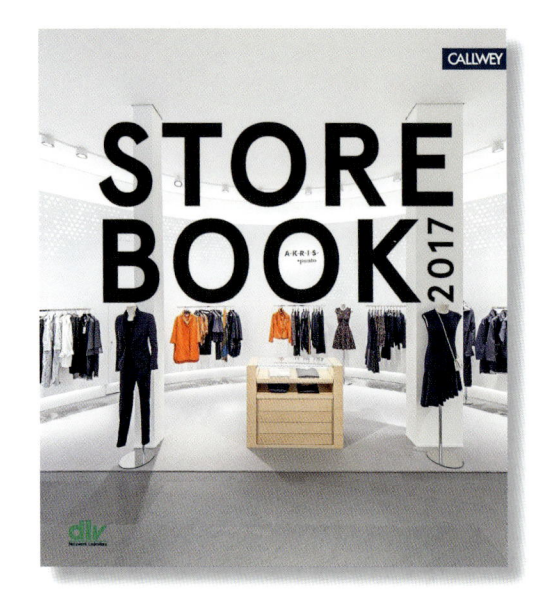

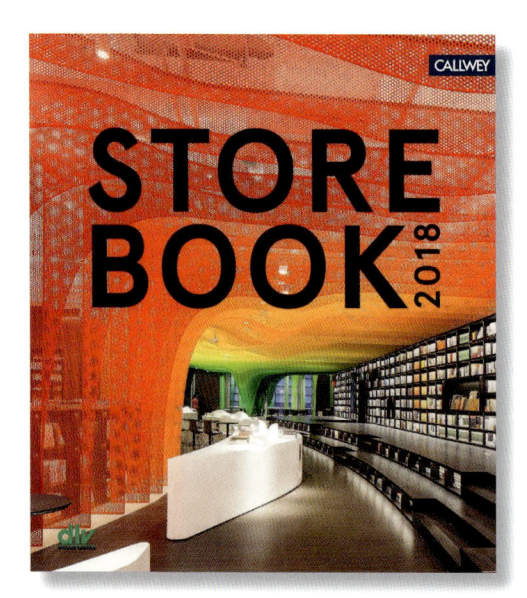

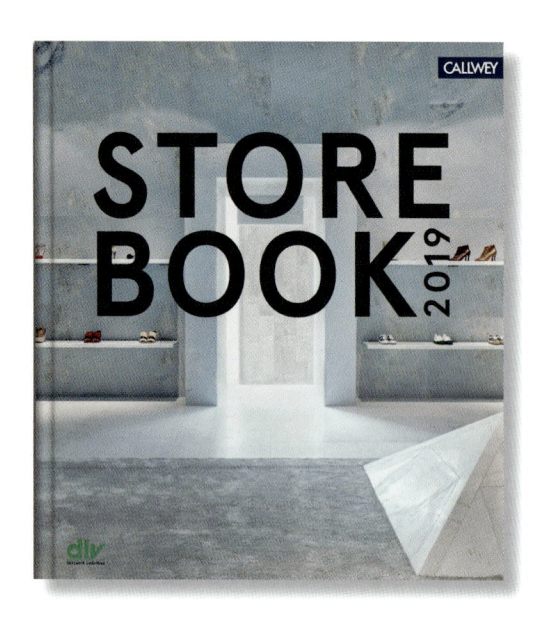

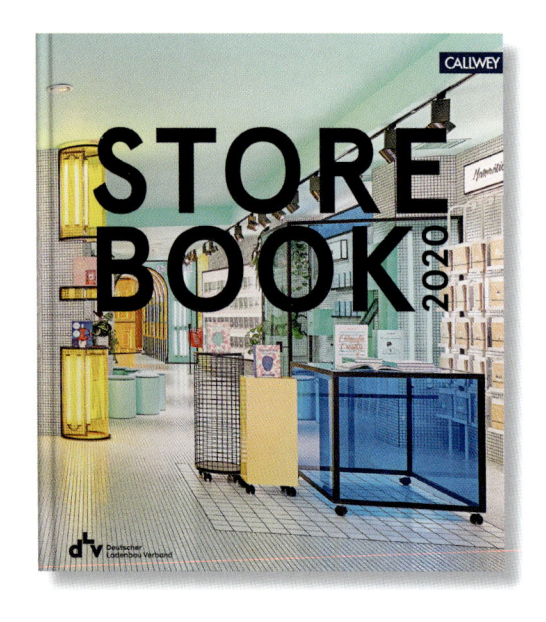

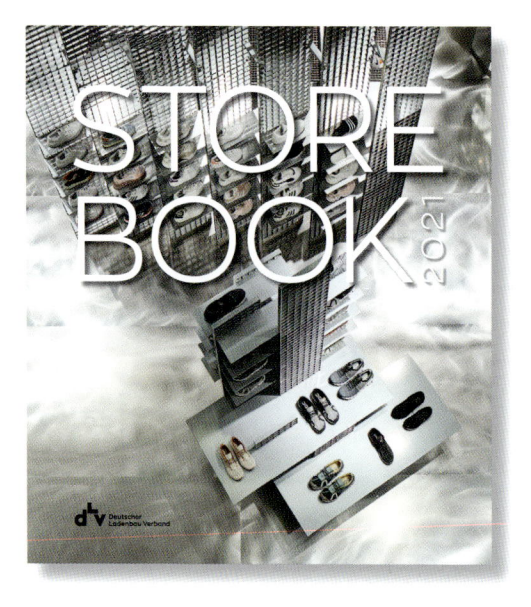

www.ladenbauverband.de

ONE WORLD
of living spaces

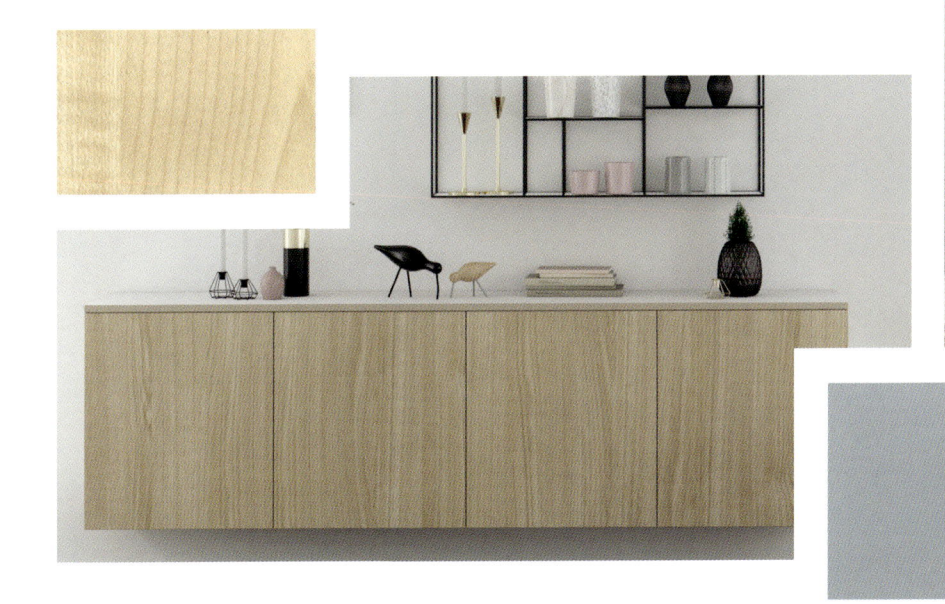

ONE WORLD COLLECTION

swisskrono.com/oneworld

SWISS KRONO

LEBENSZEICHEN

Cornelia Dörries,
Autorin

Das STORE BOOK ist in diesem Jahr mehr als ein Best-of des internationalen Store-Designs. Unter den Bedingungen der Corona-Pandemie erscheint die vorliegende Ausgabe geradezu als Privileg. Denn sie bietet einen ungestörten Blick hinter Türen von Geschäften, die von März 2020 an fast durchweg geschlossen blieben. Die Folgen für den Einzelhandel sind dramatisch. Verkommt unter diesen Umständen der konzentrierte Blick auf innovative, aufregende und schöne Ladenbaukonzepte, mithin das STORE BOOK selbst, nicht zum dekadenten Luxus? Ganz im Gegenteil. Denn wenn das Einkaufen vor Ort auch nach Corona eine Zukunft haben soll, sind Gestaltung, Einrichtung und Atmosphäre von Geschäften der wichtigste und womöglich einzige Faktor, auf den der stationäre Handel setzen kann. So gesehen, steht die Auswahl 2021 für einen ganz besonderen Jahrgang: Sie versammelt Projekte, die lange vor dem Ausbruch der weltweiten Covid-19-Pandemie geplant wurden und sich nun unter den gänzlich veränderten Bedingungen bewähren müssen.

Von all dem konnten die Planer der für das STORE BOOK 2021 aufgenommenen Läden noch nichts ahnen. Auch deshalb verursacht die Betrachtung eines ätherisch schwebenden Blumenladens in Barcelona, einer neu eingerichteten Edelboutique in Mailand oder eines kleinen Modegeschäfts in Indien fast schon Phantomschmerz, so sehr vermisst man die beiläufige Entdeckung ungewöhnlicher Läden auf Reisen oder seinen Wegen durch fremde Städte. Umso schöner, dass internationale Projekte erstmals in einem eigenen Kapitel vorgestellt werden. Welche Trends den Ladenbau in anderen Weltgegenden prägen und wie sich die Unterschiede in Sachen Digitalisierung auch in Handelsformaten niederschlagen, weiß hierzulande wohl niemand besser als Wolf Jochen Schulte-Hillen. In seinem Überblicksbeitrag ab Seite 180 widmet er sich dem internationalen Geschehen und stellt erfolgversprechende neue Ansätze für die Fläche vor.

Dass trotz – oder wegen – der Pandemie auch in Deutschland viele sehenswerte Projekte verwirklicht wurden, gehört zu den eher tröstlichen Gewissheiten dieses Jahres. Etablierte Traditionshäuser wie Breuninger in Nürnberg oder der Herrenausstatter Braun in Hamburg empfangen ihre Kunden nach der Corona-Zwangspause in grundlegend erneuerten, zum Teil spektakulär gestalteten Räumlichkeiten: Solche kraftvollen Lebenszeichen können nicht nur die gebeutelten Modehändler gut brauchen, sondern auch die Innenstädte. Ausgerechnet in Stendal, einer kleinen Stadt in Sachsen-Anhalt, zeigt das Modehaus Ramelow, mit welchen Ideen ein eigentlich totgesagtes Format nicht nur den stationären Handel vor Ort, sondern auch eine ganze Innenstadtlage beleben kann. Denn es geht in der Fläche nicht mehr um möglichst viel Ware pro Quadratmeter zum möglichst günstigen Preis und damit um eine aussichtslose Konkurrenz zum Online-Handel; es geht stattdessen um die richtige, standortbezogene Auswahl, eine einzigartige Atmosphäre und persönlichen Service. Wie vielfältig diese abstrakte Erfolgsformel in der Praxis

LEBENSZEICHEN

umgesetzt wird, zeigen die Projekte, die im Kapitel „Leuchttürme des Einzelhandels" vorgestellt werden. Im einleitenden Interview ab Seite 14 erläutert Marc Ramelow, Inhaber und Geschäftsführer des gleichnamigen Modehauses, welche Faktoren bei Umbau und Neuordnung seines Standorts in Stendal maßgeblich waren.

Die alte Lampedusa-Weisheit, dass sich alles ändern muss, damit es bleibt, wie es ist, gilt gerade für erfolgsverwöhnte Händler. Handelt es sich dabei um große internationale Player, verbindet sich mit der Pflicht zum Wandel mindestens eine neue Philosophie. Denn die eigene Neuerfindung eines überregional agierenden Unternehmens beschränkt sich nicht auf Oberflächenkosmetik, sondern berührt alle Bereiche eines Handelskonzepts. Man darf die neuen Store-Konzepte alteingesessener Akteure ganz gleich welcher Branche deshalb durchaus als Kristallisation eines Transformationsprozesses betrachten, mit dem sich Traditionshändler als feste Größe des stationären Geschäfts empfehlen und den Anschluss an agile Formate finden, die den veränderten Ansprüchen der Kundschaft mit der Produktauswahl, dem Store-Design und einem hohen Erlebniswert entgegenkommen. Nicht nur deshalb verdient diese Planungsaufgabe ein eigenes Kapitel. An den vorgestellten Projekten lässt sich auch die Herausforderung nachvollziehen, angesichts eines hohen Transformationsdrucks und gänzlich neuer Erwartungen an Design und Funktionalität eine wiedererkennbare Marke zu bleiben. Vor welchem Hintergrund so ein Wandel bestehen muss und wie er gelingen kann, erklärt der Trend-Experte Daniel Schnödt in seinem Beitrag ab Seite 68.

Zu den wenigen Adressen, die auch während der langen Lockdown-Wochen geöffnet bleiben durften, zählen neben den Lebensmittelgeschäften – vom Supermarkt über Getränkelieferanten bis hin zu Bäckereien – auch jene Läden, die wie Optiker und Apotheken zur medizinischen Versorgung zählen oder als Drogerien den sogenannten täglichen Bedarf führen. Auch wenn sich dort unter Pandemiebedingungen jeder Aufenthalt, der über die nötigen Erledigungen hinausging, quasi auf höhere Anweisung hin verbot, wusste es doch jeder Kunde zu schätzen, wenn auch die nötigen Besorgungen in ansprechend gestalteten, schönen Läden stattfinden konnten. Ihnen gemeinsam ist ein Ladenbau, der sich nicht mehr nur an ästhetisch-funktionalen Kriterien bemisst, sondern auch an einem gestalterischen Umgang mit Schutzvorkehrungen, der über improvisierte Markierungen und Plexiglasscheiben an der Kasse hinausgeht. Wie die Pandemie den Ladenbau von Verweilorten verändert und welche Auswirkungen auf die gastronomischen Erweiterungen im Handel zu erwarten sind, erläutert Matt Druyen von der König Object Consulting GmbH auf Seite 98. Was der Ladenbau für Apotheken und Optiker im engen Spannungsfeld zwischen Pflicht und Kür zu leisten vermag, weiß der Architekt Klaus Bürger aus eigener Erfahrung. Welche Funken die gestalterische Phantasie aus nüchternen Betriebsordnungen schlagen kann, erzählt er ab Seite 118.

Dass Einkaufen zum Erlebnis werden muss, hat sich als Lehre für das stationäre Geschäft zwar herumgesprochen, doch Hand aufs Herz: Wie wird der Einkauf zum Erlebnis? Mit ein bisschen digitalem Schnickschnack im Laden ist es jedenfalls nicht getan. Die zeitlich begrenzten und oft auf Sonderflächen realisierten Pop-up-Formate sind per se ein Event mit Erlebnischarakter. Wie diese Konzepte auch als Marketinginstrumente einsetzbar sind, erklärt der Retail-Spezialist Christoph Stelzer mit Blick auf die ausgewählten Projekte ab Seite 208. Wenn es jedoch darum geht, das Erlebnis in die DNA eines Store-Konzepts zu implantieren und damit zum Wesenszug einer Marke oder eines Unternehmens zu machen, sind andere Überlegungen nötig, weiß Nicole Srock.Stanley von der Agentur danpearlman. Im Interview ab Seite 148 beschäftigt sie sich mit der Psychologie schöner Erinnerungen und der Frage, warum die Menschen gern an Orte zurückkehren, mit denen sie besondere Erlebnisse verbinden. Und genau darum geht es. Immer wieder. Und immer wieder neu.

LEUCHTTÜRME DES EINZELHANDELS

Wer nach Beispielen für Wagemut und Innovationskraft im Handel sucht, sollte auch Orte jenseits der großen Weltmetropolen in den Blick nehmen. Gerade kleine Traditionshäuser in Deutschland zeigen auf beeindruckende Weise, wie man trotz des Drucks durch den Online-Handel die Vorzüge einer stationären Präsenz ausspielen und sich dabei neu erfinden kann. Dieses Kapitel präsentiert Händler, die der Branche auf eigene Weise Impulse geben und Großes wagen, ob in Wien, Laufenburg oder Ettlingen. Deshalb ist Marc Ramelow in diesen Tagen ein gefragter Mann. Denn er betreibt im Norden Deutschlands mehrere Modehäuser und hat nun im anhaltinischen Stendal fast so etwas wie ein Wunder vollbracht. Mit dem Modehaus Ramelow setzt er den allfälligen Nachrufen auf die Innenstadt einen kraftvollen Wiederbelebungsversuch entgegen.

Marc Ramelow,
Inhaber und Geschäftsführer

Die Corona-Pandemie, eine kleine Stadt in der ostdeutschen Provinz und Modehandel: So lautet normalerweise die Kurzformel der Branchenkrise. Sie haben mit diesen Koordinaten Ihren Standort in Stendal revitalisiert. Warum?

Das Haus in Stendal ist ein Traditionsstandort unseres Unternehmens und besteht schon seit 1930. Nach dem Ende der DDR haben wir den Betrieb wieder übernommen und 1991 wiedereröffnet. Dann folgte eine harte Zeit. Und auch wenn die blühenden Landschaften lange auf sich warten ließen, haben wir an dem Standort festgehalten. Vor gut zehn Jahren, also um 2010, hat sich eine Trendwende vollzogen: die Kaufkraft ist gestiegen, die Einwohnerzahl stabilisiert sich und die Stadt selbst hat sich im Vergleich zu anderen umliegenden Mittelzentren sehr gut entwickelt. Davon haben wir profitiert.

LEUCHTTÜRME DES EINZELHANDELS

» Wir wollen Raum für Menschen schaffen, nicht für Produkte. «

Welche Faktoren waren für die Transformation des Modehauses maßgeblich?

Wir hatten aufgrund der schwierigen wirtschaftlichen Lage die Verkaufsfläche in unserem denkmalgeschützten Gebäude um eine Etage verkleinert und das Geschäft auf rund 2.000 Quadratmetern betrieben. Es gab also räumliche Reserven. Aufgrund der positiven Entwicklung des zurückliegenden Jahrzehnts lag es auf der Hand, die Fläche neu anzupassen. Baubeginn für die Erweiterungsmaßnahmen war der 1. März 2020, genau zwei Wochen vor dem Corona-Lockdown.

Sie machen es spannend…

Wir standen natürlich vor der Frage: Baustopp oder Weitermachen? Nach einem kurzen Innehalten stand aber der Entschluss fest. Wir machen weiter. Denn wir glauben an diesen Standort und sind überzeugt, dass es auch nach dem Ende der Pandemie genug Bedarf an guten stationären Konzepten geben wird. Letztendlich hat uns diese Corona-Situation in die Lage versetzt, mutiger zu sein und Ideen konsequenter umzusetzen, die sowohl für uns als auch für die Branche wirklich neu sind.

Was für Ideen sind das?

Normalerweise lässt man sich bei der Konzeption eines Modehauses von der Frage leiten: Wie sehen die einzelnen Abteilungen für Hosen, für Kindermode, für Anzüge oder Damenpullover aus? Es ist eine rein produktorientierte Perspektive. Und diese Sichtweise haben wir für den Umbau in Stendal über den Haufen geworfen und stattdessen gefragt: Warum kommen Menschen angesichts der viel größeren Auswahl im Online-Handel überhaupt noch zu uns? Knapp formuliert, wollen wir Raum für Menschen schaffen, nicht für Produkte.

Wie haben sich diese Überlegungen auf die Konzeption der Flächen ausgewirkt?

Da wären zunächst die neuen Umkleidekabinen. Die Möglichkeit, Sachen anzuprobieren, ist ein genuin stationärer Vorteil. Doch eine Umkleidekabine konkurriert immer mit dem Ort, an dem ein Kunde zuhause neue Sachen anprobiert, und das ist meistens das Schlafzimmer. Nun konkurrieren sie mal als Kaufhaus mit dem Schlafzimmer einer Kundin! Wir haben jetzt sehr großzügige Umkleidekabinen. In der Damenabteilung gibt es sogar zwei Kabinenanlagen mit einem privaten Vorraum. Kunden können diese Kabinen online für ein sogenanntes „Private Shopping" reservieren und dort sogar eine kleine Party feiern. Außerdem haben wir diverse Lounge Areas auf allen Ebenen eingerichtet, wo Kunden bei einem Kaffee ihre Smartphones aufladen können. Neben diesen Bequemzonen gibt es auf jeder Etage eine etwa vier Meter lange Holztafel, den sogenannten Community-Tisch. Eigentlich geplant für Workshops über Produkte, sitzen dort jetzt tagsüber Leute mit Laptops und arbeiten. Wir sind als Kaufhaus jetzt quasi auch Soft-Co-Working-Space. Wunderbar.

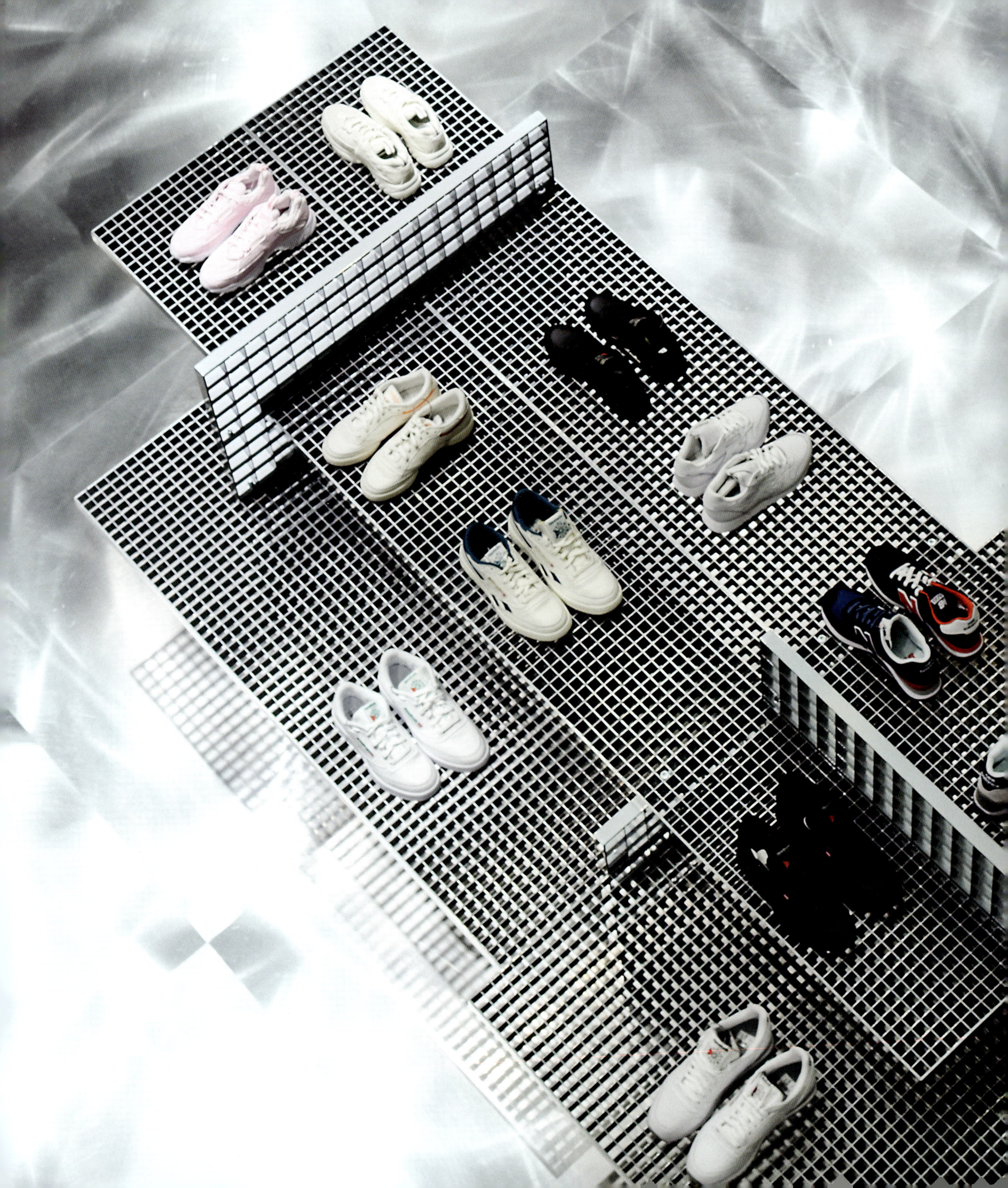

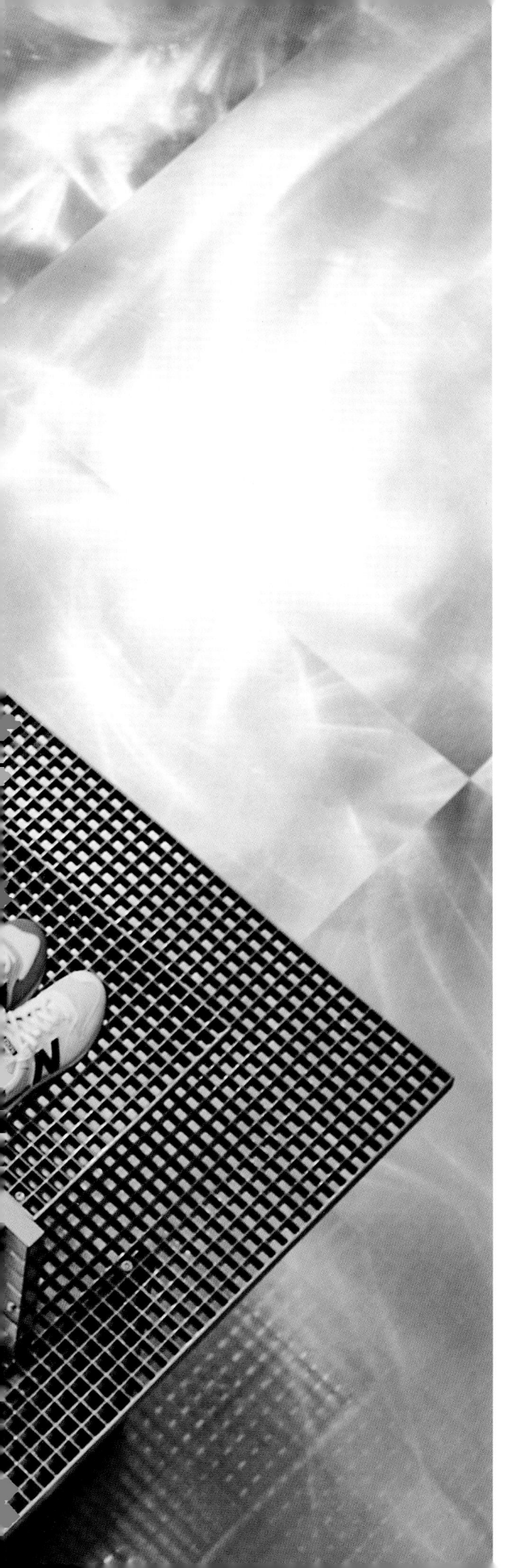

BREUNINGER — NÜRNBERG

Nachhaltig, spektakulär und futuristisch zugleich

Dass es sich lohnt, auf den Standort Innenstadt zu setzen, beweist Breuninger mit seiner Filiale in Nürnberg. Die Renovierung des Hauses verbindet das Unternehmen mit einem Bekenntnis zur Stadt als Ort der Vielfalt, von Begegnung und Genuss. So hat erfolgreicher Einzelhandel von jeher funktioniert.

Projektdaten

Standort	Karolinenstraße 34, 90402 Nürnberg, Deutschland
Eröffnung	3. September 2020
Verkaufsfläche (m²/Etagen)	11.500/5

BREUNINGER — NÜRNBERG

Viele Funktionen, die der krisengeschüttelten Innenstadt im Moment verloren gehen, hat das Konzept für den Standort intelligent aufgenommen und integriert. Ob Tagesbar (Bild links) oder Konditorei mit direktem Straßenanschluss (kleines Bild unten) – die renovierte Breuninger-Filiale in Nürnberg sichert sich mit diesen Angeboten einen wichtigen Platz im Zentrum. Dass die Kunden dabei auf die gewohnte Qualität und Vielfalt des Warenangebots nicht verzichten müssen, versteht sich von selbst.

Die Philosophie des Hauses, ein ausgewogenes Angebot für eine große, gleichwohl anspruchsvolle Zielgruppe mit einer besonderen Einkaufsatmosphäre zu verbinden, spiegelt sich in allen Abteilungen wider. Die hochwertige Einrichtung erlaubt zugleich die je nach Standort praktizierte Öffnung des Sortiments hin zu Luxusmarken. Auch das zeichnet ein glaubwürdiges Store-Konzept aus.

BREUNINGER — NÜRNBERG

Wer nach Hoffnungsträgern für die von Ladenschließungen und Leerstand gebeutelten Innenstädte sucht, kommt an dem Stuttgarter Traditionshaus Breuninger nicht vorbei. Das 1881 gegründete Unternehmen zeigt auch in Krisenzeiten, wie sich das stationäre Geschäft erfolgreich behauptet: mit einem Einzelhandelskonzept auf der Höhe der Zeit, einem handverlesenen Sortiment aus populären wie auch exklusiven Marken sowie dem attraktiven Vor-Ort-Erlebnis. Beispielhaft für diesen Ansatz steht die Filiale in Nürnberg. Das im Jahr 2003 eröffnete Haus mit seinen fünf Etagen wurde einer gründlichen Renovierung unterzogen und präsentiert sich

> » Das Interieur wird zum Spiegel der Haltung einer Marke und avanciert zu einem räumlichen Markenerlebnis. «

einmal mehr als guter Grund, in die Stadt zu gehen. Im Zuge der gestalterischen Auffrischung und Neuordnung der Verkaufsräume entstanden auch konzeptionell neue Bereiche. Dazu gehört neben der Abteilung für Lederwaren und modische Optik im Erdgeschoss auch ein Premium-Department für exklusive Damenmode im zweiten Stock sowie die 700 Quadratmeter große Schuhwelt im Untergeschoss. Letztere setzt sich mit einem betont kühlen Techno-Futurismus durchaus kühn von der behaglichen Eleganz der anderen Etagen ab. So sorgt schon der Edelstahlboden mit seiner irisierenden Optik für einen spektakulären Hintergrund der hier präsentierten Luxus-Labels, darunter große Namen wie Givenchy, Balenciaga und Chloé. Für die Sneakers wurde mit einer vertikalen Gitterstruktur, die gleißend und kantig in das Obergeschoss wächst, ein ganz besonderes Warendisplay entwickelt. Es strukturiert auch den Raum und bildet zudem eine atmosphärische Determinante. Dass sich der Hausherr nicht mehr nur als Einzelhändler, sondern als Gastgeber versteht, zeigt sich spätestens an den Angeboten für den kontemplativen, genussfreudigen Flaneur. Auf ihn warten im zweiten Geschoss eine im weltläufigen Stil der Fünfzigerjahre eingerichtete Tages- und Cocktailbar mit 40 Sitzplätzen und die zur Stadt hin offene Confiserie im Erdgeschoss. Dort lässt sich bei feinen Konditoreiwaren, Pralinés und Espresso das genießen, was kein Online-Store der Welt bieten kann: das gute Leben.

Projektpartner

Planung	blocher partners
Ladenbau	umdasch The Store Makers
Lichtplanung	rühle lichtplan
Fotografie	Joachim Grothus

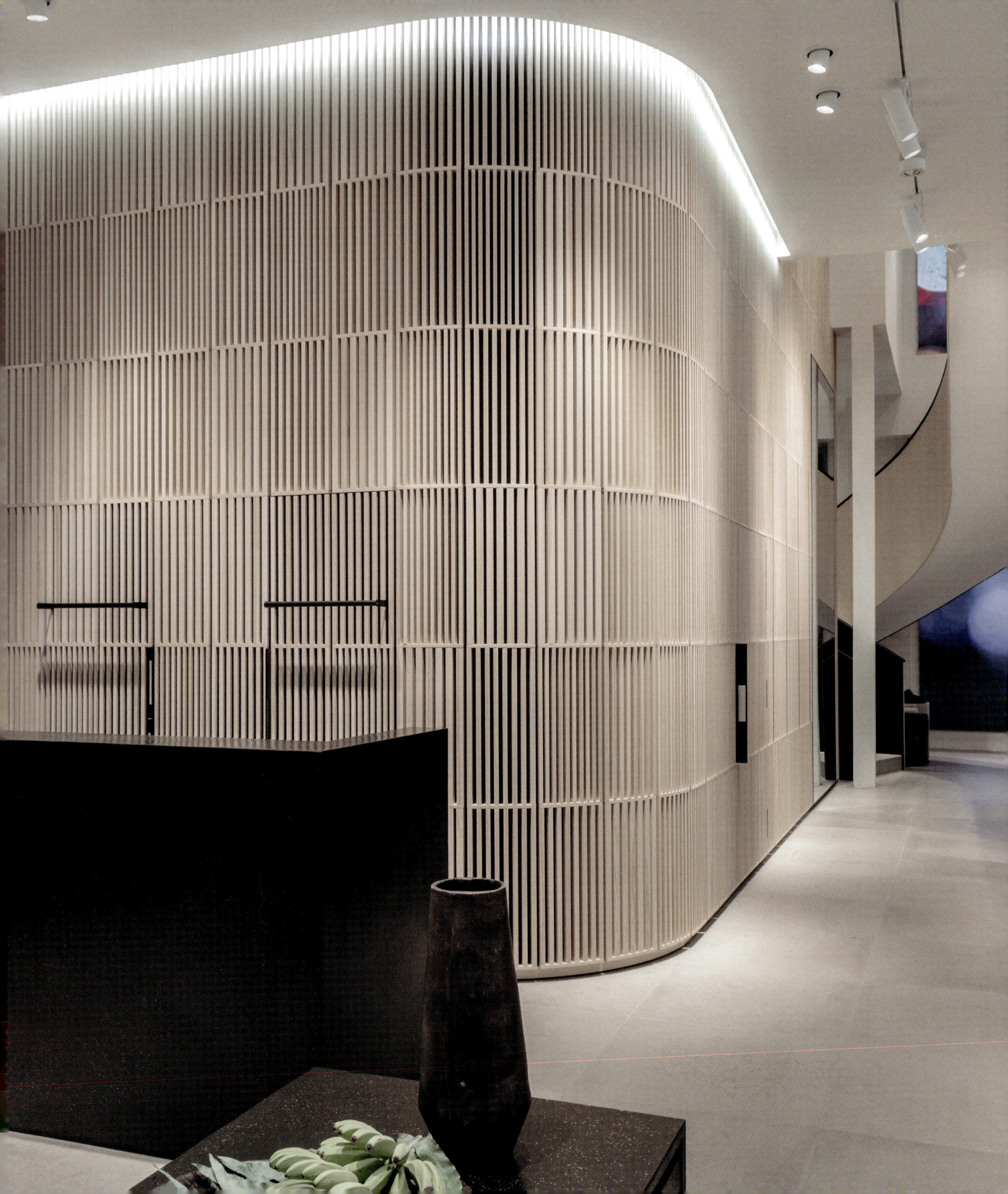

BRAUN — HAMBURG

Like a gentleman

*Die altmodische Gattungsbezeichnung Herrenkonfektion lässt sich mit den richtigen Mitteln auch heute noch als Inbegriff von Luxus und erstklassiger Qualität aufladen.
Dafür steht das Traditionsgeschäft Braun in der Hansestadt seit je.*

Projektdaten

Standort	Mönckebergstraße 17 20095 Hamburg, Deutschland
Eröffnung	23. November 2019
Verkaufsfläche (m²/Etagen)	400/2

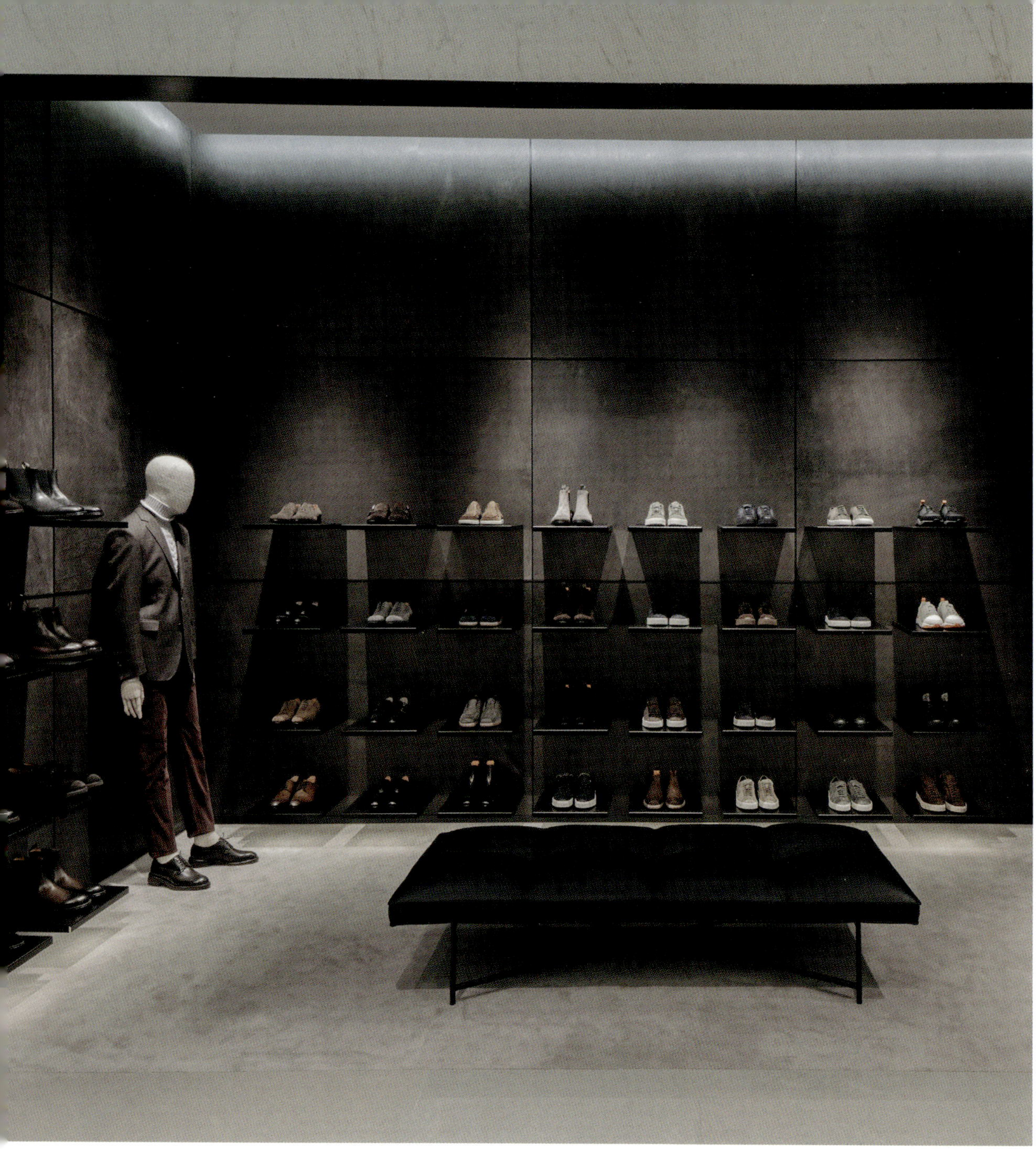
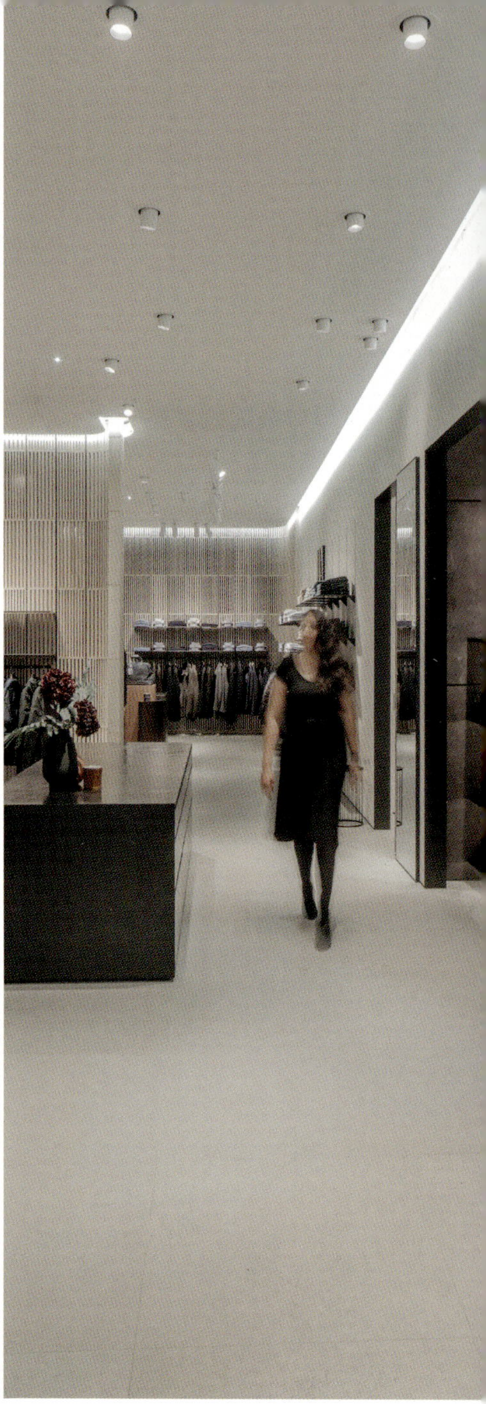
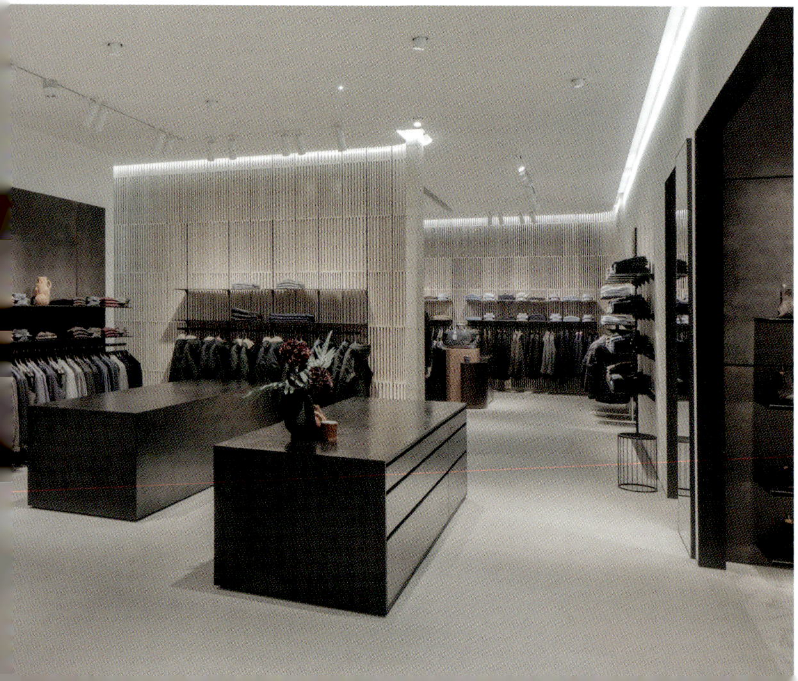
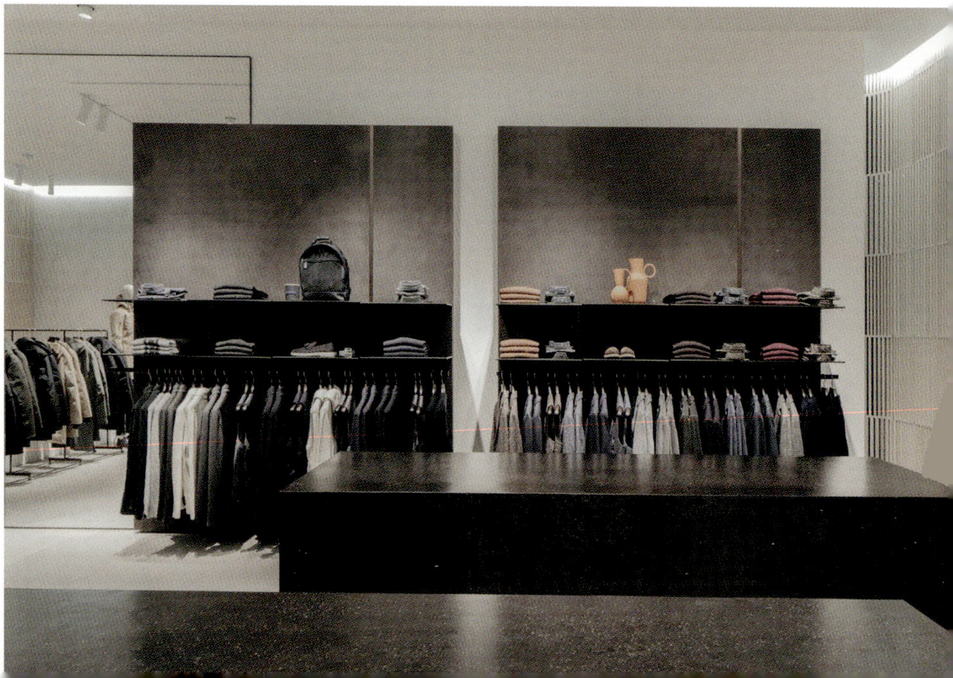

BRAUN — HAMBURG

Der exklusive Charakter des Ladens zeigt sich nicht nur im Sortiment, sondern auch in der Atmosphäre. Trotz der fraglos modernen Verwandlung der beiden Verkaufsetagen blieben die klassischen Vorzüge eines traditionellen Herrenausstatters unangetastet. Dazu gehören neben Übersichtlichkeit und Konzentration auf das Wesentliche auch eine gewisse Zurückhaltung bei den innenarchitektonischen Details: zeitlose Qualität anstelle modischer Kurzlebigkeit.

Wenn ein alteingesessener hanseatischer Herrenausstatter sein Stammhaus in bester Lage renoviert, ist selten der Zeitgeist am Werke. Ausgesuchte Qualität, edles Material und Langlebigkeit sind Luxuskriterien, die sowohl das Sortiment des Hauses als auch seine neue Einrichtung prägen. Das Geschäft in der Mönckebergstraße, das der Gründer des Familienunternehmens im Jahr 1937 eröffnete, atmet bis heute den Stilwillen und die Diskretion, für die ein Haus wie Braun steht. Und es beweist, dass erfolgreich betriebener, internationaler Multichannel-Retail und ein tief verwurzeltes Traditionsbewusstsein keinen Widerspruch darstellen, sondern sich perfekt ergänzen.

Der schmale Laden mit seinen zwei Verkaufsebenen erstreckt sich tief in das Gebäudeinnere. Doch die neue Gestaltung verwandelt diesen vermeintlichen Nachteil in eine atmosphärische Qualität: Die langgezogene, unverstellte Raumflucht wird durch die Fassung der Seitenwände als dunkler Hintergrund für die Ware betont und leitet die Kundschaft dezent nach innen. Eine elegant geschwungene Treppe aus dunklem Stahl im rückwärtigen Teil führt nach oben. Dass es hier etwas exklusiver zugeht, spiegelt sich auch in dem hölzernen Einbau wider, der als Raum-im-Raum-Konstruktion den Blick auf die Treppe verstellt und dank einem Deckendurchbruch bis in das Obergeschoss reicht. Er birgt zusätzlichen Stauraum und sorgt mit seiner feingliedrigen, vertikalen Optik für eine Verknüpfung der beiden Etagen. Während dieses Element im Erdgeschoss keine sichtbare Funktion hat, dient es im ersten Stock als flexibel bespielbare Regalwand und Raumteiler. So ruhig und klar die Warenpräsentation, so zurückhaltend auch die Farben und Oberflächen. Heller Natursteinboden, gebleichtes Eschenholz, Terrazzo und Messing fügen sich zu einem vornehmen Hintergrund für die edlen Textilien. Anthrazitfarbene Lederpaneele, die mit Messingfugen abgesetzt wurden, lassen keinen Zweifel daran aufkommen, dass es hier nur um eins geht: das Beste für den Mann von Welt.

Projektpartner

Planung	blocher partners
Ladenbau	Hoffmann Interior GmbH & Co. KG
Lichtplanung	Max Franke GmbH
Fotografie	Patricia Parinejad

Sportstyle men

adidas

RAMELOW — STENDAL

Von guten Geistern beseelt

Von den architektonischen Qualitäten historischer Warenhäuser können Händler auch heute noch profitieren. Die Wandlungsfähigkeit eines Denkmals aus der Bauhaus-Ära stellt das Kaufhaus Ramelow in Stendal unter Beweis.

Projektdaten

Standort	Breite Straße 20-21 39567 Stendal, Deutschland
Eröffnung	30. September 2020
Verkaufsfläche (m²/Etagen)	2.941/3

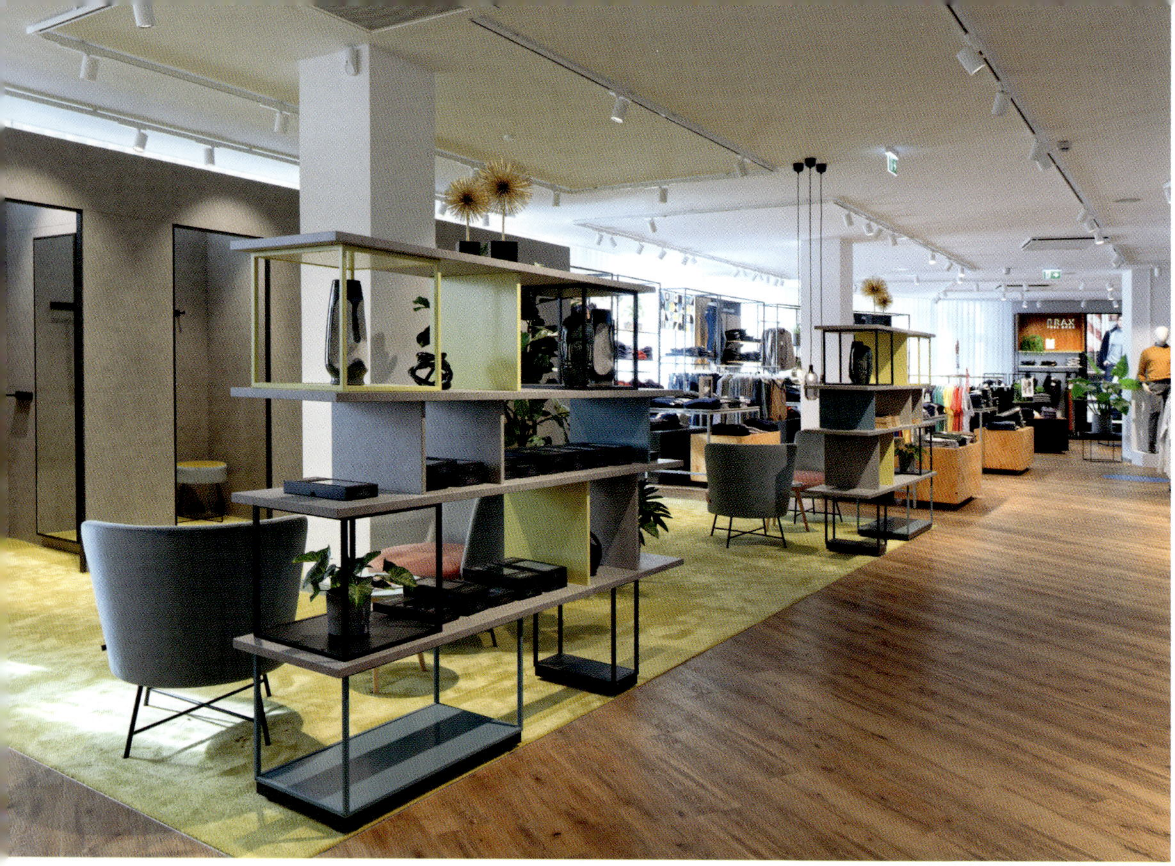
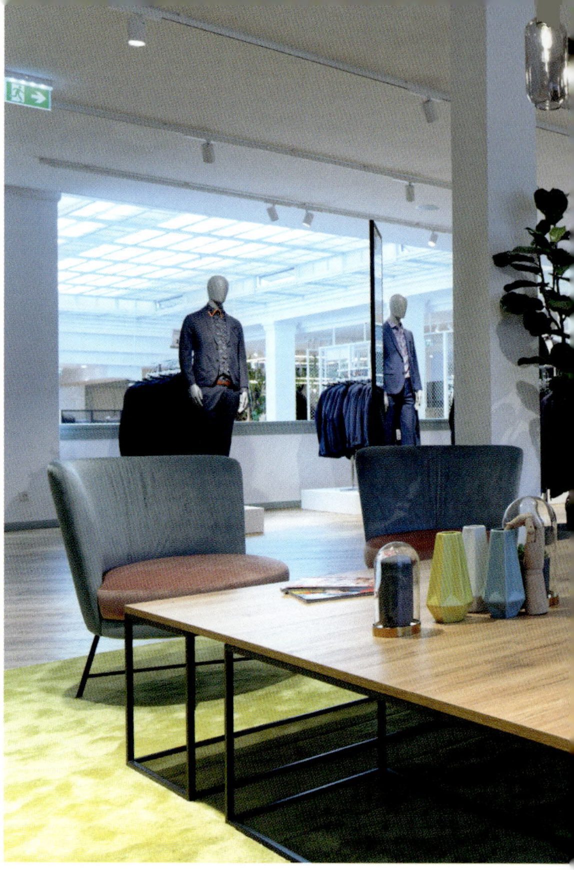
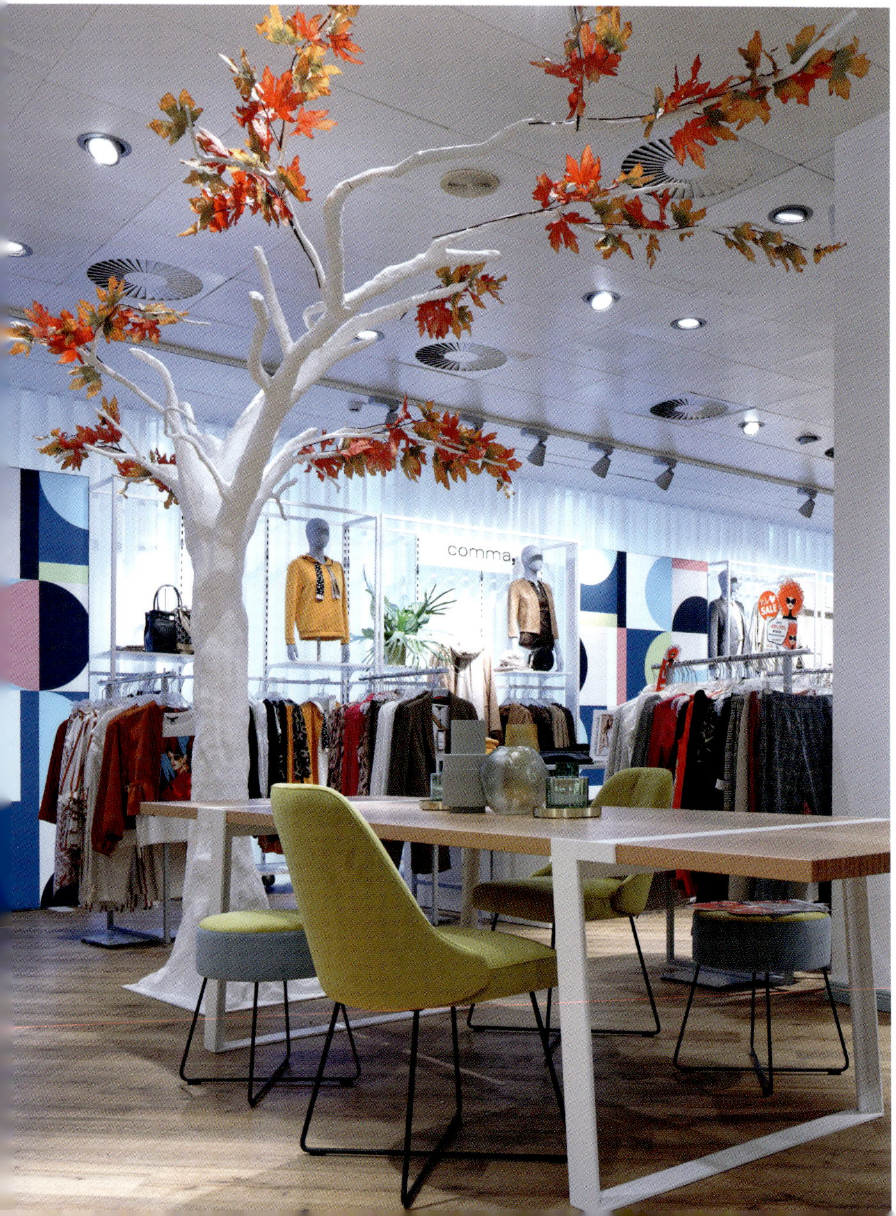
comma
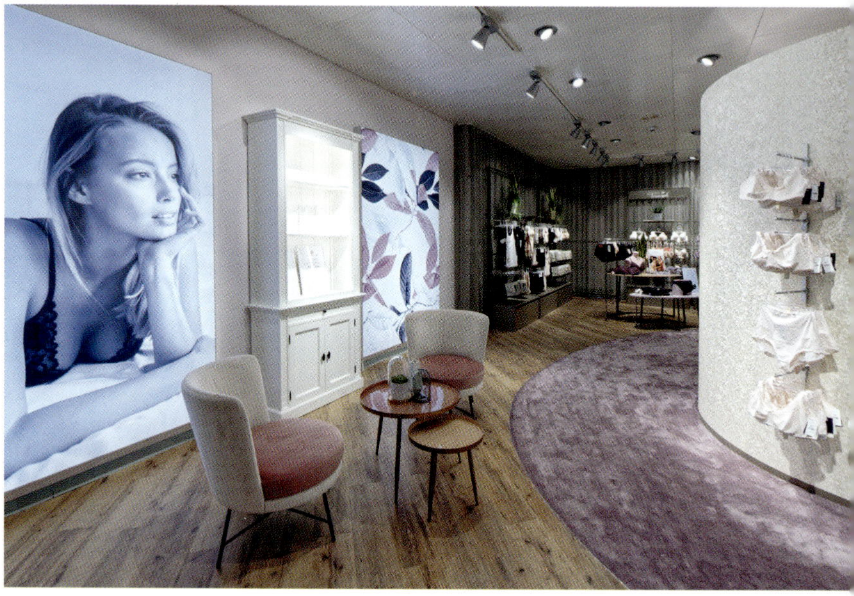
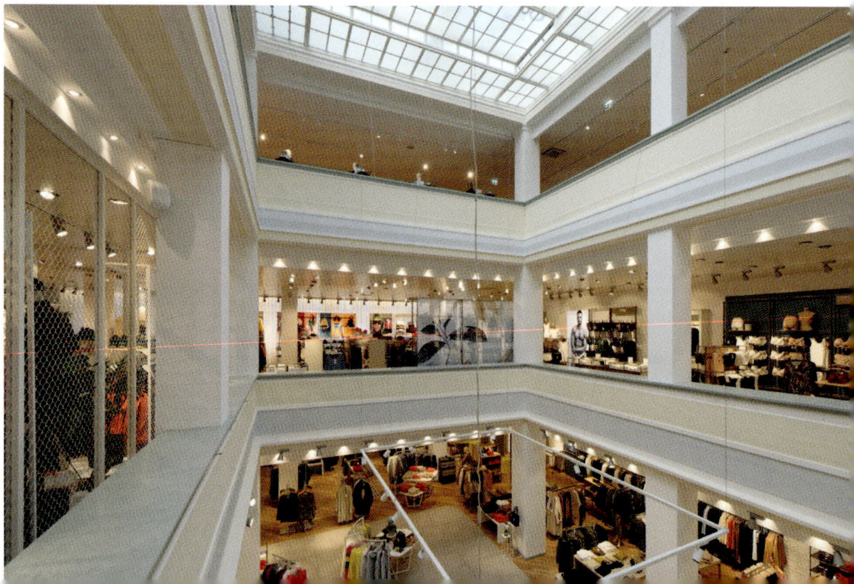

RAMELOW — STENDAL

Mit dem grundlegend renovierten Modehaus hat sich Stendal eine bedeutende innerstädtische Adresse zurückerobert. Das Warenangebot wird von zahlreichen Kommunikations- und Begegnungsmöglichkeiten flankiert, die als Co-Working-Space oder für Workshops genutzt werden.

Projektpartner

Planung	Kunze GmbH
Ladenbau	Kunze GmbH
Lichtplanung	PG Licht GmbH, Kunze GmbH
Konzept/Visual Merchandising	Gustav Ramelow KG
Fotografie	Tobias Trapp

Mit ihren 40.000 Einwohnern gehört die Hansestadt Stendal in der Altmark zu jenen Kommunen Sachsen-Anhalts, die sich nach den wirtschaftlichen und demografischen Verwerfungen der Wiedervereinigung auf eher unspektakuläre Weise erholt haben. Als Wohn- und Arbeitsort kann Stendal, günstig gelegen an der ICE-Strecke zwischen Berlin und Wolfsburg, mit einer guten Infrastruktur und einem liebenswerten Stadtzentrum aufwarten, in dem vor allem das Traditionskaufhaus Ramelow hervorsticht. Das 1930 fertiggestellte Gebäude, entstanden im markanten Stil der expressionistischen Architekturmoderne, gehörte zum Zeitpunkt seiner Eröffnung zum Filialnetz des norddeutschen Kaufhausunternehmens Ramelow und diente auch zu DDR-Zeiten als Warenhaus. Nach der Wende kaufte die Familie das Gebäude zurück und gliederte es in den Standortverbund des Unternehmens ein. Auch wenn die Zeiten für stationäre Traditionsgeschäfte nicht einfach sind, wurde das Modekaufhaus einer gründlichen Renovierung unterzogen, von der sowohl die denkmalgeschützte Architektur als auch die Stendaler Innenstadt profitiert. Die drei Verkaufsetagen mit ihren insgesamt knapp 3.000 Quadratmetern Fläche präsentieren sich in einer hellen, großzügigen Atmosphäre und bestechen mit einer durchdachten Aufteilung, die sich nicht zuletzt am differenzierten Einsatz von Licht und Farbe ablesen lässt. Das Erdgeschoss ist der Damenmode vorbehalten, im ersten Geschoss befinden sich die Abteilungen für Kinder- und Sportmode, im zweiten Geschoss gibt es alles für den Herrn. Im Zuge der Umbaumaßnahmen, die in enger Abstimmung mit der Denkmalschutzbehörde stattfanden, kamen nicht zuletzt die ursprünglichen Qualitäten des Bauwerks wieder angemessen zur Geltung, insbesondere die zwei Lichthöfe, die sämtliche Bereiche mit viel Tageslicht versorgen und zu einer luftigen, heiteren Grundstimmung beitragen. Doch auch die großen Fenster wurden von allen nachträglichen Einbauten befreit und öffnen nun das Innere zur Stadt. Keine Frage, die Wiedereröffnung des Kaufhauses Ramelow nach der Renovierung, vor allem angesichts einer von Corona-Pandemie und Geschäftsaufgaben geprägten Zeit, ist ein kraftvolles Statement, das nicht nur Stendal gut zu Gesicht steht.

OUTDOOR

STEFFL SPORTS WORLD — WIEN

Hauptsache Alpen

Die neue Sportabteilung im Traditionskaufhaus im 1. Bezirk verbindet in ihrer Gestaltung das eigentlich Unvereinbare: großstädtische Einkaufskultur und die Verheißungen der Bergwelt.

Projektdaten

Standort	Kärntner Straße 19 1010 Wien, Österreich
Eröffnung	2. Oktober 2020
Verkaufsfläche (m²/Etagen)	1.000/1

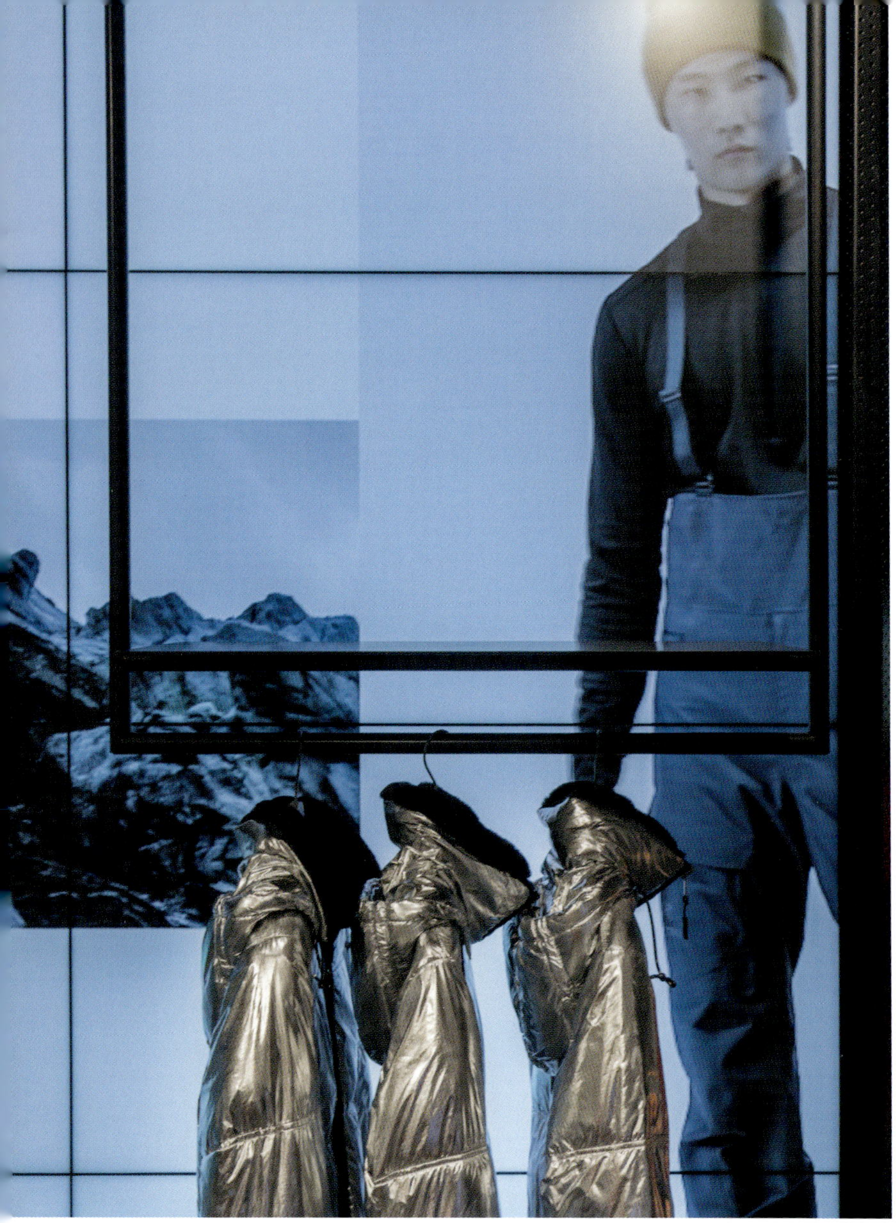

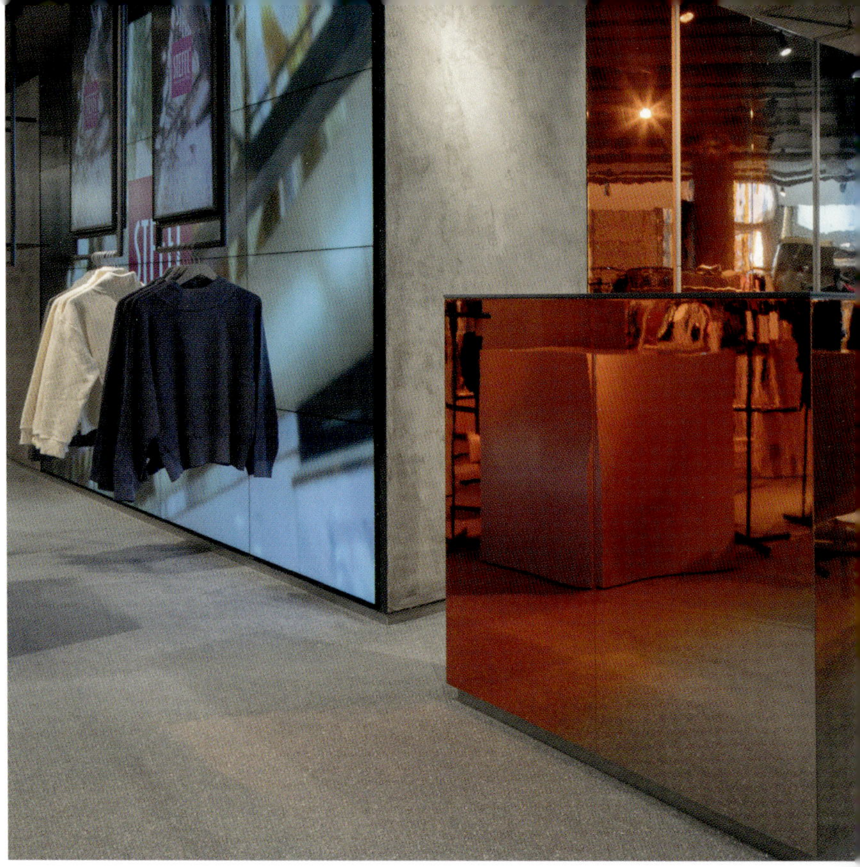

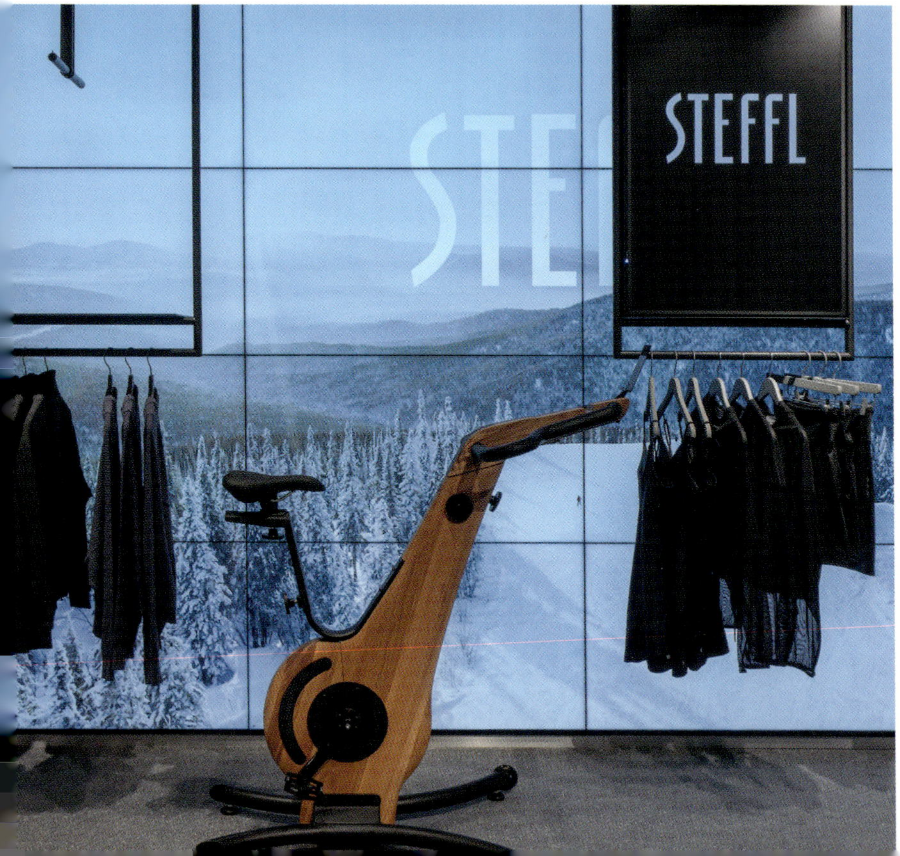
STEFFL

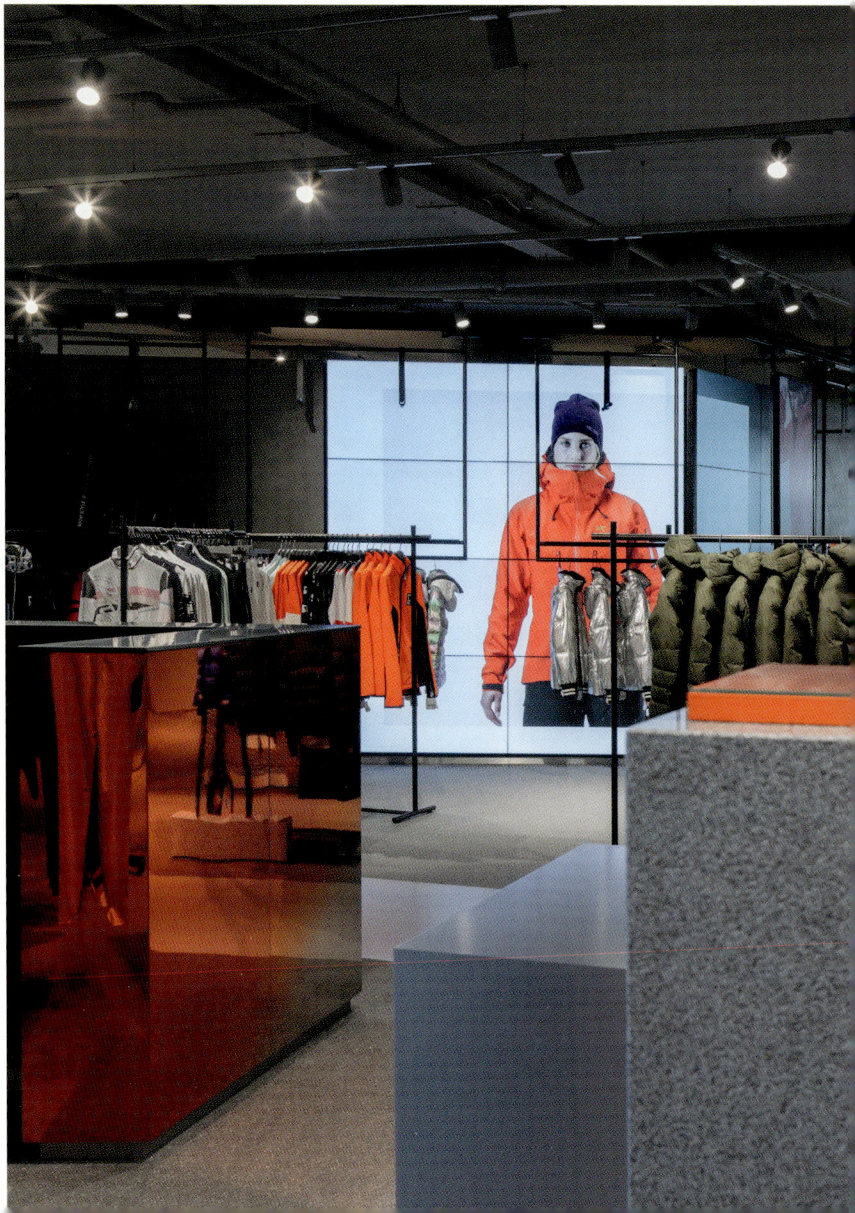

STEFFL SPORTS WORLD — WIEN

Mit seinen neun Verkaufsetagen ist das Kaufhaus Steffl, zu k.u.k.-Zeiten hervorgegangen aus einem Konfektionsfachgeschäft, gewissermaßen der Platzhirsch des gehobenen Einzelhandels in Wien. Dank seiner bevorzugten Lage zwischen dem namensgebenden Stephansdom und der Staatsoper gehören neben der einheimischen Stammkundschaft auch die unzähligen internationalen Touristen zur Hauptzielgruppe des Hauses, das sich dank seiner Geschichte, seiner Atmosphäre und seines Sortiments zu den weltberühmten Department-Stores der großen Metropolen zählen darf.

Auf den steten Wandel der Ansprüche und Erwartungen der Käufer reagiert das Unternehmen mit gestalterischen Anpassungen und Modernisierungen auf allen Ebenen, die als eine Art permanenter Revolution für den Anschluss an die rasante Dynamik der Warenhausbranche sorgen. Jüngstes Beispiel: die Sportabteilung im vierten Geschoss.

Auf gut 1.000 Quadratmetern Verkaufsfläche führt die neu entstandene Steffl Sports World eine große Auswahl namhafter Hersteller, deren Kollektionen in ein sogenanntes Seamless Floor Concept eingebunden sind. Die Produkt- und Markenwelten werden dabei nicht in jeweils eigene Präsentationseinheiten separiert, sondern zu einem Erlebnisbereich verknüpft, den wiederum Displays, Einbauten und Sondermöbel strukturieren. Der gestalterische Ausgangspunkt bot sich quasi von selbst an. Die alpine Bergwelt liegt ja praktisch vor der Haustür und ist mit ihren Wintersportmöglichkeiten wie auch als Sommerdestination ein ganzjähriges Outdoor-Ziel. So dankbar diese Referenz, so groß die Herausforderung an das Design. Ihm kam hier die Aufgabe zu, die ästhetischen Ansprüche einer urbanen und an jeden technischen Komfort gewöhnten Klientel mit den ganz und gar stadtfernen Verheißungen und Erfahrungen zu verbinden, für die Outdoor-Produkte gebraucht werden. Entstanden ist eine Symbiose von Hightech-Elementen wie dem kubischen Kassentresen aus Aludibond und grob bearbeiteten Holzquadern, die der Präsentation von Schuhen dienen. Großformatige Bildwände mit Gipfelmotiven lassen keinen Zweifel, wofür man diese Schuhe braucht.

Der Schwerpunkt des Konzepts liegt klar auf den Sportmöglichkeiten der nahen Alpen, für die sich die Kundschaft hier mit entsprechender Mode und Sportgeräten ausstattet. Doch weil die Abteilung zu einem hauptstädtischen Traditionskaufhaus gehört, waren auch Zugeständnisse an ausgesprochen urbane Erwartungen unumgänglich. Gleißende, glatte Oberflächen treffen deshalb auf Holzklötze, metallisch schimmernde Skijacken auf derbe Wollmützen. Der Reiz der Gestaltung liegt in der Verbindung dieser Gegensätze.

Projektpartner

Planung	blocher partners
Ladenbau	Ganter Construction & Interiors GmbH
Fotografie	Patricia Parinejad

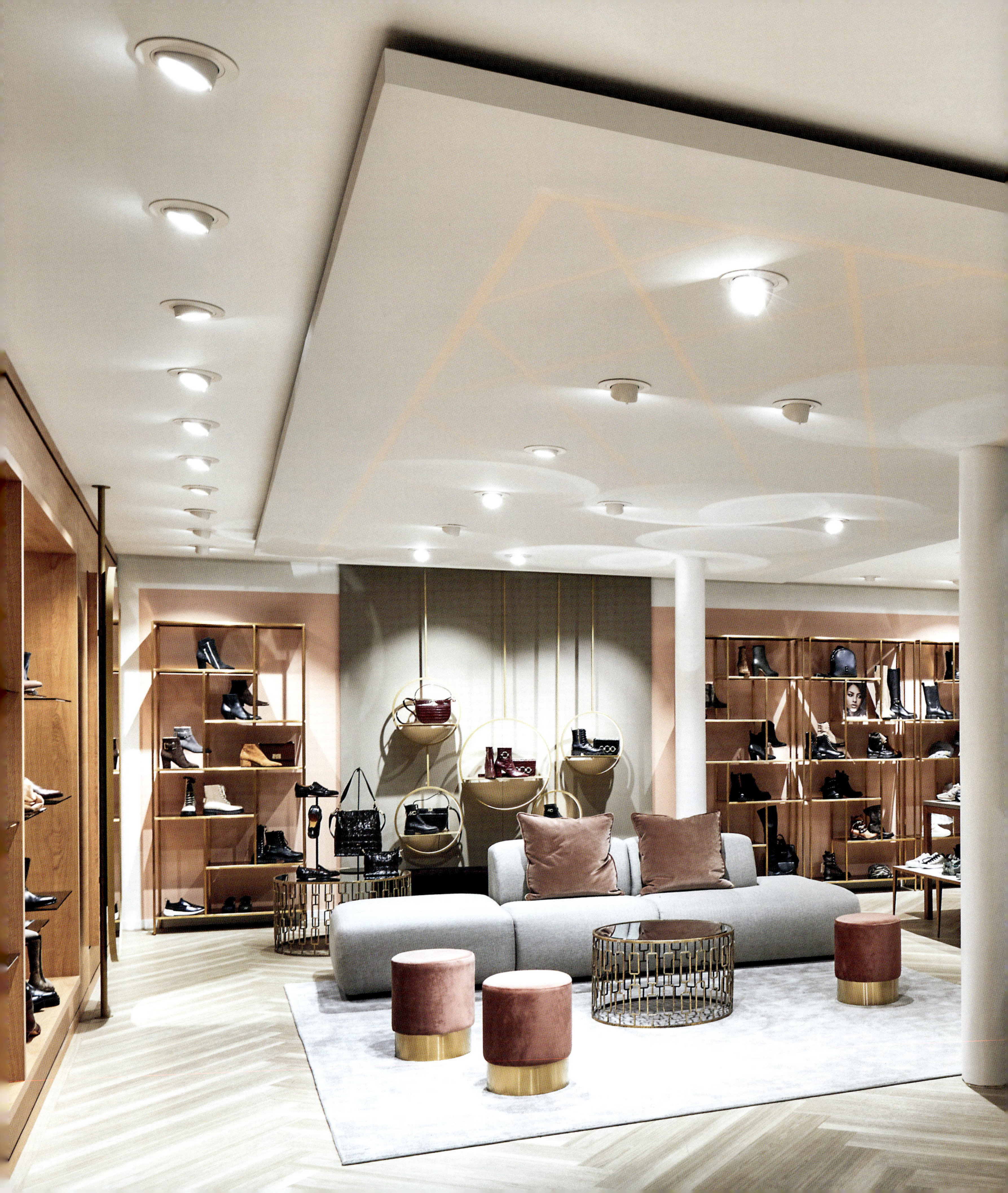

SCHUH FRANK — BAD KREUZNACH

Nur das Beste

Der inhabergeführte Schuhfachhandel trotzt der Krise der Branche mancherorts mit großem Erfolg. Unternehmen wie das Familiengeschäft Frank in Bad Kreuznach setzen selbstbewusst auf ihre stationäre Präsenz. Aus guten Gründen.

Projektdaten

Standort	Bourger Platz / Kreuzstraße 2a 55543 Bad Kreuznach, Deutschland
Eröffnung	23. April 2020
Verkaufsfläche (m²/Etagen)	670/2

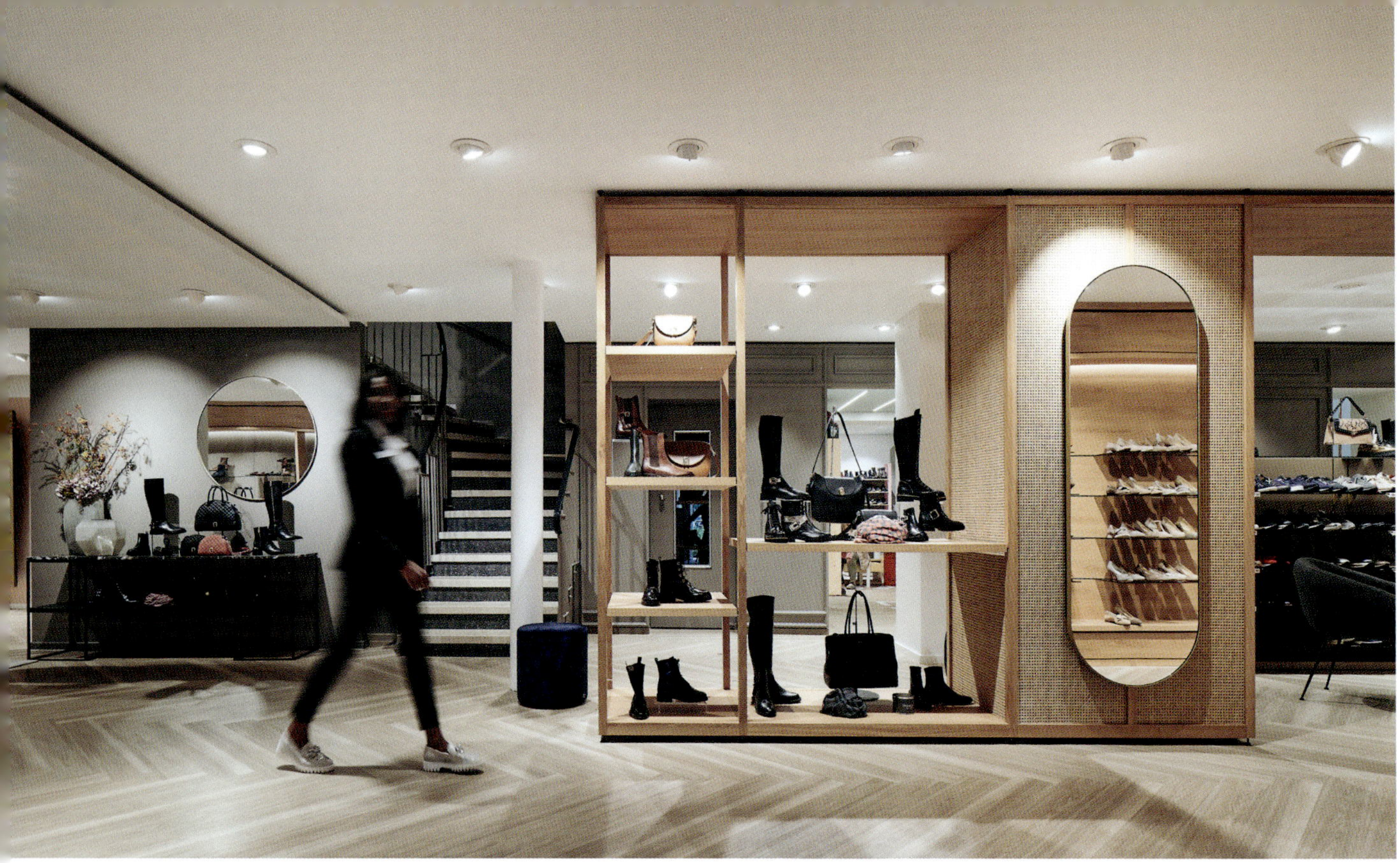
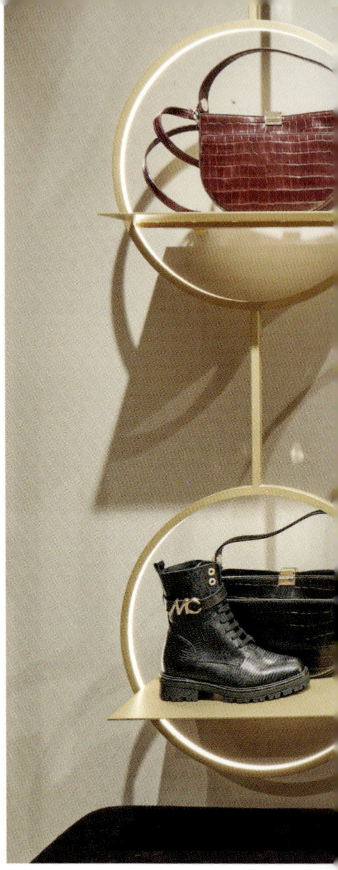
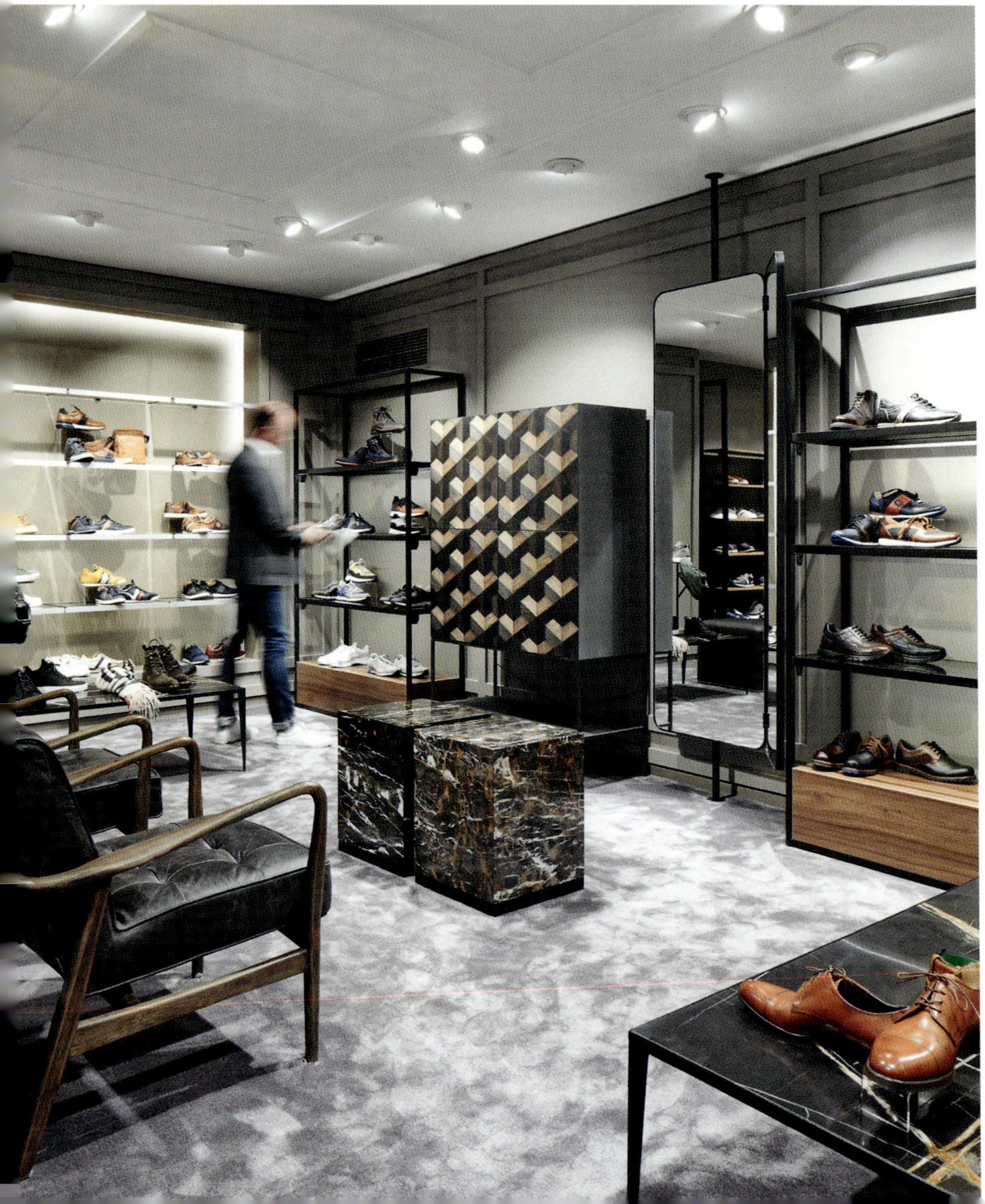
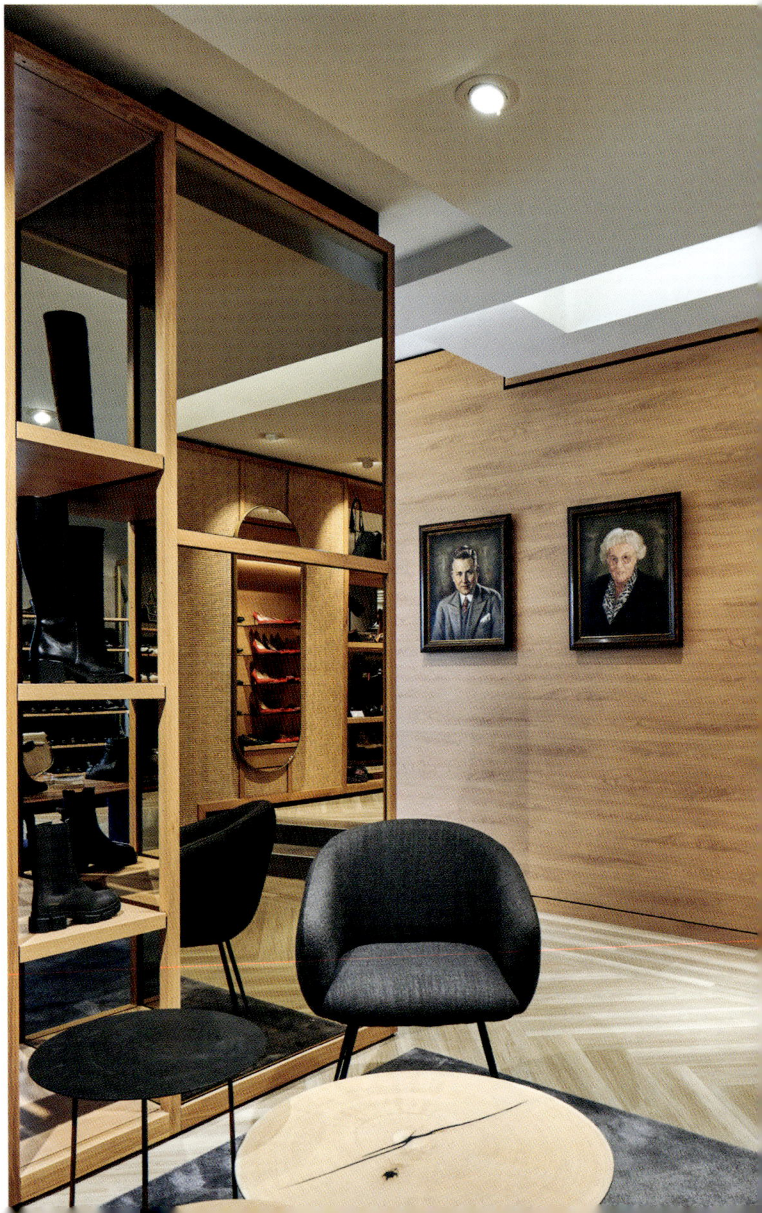

SCHUH FRANK — BAD KREUZNACH

Mit der unüberschaubaren Angebotsfülle des Internets kann kein stationäres Geschäft mithalten. Sollte es auch nicht. Wer mit dem Wissen um seine Kundschaft stattdessen auf ein handverlesenes Sortiment und gute Beratung setzt, weiß um die Bedeutung einer behaglichen, vertrauten Atmosphäre. Diese Vorzüge spielt das auf Wohnlichkeit setzende Store-Konzept gekonnt aus.

Auch wenn die Transformation des Einzelhandels vor allem den Schuhfachhandel unter Druck setzt, gelingt es gerade den inhabergeführten Traditionsgeschäften, sich mit überzeugenden Multichannel-Konzepten und attraktiven Läden zu behaupten. Dass man für gute Beispiele nicht nur auf die Metropolen des Landes blicken sollte, beweist Schuh Frank in Bad Kreuznach in Rheinland-Pfalz. Aus dem 1912 gegründeten Geschäft hat sich über die Jahrzehnte ein Unternehmen entwickelt, das in seinen insgesamt 42 Filialen, darunter auch großflächige Schuh- und Sportfachmärkte, mehr als 400 Mitarbeiter beschäftigt.

Mit der grundlegenden Renovierung seines Stammsitzes beweist der Inhaber ein differenziertes Gespür sowohl für die Erwartungen an eine 1a-Innenstadtlage als auch für das, was ein alteingesessenes Haus seiner Stammkundschaft schuldig ist: Eigenständigkeit, handverlesene Auswahl, Qualität und Stil. Dieses Selbstverständnis spiegelt sich im Einrichtungskonzept für die 670 Quadratmeter Verkaufsfläche auf zwei Etagen perfekt wider. Das Erdgeschoss ist der Damenschuhabteilung vorbehalten und wird von pudrigen Beeren- und Rosé-Tönen dominiert. Passend zu dieser weichen, feminin-behaglichen Farbigkeit komplettieren weiche Fauteuils mit Samtkissen, abgerundete Sitzhocker und helle Teppiche das Interieur. Die Schuhkollektionen werden in Form elegant arrangierter Produktwelten präsentiert, die auf schlanken Regalelementen, Tischen und eigens entworfenen Hängeelementen Platz finden. Eine kleine Auswahl passender Accessoires ergänzt das Angebot und fügt sich zusammen mit der sparsamen Dekoration zu einem stilvollen, ruhigen Rahmen.

Die Herrenabteilung im ersten Obergeschoss setzt ebenfalls auf eine behagliche, persönliche Atmosphäre, nutzt dafür jedoch eher sachlich-männliche Faktoren. Zurückhaltendes Grau, erdige Töne, dunkel gemaserter Naturstein und warmes Holz bilden einen passenden Fond für die naturgemäß dezenten Herrenschuhe. Die schlanken Regalelemente aus dunklem Metall und der hellgraue Teppichboden unterstreichen den hochwertigen Charakter sowohl der Ware als auch der Innenarchitektur. Selbst die kleine Auswahl an Sneakers wirkt dadurch veredelt.

Projektpartner

Planung	blocher partners
Ladenbau	Kraiss GmbH
Fotografie	Joachim Grothus

Beratung

EBIKER — LAUFENBURG

Die neue E-Klasse

Das Fahrrad ist vom einfachen Fortbewegungsmittel zum Lifestyle-Produkt avanciert und findet als E-Bike immer mehr Kunden. Ein Fachgeschäft in Laufenburg im Schwarzwald hat sich auf diesen Zweirad-Typ spezialisiert und wird mit seinem neuen Standort der neuen Vielfalt der pedalen E-Klasse gerecht.

Projektdaten

Standort	Gehrengrabenstraße 2 79725 Laufenburg, Deutschland
Eröffnung	28. August 2020
Verkaufsfläche (m²/Etagen)	800/1

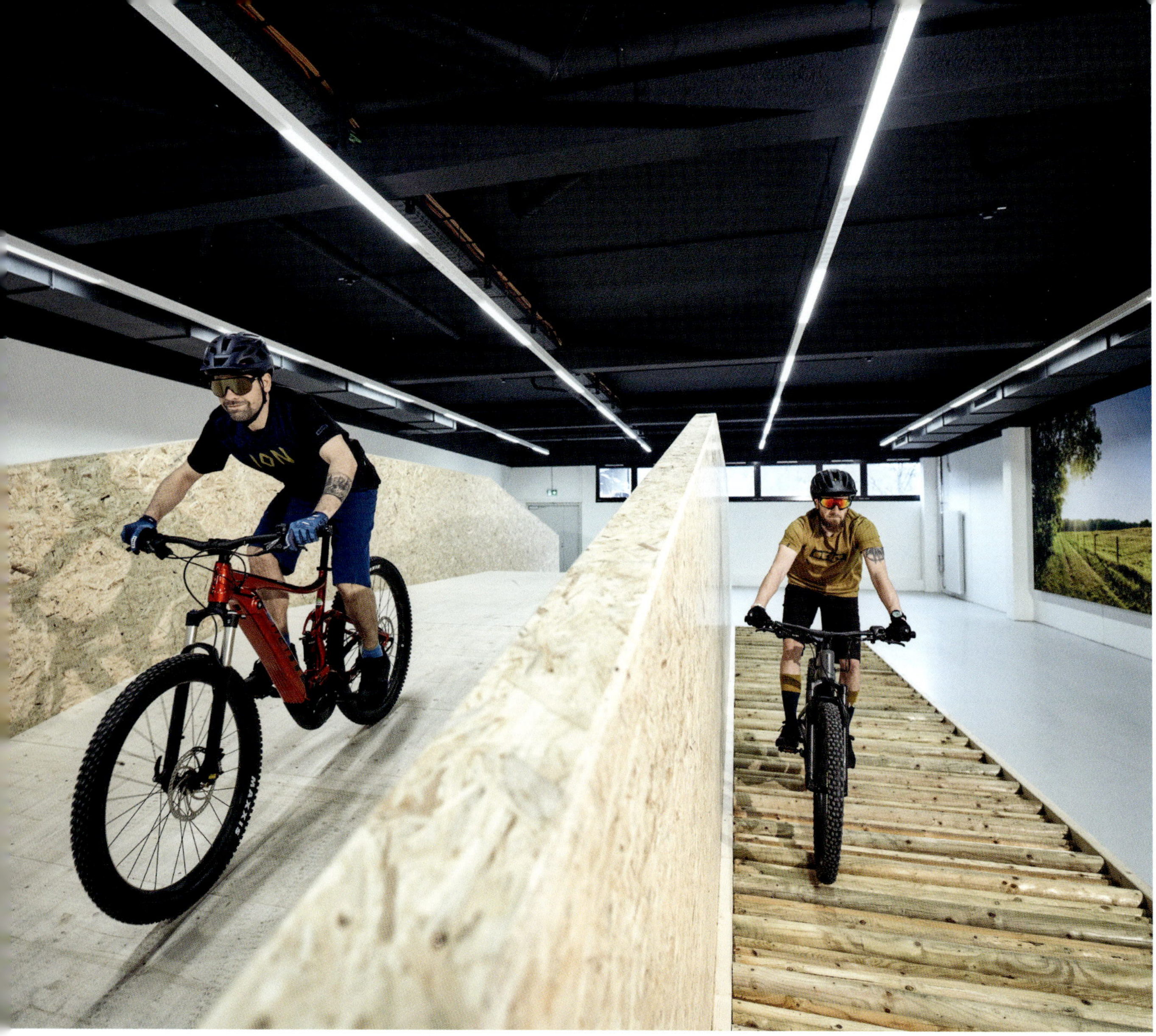

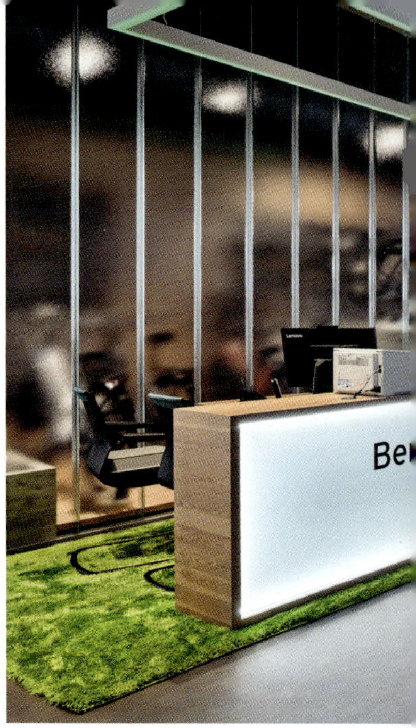

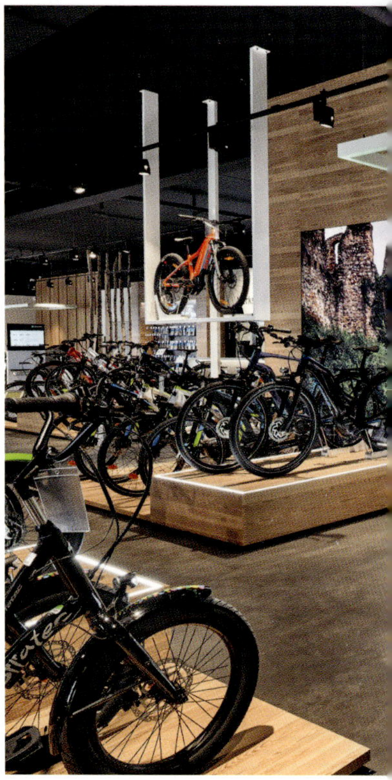

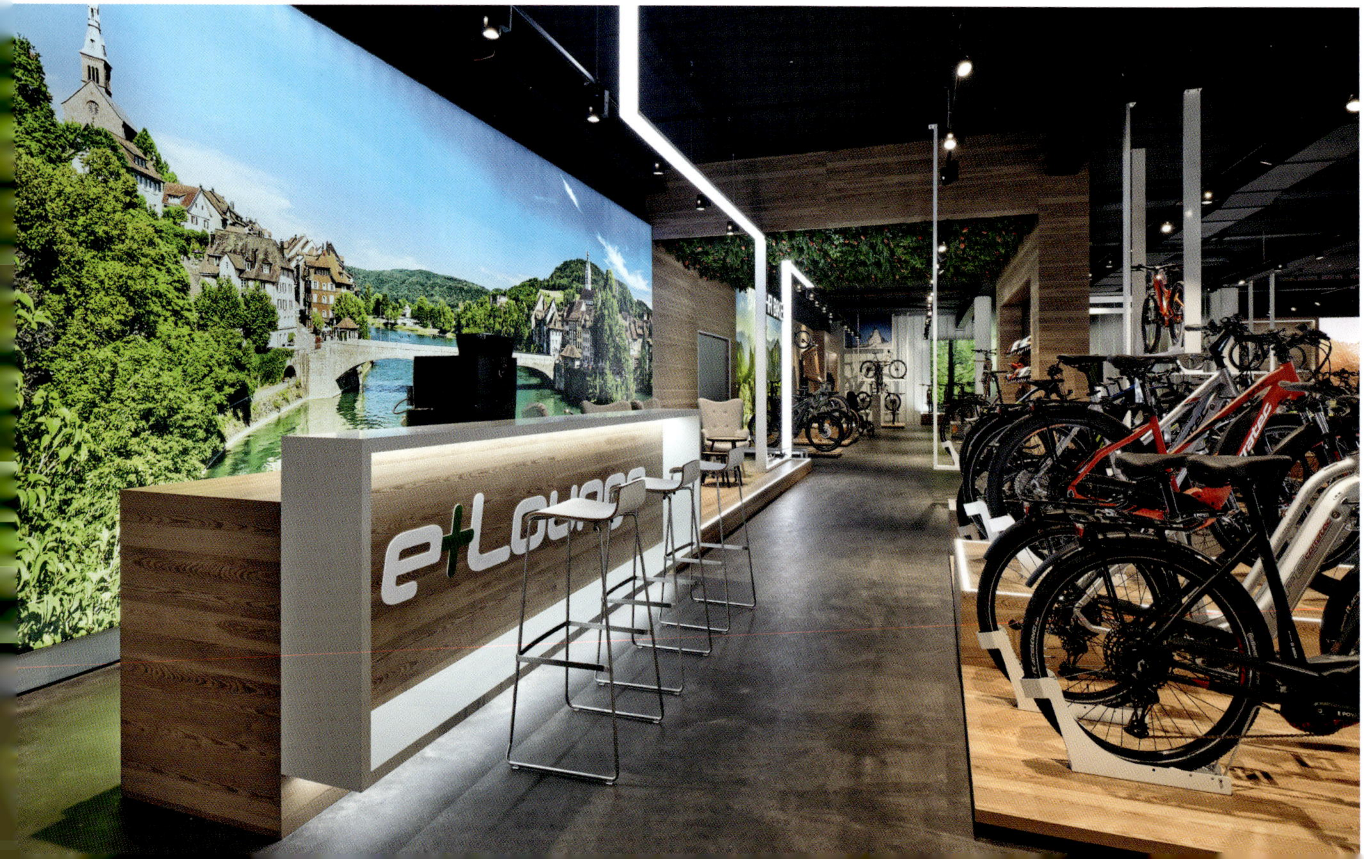

EBIKER — LAUFENBURG

Die Einzelpräsentation der E-Bikes setzt auf Podeste; bestimmte Modelle werden auf weißen Stahlträgern schwebend gezeigt. Ein Inhouse-Downhill-Pfad erlaubt Testfahrten mit einer gewissen Rasanz, die das Abenteuer in der Natur schon vorwegnehmen.

Die Elektrifizierung des Radsports hat eine neue Produktklasse hervorgebracht: das E-Bike. Gab es in dieser Kategorie bis vor wenigen Jahren keine nennenswerte Binnendifferenzierung im Sinne des klassischen Fahrradsortiments mit seiner Vielfalt aus Mountainbikes, Holland-, Touren-, Trekking-, Renn- und BMX-Rädern, holt die Branche nun rasch auf. Inzwischen gibt es ein weites Spektrum an Modellen – und spezialisierten Fachhändlern. Auch das Geschäft im badischen Laufenburg im Südwesten Deutschlands bietet ausschließlich E-Bikes an. Der neue Standort mit 800 Quadratmetern Verkaufsfläche sowie einem angeschlossenen 2.300 Quadratmeter umfassenden Lager- und Werkstattbereich versteht sich als Full-Service-Betrieb mit Erlebnischarakter. Die verschiedenen Fahrradwelten lassen sich auch an der Struktur des Verkaufsraums ablesen: Die großen hinterleuchteten Bildfronten an den Wänden geben Aufschluss über die jeweilige Fahrradklasse und stellen einen stimmungsvollen Bezug zum umliegenden Schwarzwald her. Dass es dort neben idyllischen Radwanderstrecken auch waghalsige Downhill-Pisten gibt, spiegelt sich nicht nur im Sortiment wider, sondern auch in der hauseigenen Teststrecke. Die dafür eingerichtete 400 Quadratmeter große Halle bietet den Kunden zum Ausprobieren der E-Bikes verschiedene Oberflächen und Wegprofile und wird damit schon Teil des Vergnügens. In den Themenwelten selbst signalisieren die auf Podesten platzierten Highlight-Räder den jeweiligen Charakter der Modelle. Und selbst der Luftraum wird für die Präsentation genutzt: Arretiert auf weißen Stahlträgern in U-Form schweben insgesamt 15 Bikes über den einzelnen Bereichen. Um die Kollektionen angemessen zur Geltung kommen zu lassen, beschränkt sich die Gestaltung der Räumlichkeiten auf schwarze Decken und schlichten Betonestrichboden. Die frische Atmosphäre des Ladens verdankt sich einer unsichtbaren Intervention: Ein spezielles Duftkonzept lässt die Kunden beim Betreten des Geschäfts zumindest olfaktorisch in die freie Natur wechseln. Je nach Saison duftet es nach Gras oder Wald. Doch auf vernebelte Sinne setzt hier niemand. Für die fachkundige, gründliche Beratung stehen deshalb spezielle Zonen zur Verfügung, in denen sich Verkäufer und Kunden Zeit für den Austausch nehmen können.

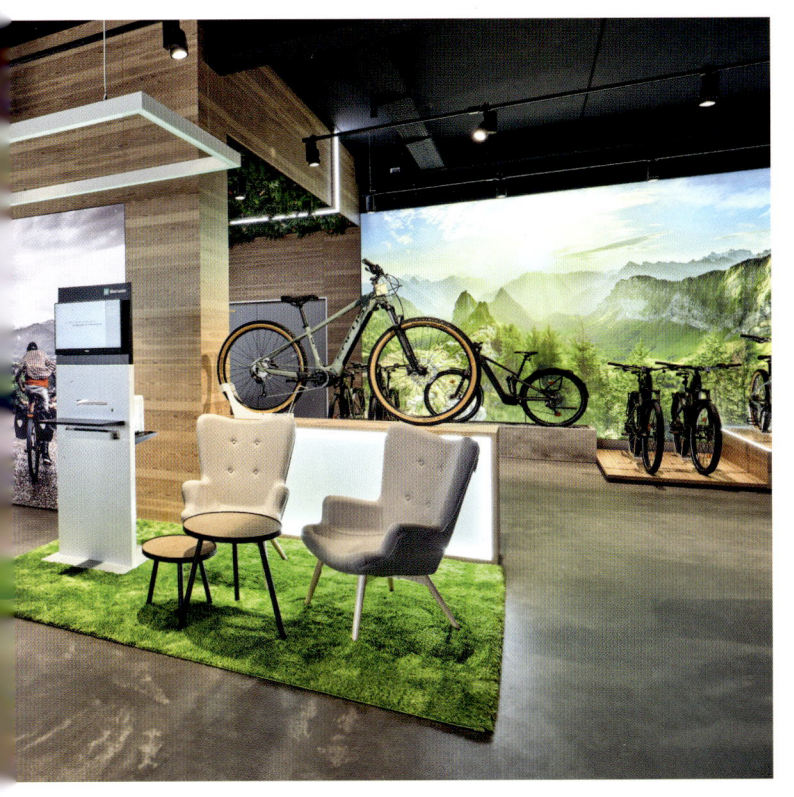

Projektpartner

Planung	Theodor Schemberg Einrichtungen GmbH
Ladenbau	Theodor Schemberg Einrichtungen GmbH
Lichtplanung/Beleuchtung	Theodor Schemberg Einrichtungen GmbH
Fotografie	Daniel Gerteiser

SCHUHHAUS CHRISS — ETTLINGEN

Gut zu Fuß

Für einen Schuhhändler ist es durchaus mutig, seinem Stammhaus mit einer Filiale des eigenen Betriebs am selben Ort gewissermaßen Konkurrenz zu machen. Doch wer weiß, vielleicht ist Christian Rissel mit seinem neuen Laden im Wettbewerb um gute Kunden nur einem Mitbewerber zuvorgekommen.

Projektdaten + Projektpartner

Standort	Friedrichstrasse 1 16275 Ettlingen, Deutschland
Eröffnung	10. Oktober 2019
Verkaufsfläche (m²/Etagen)	230/2
Planung	EBG Einzelhandels-Beratungs-Gesellschaft mbH
Ladenbau	Tenbrink Ladeneinrichtungen GmbH
Lichtplanung	EBG Einzelhandels-Beratungs-Gesellschaft mbH
Beleuchtung	D&L Lichtplanung GmbH
Boden	Speckner Bodenbeläge GmbH & CO. KG
Konzept/Visual Merchandising	EBG Einzelhandels-Beratungs-Gesellschaft mbH
Fotografie	Andrea Fabry

SCHUHHAUS CHRISS — ETTLINGEN

Das Schuhgeschäft präsentiert sich gestalterisch eigenständig und richtet sich sowohl mit seiner Auswahl als auch mit der urban inspirierten Gestaltung der Verkaufsfläche an eine junge, sportliche Kundschaft.

Das Schuhhaus Rissel in der badischen Kleinstadt Ettlingen ist eine Institution. Seit seiner Gründung vor gut 130 Jahren gehört der Familienbetrieb zu den festen Größen des lokalen Einzelhandels. Neuerdings können die Kunden sich allerdings zwischen zwei Filialen entscheiden, denn das Stammhaus hat mit dem Schuhhaus Chriss einen Ableger in der prominenten Leopoldstraße erhalten. Mit der Neugründung findet Firmeninhaber Christian Rissel nicht nur Anschluss an eine junge, sportive und modisch experimentierfreudige Zielgruppe; er holt über die Gestaltung der Filiale auch neue atmosphärische Akzente in die bürgerlich-beschauliche Einkaufslage. Der 230 Quadratmeter große Laden erstreckt sich auf zwei Ebenen, die über eine breite, offene Treppe miteinander verbunden sind.

Mit einem Konzept, das auf eine eklektische Material- und Farbwahl sowie robust-natürliche Oberflächen setzt, nimmt die Innenarchitektur sowohl Bezug auf Urbanität wie auch auf Outdoor-Verlockungen. Dunkle Granitflächen, unverputzter Backstein und schlichtes Bauholz bilden das optische Widerlager zu Stahl und Glas, weißen Regalen und edlen, matt polierten Holzpaneelen. Der stimmigen Einrichtung ordnet sich auch die Präsentation der Schuhe unter: Die Ware ist übersichtlich nach Typologie und Farbe sortiert und trägt in dieser Zurückhaltung zu einem ausgeruhten und entspannten Gesamteindruck bei. Einzelne Modelle sind als Highlights inszeniert; den dafür nötigen Hintergrund liefern die verschiedenen Wandverkleidungen. Ob gemusterte Zementfliesen, Klinker, unbehandeltes Holz, lebende Pflanzen oder Tapete – von einem beherzten Pluralismus in Sachen Muster und Material profitiert die Präsentation sowohl der Schuhe als auch ausgewählter Accessoires. Die über Erd- und Zwischengeschoss verlaufende Verkaufsfläche wird indes von Einbauten und der Bodengestaltung allenfalls dezent strukturiert. Trennwände aus schlichtem Bauholz dienen als Raum-in-Raum-Struktur und Präsentationselement zugleich, dazu kommen mobile Stahl-Glas-Regale, die eine flexible Bespielung der Ebenen erleichtern. Eine gewisse Zonierung ergibt sich über die unterschiedlichen Bodenbeläge, zum einen textile Flächen in Pflastersteinoptik, zum anderen graues Linoleum.

MATERIALIEN FÜR EINZIGARTIGE ERLEBNISWELTEN.

INNENEINRICHTUNG. DESIGN. LADENBAU. DISPLAYS. MÖBEL.

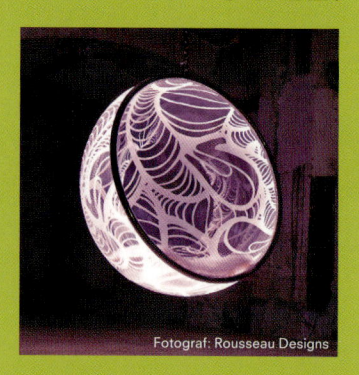

Markenwerte und das damit verbundene Lebensgefühl weltweit und langfristig zu transportieren ist ein Erfolgsfaktor für einzigartige Erlebniswelten. 3A Composites entwickelt, produziert und vermarktet qualitativ-hochwertige Materialien für Shop- und Innendesign, Möbelbau, Produktregale, Preisschilder, Wegweiser oder Kabinenbeschilderung.

Als Marktführer legen wir großen Wert auf Nachhaltigkeit in unseren Produktionsprozessen und Materialien, die konform sind mit geltenden Umweltrichtlinien. Wir arbeiten eng mit Ladenbauern zusammen und haben so ein umfassendes Angebot an Produkten für die Gestaltung von Erlebniswelten entwickelt: von Alu-Verbundmaterialien, Kunststoff- und Papierplatten bis hin zu transparenten und transluzenten Platten aus Acrylglas, PET und Polycarbonat. Unser Produktsortiment steht für langanhaltende Farbtreue und Farbbrillanz, sehr gute Dimensionsstabilität sowie einfache Verarbeitung bei geringen Kosten.

Eine Produktpalette mit viel Spielraum zur Umsetzung Ihrer kreativen Ideen!

DIBOND® HYLITE® FOREX® SMART-X® KAPA® DISPA® LUMEX® FOAMALITE®

PERSPEX® CRYLUX® CRYLON® AKRYLON® HIPEX® IMPEX®

3A COMPOSITES

WWW.DISPLAY.3ACOMPOSITES.COM

**EXKLUSIV FÜR DEN
LADEN- UND INNENAUSBAU**

AMS.ERP INTERIOR

DER STANDARD FÜR BESONDERES

Mit mehr als 20 Jahren Branchenerfahrung bietet die Software ams.erp INTERIOR dem mittelständischen Handwerk eine professionelle Lösung zur Fertigungs- und Kapazitätsoptimierung sowie Budgetsteuerung und Kostentransparenz – vom Einzelprojekt bis zum Ladenbauprogramm.

Zu den wichtigsten technischen Details zählen die gereifte Holzstückliste, die Sammelfertigungsunterstützung, die transparente Gleichteilfertigung, der integrierte Produktkonfigurator sowie die optimale Steuerung von Rahmenaufträgen.

ams
Die ERP-Lösung

ams.Solution AG . T +49 4202 9686-0 . info@ams-erp.com . www.ams-erp.com

AUFENTHALTSQUALITÄTEN

Der Bäcker ist Handwerker. In seiner Backstube stellt er Backwaren her, die er im an die Produktionsräume angrenzenden Bäckerladen verkauft. So war es jedenfalls früher, als es in jedem Dorf noch eine Bäckerei gab. Heute sind Bäckerläden – auch auf dem Lande – zu Gastronomiebetrieben avanciert, in denen es auch frische Backwaren gibt. Entsprechend hoch sind die Anforderungen an die Ladengestaltung. Welche Vielfalt sich mit dieser Planungsaufgabe eröffnet, zeigt dieses Kapitel. Welche Entwicklungen die Branche hinter sich hat und wie sich die Standorte den veränderten Kundenbedürfnissen anpassen, erläutert Siegmund Dumm. Er hat in seinem Leben unzählige Bäckereien geplant und gebaut.

Siegmund Dumm,
Inhaber Brust + Partner

Wie kaufen wir künftig Backwaren?

Das Social Distancing wird sich unserer Einschätzung nach dauerhaft, auch nach Corona, fest im Bewusstsein der Menschen verankern. Was jeder Bäcker als Antwort darauf braucht, ist eine Multi-Channel-Vertriebslösung. Darin liegt das Potenzial der Zukunft. Mit dem Online-Vertrieb wird zukünftig Reichweite erzeugt. Der alte Bäckerladen, wie wir ihn noch kennen, wird bei eingeschränkten Öffnungszeiten nur noch wenige Kernprodukte führen. Daneben gibt es einen systemgastronomischen Vertriebstyp mit einem herausragenden Anteil an To-go-Produkten. Der Ladenbau wird hier nur mit wirklich einzigartigen Ideen punkten können. Alles, was von der Stange kommt, hat keine Zukunft mehr.

AUFENTHALTSQUALITÄTEN

» Das Thema Hygiene wird zum wichtigsten Kriterium. Platzierung und Warenpräsentation werden nur noch Priorität B besitzen. «

Welche Rolle spielt die Nachhaltigkeit in der Ausstattung?

Bisher wurde immer von Nachhaltigkeit gesprochen, das Handeln orientierte sich dann am Preis. Sämtliche Hersteller von Oberflächen versuchen, eine natürliche Optik und Haptik zu reproduzieren. Am Ende ist das Produkt um ein Vielfaches billiger als der echte, nachhaltige Werkstoff – und der Kunde greift zu. Es muss nur echt aussehen. Mit den Erfahrungen der Covid-19-Epidemie wird sich das ändern, ja ändern müssen. Das wird nur dann gelingen, wenn wir alle das uns jetzt gegebene Zeitfenster dazu nutzen, die Spielregeln zu verändern. Unsere Auffassung bei Brust+Partner ist schon seit vielen Jahren: Was aussieht wie Holz – das ist Holz. Was aussieht wie Stein - das ist Stein. Was aussieht wie Stahl - das ist Stahl. Eigentlich ganz einfach.

Hygienevorschriften sind streng. Wie geht man damit um, wenn man neue Materialien einbringen will?

Wir bei Brust+Partner haben darauf eine sehr pragmatische Sichtweise. Stein, Glas, Holz und Edelstahl bringen von Natur aus all das mit, was die Hygienevorschriften fordern. An der richtigen Stelle eingesetzt, sollten uns diese einfachen Materialien in all ihrer Vielfalt doch genügen. Wenn in der Konstruktion jetzt noch das einfache Reinigen als Grundsatz Einzug hält, dann kann man da nichts mehr falsch machen. Nach Corona allerdings sehe ich auf alle Planer grundlegende Veränderungen in konzeptioneller Hinsicht zukommen. Das Thema Hygiene wird zum wichtigsten Kriterium. Platzierung und Warenpräsentation werden nur noch Priorität B besitzen.

Alle Fragen, die wir uns heute bei der Entwicklung eines Ladenkonzepts stellen, werden wir unter ganz anderen Gesichtspunkten beantworten als bisher. Wir werden darüber diskutieren, ob wir separate Ein- und Ausgänge zum Laden schaffen, wie wir die Anzahl der im Laden befindlichen Kunden überwachen und steuern, wie wir die Kunden im Laden selbst leiten, ob es überhaupt noch Gasträume, so wie wir sie heute kennen, geben wird oder ob diese nur noch abgetrennt vom Verkaufsbereich sein werden? Ich gehe davon aus, dass es sich die Menschen nicht mit Schutzmasken und Desinfektionsspender direkt neben dem Tisch gemütlich machen wollen. Also müssen bauliche und technische Maßnahmen her, die eine sichere Gastlichkeit garantieren.

Meine These: Der Virus wird gehen, die Angst der Menschen wird bleiben. Der Beitrag, den wir Planer dazu leisten können, dass sich die Menschen trotz Angst doch irgendwie sicher fühlen, wenn sie das Haus verlassen, ist enorm. Es wird sich nun zeigen, wie schnell und konsequent wir hier bereit sind neu zu denken. Die Chancen, die für unseren Stand hier wachsen, sind ebenso groß wie der Verlust, den bereits heute schon viele Kollegen erleiden. Ich bin gespannt auf das, was kommt!

esitzen Sie schon unsere neue Kundenkarte?
Geniessen Sie 10% auf unser gesamtes Sortiment
Bäckerei Konditorei
Burkhard
QUALITÄT FÜR FEINSCHMECKER
Besitzen Sie schon unsere neue Kundenkarte?
Burkhard
QUALITÄT FÜR FEINSCHMECKER
Fehlt Ihnen noch eine tolle Geschenkidee?
Schenken Sie Süsses, Salziges oder gar ein »Frühstück à deux«.
Bäckerei Konditorei
Burkhard
QUALITÄT FÜR FEINSCHMECKER
QUALITÄT FÜR FEINSCHMECKER
Burkhard

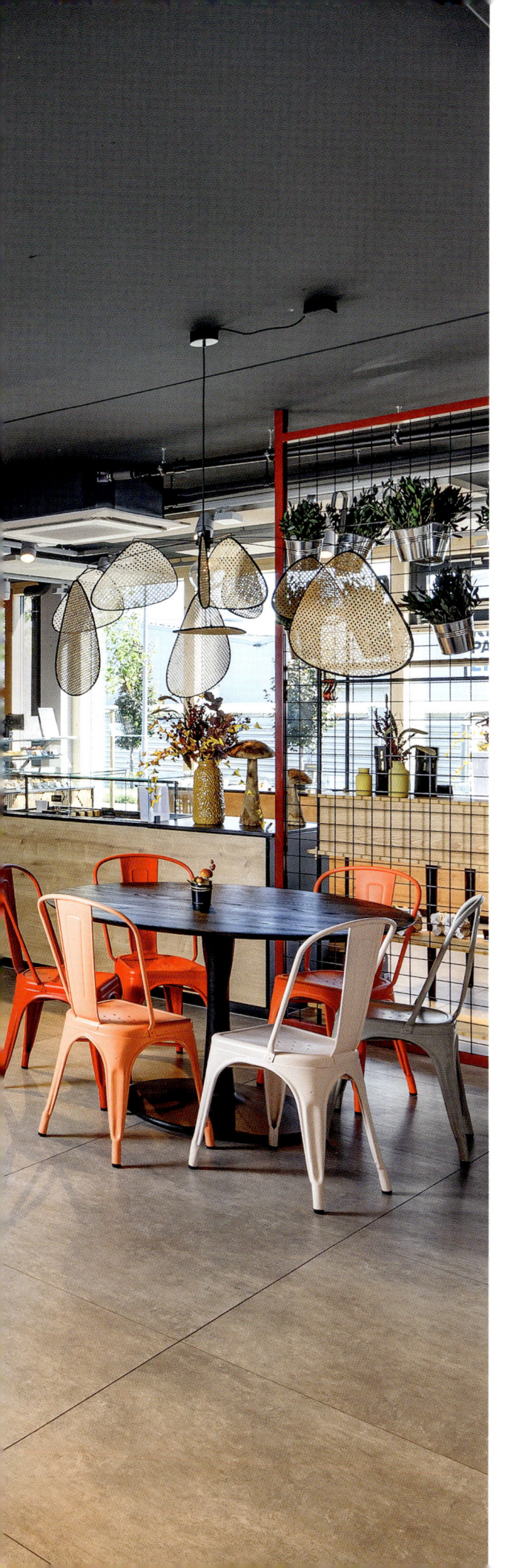

BÄCKEREI BURKHARD — LYSS

Genuss in drei Geschwindigkeiten

Die Verschmelzung von unterschiedlichen stationären Formaten lässt sich auch in Bäckereien beobachten. Längst gibt es dort mehr als nur frische Brötchen und Kuchen. Die zeitgemäß erweiterte Backstube ist Treffpunkt, Mittagslokal und kontemplatives Café in einem.

Projektdaten

Standort	Südstraße 37, 3250 Lyss, Schweiz
Eröffnung	8. Februar 2020
Verkaufsfläche (m²/Etagen)	270/1

BÄCKEREI BURKHARD — LYSS

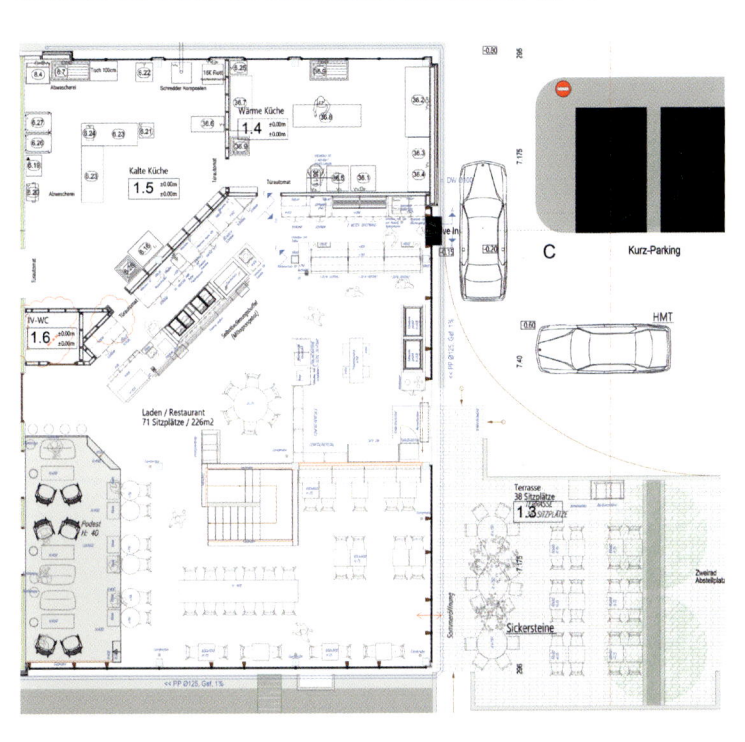

Der komplexe Grundriss (Mitte links) zeigt die bedachte Zonierung der Verkaufsfläche. Zwei separate Anschlüsse – für die Drive-in-Zone und die Gartenterrasse – verbinden das Innere mit dem Außenbereich. Die Material- und Farbwahl für die verschiedenen Oberflächen sowie unterschiedliche Bestuhlungen unterstützen das differenzierte Flächenkonzept. Obwohl es sich mitunter um starke Kontraste handelt, wie die Details der Wandverkleidungen (oben) und des Fußbodenbelags (unten) zeigen, entsteht ein stimmiger, frischer Zusammenhang.

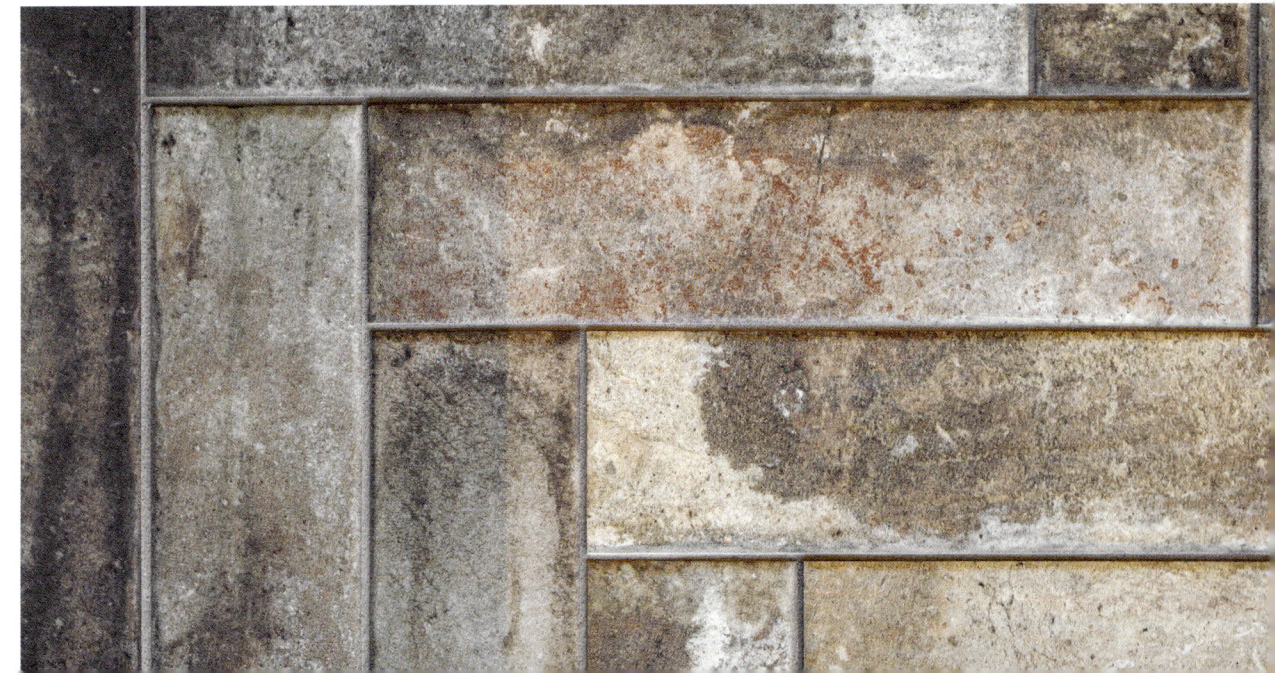

Der Aufenthaltsbereich ist gegliedert in eine leicht abgesetzte Lounge-Zone auf einem Podest, eine gesellige Tafel im Zentrum sowie den klassisch strukturierten Café-Bereich am Zugang zur Außenterrasse. Das Kommen und Gehen im Verkaufsraum lässt sich hier auf angenehme Weise ignorieren.

Projektpartner

Planung	Ladenmacher AG
Ladenbau	Ladenmacher AG
Lichtplanung	Ladenmacher AG
Beleuchtung	RD Leuchten AG
Fotografie	Jeronimo Vilaplana

BÄCKEREI BURKHARD — LYSS

Die Verwandlung der guten, alten Bäckerei in eine Genuss-Zentrale mit sozialem Mehrwert hat auch die ländlichen Einzugsgebiete erfasst. Den Beweis dafür tritt ein alteingesessener Handwerksbetrieb aus der 15.000-Einwohner-Gemeinde Lyss im Kanton Bern an. Das Familienunternehmen mit gut 90 Mitarbeitern betreibt in der Region acht Filialen und hat nicht nur seinen Stammsitz einer grundlegenden Renovierung unterzogen. Gewandelt hat sich mit dem erweiterten Angebot in neuen Räumen auch das Selbstverständnis des Hauses.

Der großzügige Laden mit etwa 270 Quadratmetern Fläche verknüpft die Funktionen der klassischen Bäckerei mit gastronomischen Komplementärnutzungen: Lunch-Lokal, Café, Drive-in und Take-away-Imbiss. Um dieses Hybridkonzept unter ein Dach zu bringen, wurde das weitläufige Erdgeschoss der Firmenzentrale diffus zoniert, so dass den verschiedenen Nutzungen jeweils eigene, klar definierte Bereiche zugewiesen wurden, ohne den übergreifenden atmosphärischen Zusammenhang zu schwächen.

> *» Um etwas Einzigartiges hervorzubringen, brauchten wir kreative Leute wie die Ladenmacher. «*

Eine kontrastreiche, belebte Farbigkeit zeichnet die klassische Bäckerei direkt hinter dem Eingangsbereich aus. Die Wände in einem kräftigen Ziegelrot bilden zusammen mit hellem Holz und mattschwarzen Oberflächen einen stimmigen Rahmen für die frischen Waren. Bemerkenswert ist die aufwändige Gestaltung der Thekenfront, die wie das hier gefertigte Backwerk ein Ausweis selbst- und qualitätsbewussten Handwerkerstolzes ist.

Direkt im Anschluss an diesen Bereich erstreckt sich der lange Tresen, an dem die Kundschaft ein täglich wechselndes Mittagsmenü, ein Kaffeegedeck oder einen warmen Imbiss ordern kann. Je nachdem, ob es ein schneller Lunch vor Ort oder etwas zum Mitnehmen werden soll, stehen hier Stehtische und eine kleine Sitzgelegenheit bereit; auf Wunsch wird die Bestellung auch im Drive-in-Format abgewickelt. Wer Gelegenheit und Zeit für eine ausführliche Pause hat, kann sich in den Lounge-Bereich zurückziehen, der in seiner entspannten Behaglichkeit an großstädtische Cafés erinnert, in denen die Gäste oft stundenlang an ihren Laptops sitzen, lesen oder einfach nur einen Chai Latte nach dem anderen trinken. Gestalterisch setzt sich diese Fläche nicht nur über den Stimmungswechsel hin zu einem kühlen, auf Grau und frische Naturtöne setzenden Kolorit ab, sondern auch in einem ganz räumlichen Sinn: in Form eines großzügigen Podests. Dort laden Sofas und Sessel in betont moderner Ausführung zum Verweilen ein. Und je nachdem, wohin die Blicke der Gäste schweifen – ob auf die reizvolle Landschaft vor den bodentiefen Fensterfronten oder das Geschehen in der Backstube, das sich durch die großzügige Verglasung beobachten lässt – langweilig ist die Aussicht nie.

4

BÄCKEREI VATTER — BUCHHOLZ

Der Duft von gutem Brot und weiter Welt

Die Verschmelzung des Bäckerhandwerks mit dem gastronomischen Passepartout Café verwandelt die gute alte Bäckerei landauf, landab in einen Ort des Verweilens. Der Widerspruch zwischen dem To-go-Geschäft einerseits und der Kontemplation eines Kaffeehauses erfordert viel Platz und eine differenzierte Einrichtung.

Projektdaten

Standort	An der Autobahn 4 29690 Buchholz (Aller), Deutschland
Eröffnung	26. März 2020
Verkaufsfläche (m²/Etagen)	300/1

Kuchen löst keine Probleme, aber das macht ein Apfel ja auch nicht.

BÄCKEREI VATTER — BUCHHOLZ

Originelle Details, wohin das Auge blickt: Die Gestaltung des Waschraums (oben links) korrespondiert mit der Optik im Gastraum, wo eine Kinderecke (unten links) und die Leuchten über dem Esstisch (links) wie formale Reprisen aufscheinen. Die überaus behagliche Atmosphäre des Cafés lässt vergessen, dass die Bäckerei an einer Autobahnausfahrt liegt.

Projektpartner

Planung	schmees Ladenbau GmbH
Ladenbau	schmees Ladenbau GmbH
Lichtplanung/Beleuchtung	schmees Ladenbau GmbH
Konzept/Visual Merchandising	schmees Ladenbau GmbH
Fotografie	Tim-Lucas Reimer

Das Stammhaus des niedersächsischen Handwerksbetriebs liegt direkt an der Autobahn A7, Ausfahrt Schwarmstedt. Schon die Öffnungszeiten – täglich von 5 bis 16 Uhr, sonntags ab 7 Uhr – haben mehr mit den Gezeiten der Autobahn zu tun als mit der Rushhour in Einkaufslagen. Und eigentlich ist die Bäckerei an diesem Standort auch eher ein Café mit Außer-Haus-Verkauf von duftend frischen Backwaren. Der 2008 eröffnete Standort präsentiert sich nach der jüngsten Generalüberholung moderner und frischer, ohne dass seine gestalterische Charakteristik an Wiedererkennungswert eingebüßt hat. Dazu gehört zweifellos die räumliche Fassung der insgesamt 300 Quadratmeter großen Ladenfläche. So erstreckt sich die weit aufgespannte Theke vor einer Fassadenkulisse im mediterran-ländlichen Stil und erscheint wie ein Markstand im Schutz von Häusern, während sich die beiden Café-Bereiche durch große Glasfronten nach außen öffnen.

Doch die Renovierung diente nicht allein der Atmosphäre, sondern auch der Optimierung der Abläufe. So wurden erst durch die Verlängerung der Theke und eine entsprechende Zonierung jeweils eigene Bereiche für das Laufgeschäft der Bäckerei einerseits und Café-Gäste andererseits erreicht. Wo sich früher ein Raucherbereich befand, können nun die eiligen Kunden Backwaren kaufen oder ihren Coffee to go mitnehmen, ohne dass sie den Gästen mit Verweilabsicht bei der Auswahl von Feingebäck oder einem Snack in die Quere kommen. Der ehemalige Konferenzraum, der bislang als separierte Einheit angegliedert war, ist nun dem Gästebereich angeschlossen, kann aber dank der flexiblen Bestuhlung auch weiterhin für Veranstaltungen mit bis zu 50 Personen genutzt werden. Eine zentrale Kinderecke, gut einsehbar von allen Sitzplätzen des Cafés, dient zugleich als Relais zwischen dem Lounge-Bereich und dem mit größeren Sitzgruppen strukturierten Gastraum.

Für die Kunden unsichtbar bleiben die Verbesserungen hinter den Kulissen. So werden die Warenregale im Verkaufsraum durch Schubladen im Küchenbereich beschickt. Dort werden den ganzen Tag über auch Brötchen belegt, Kuchen geschnitten und frische Croissants aus dem Backofen gezogen. Denn auf den Duft einer Bäckerei will man auch an der Autobahn nicht verzichten.

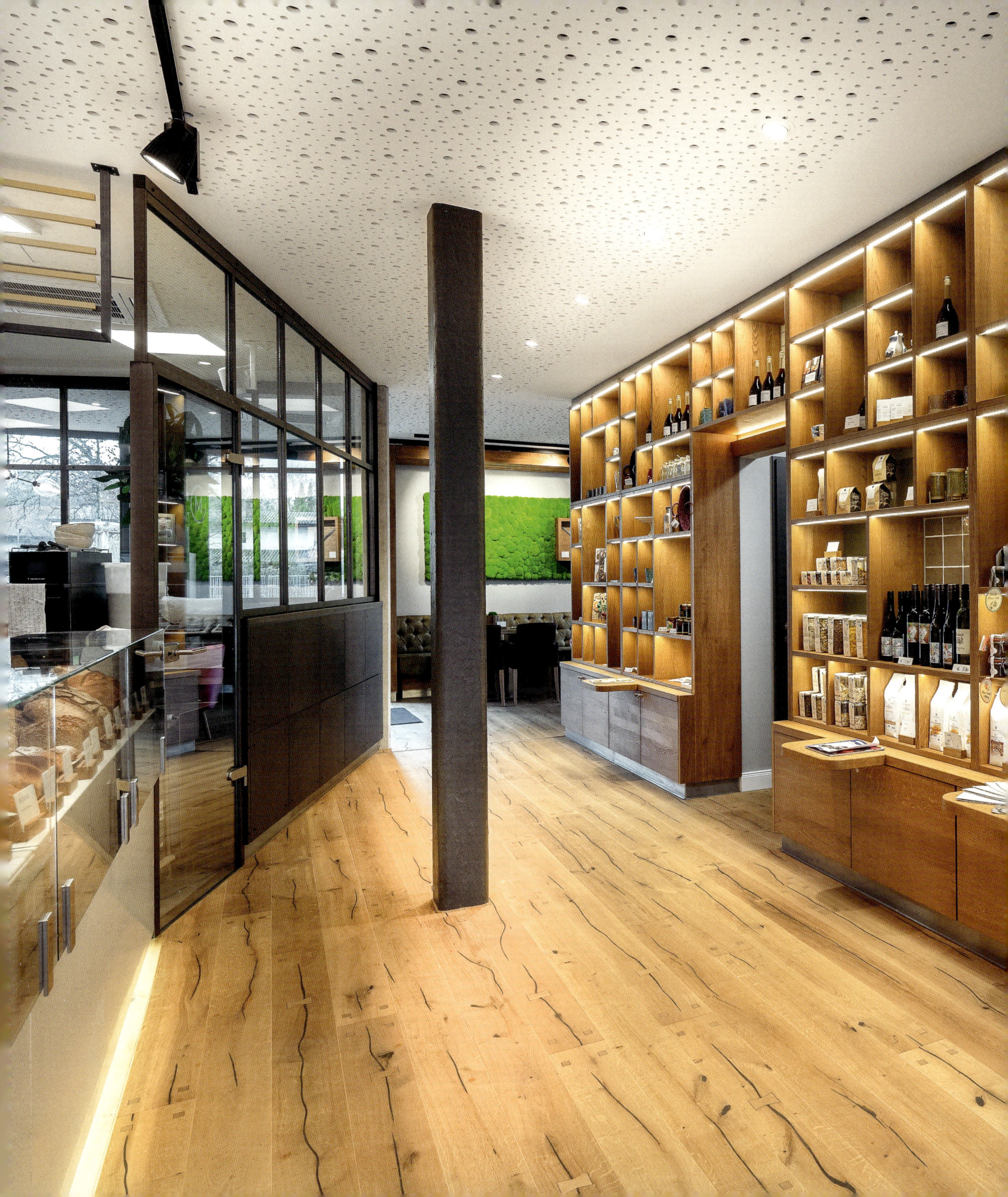

DIE MEISTEREI — INGOLSTADT

Mehr als täglich Brot

Die Konkurrenz um Kundschaft für gutes Backwerk ist gerade in Bayern groß. Wer sich dort mit einer Bäckerei von den Mitbewerbern absetzen will, braucht neben erstklassigen Brezen eine gute Idee. Genauer: eine bessere Idee.

Projektdaten

Standort	Haunwöhrer Straße 21 85051 Ingolstadt, Deutschland
Eröffnung	3. Februar 2020
Verkaufsfläche (m²/Etagen)	174/1

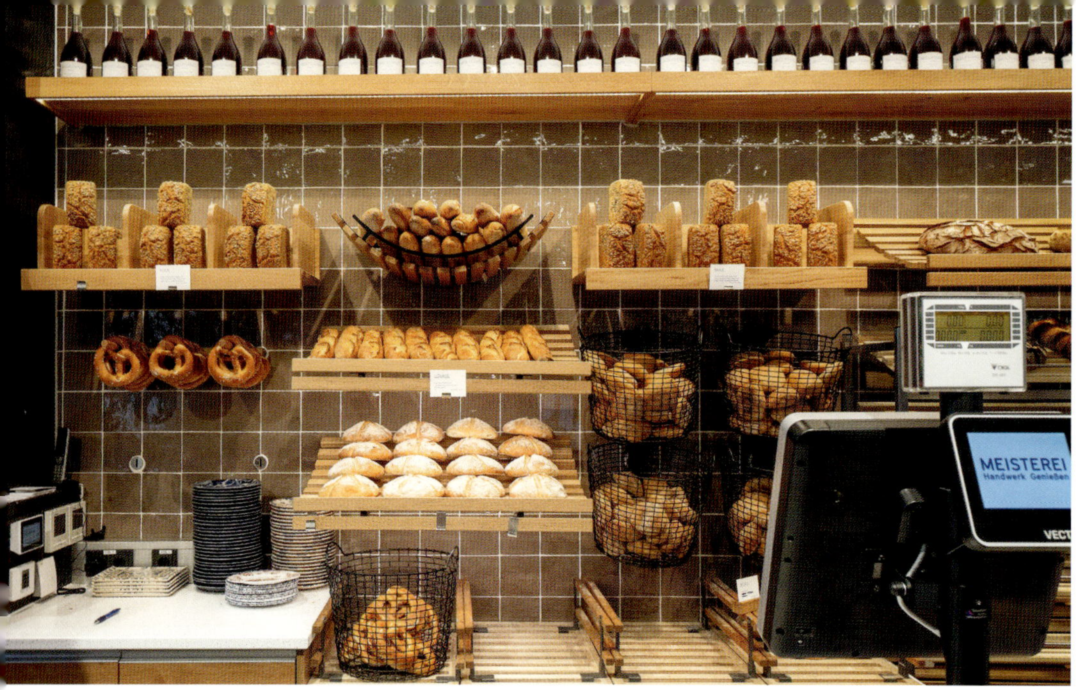
MEISTEREI
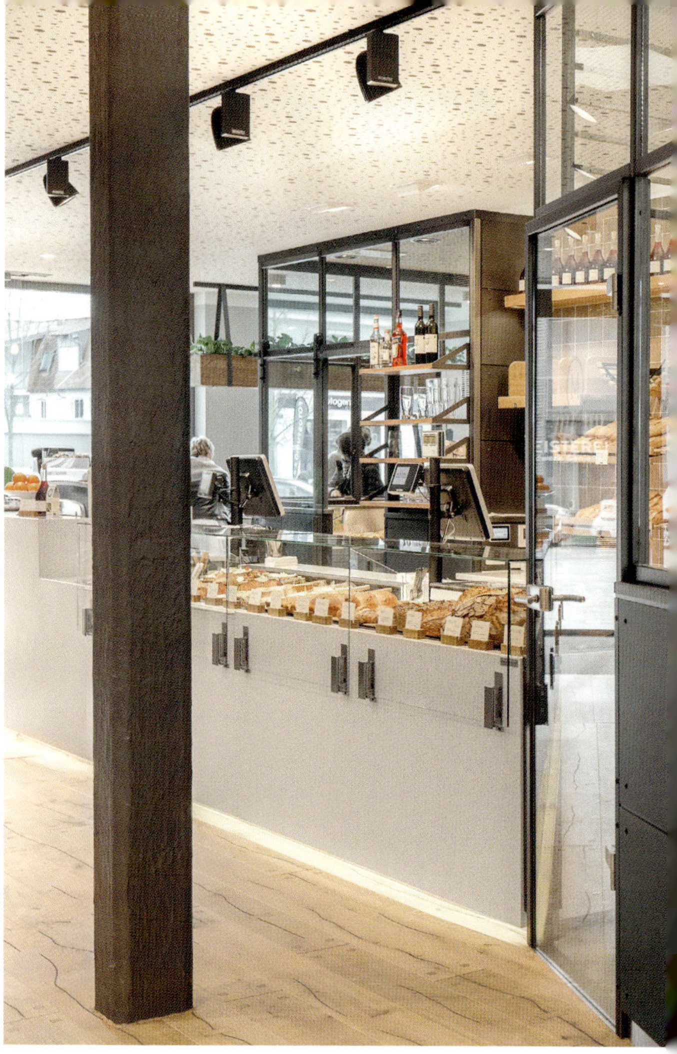
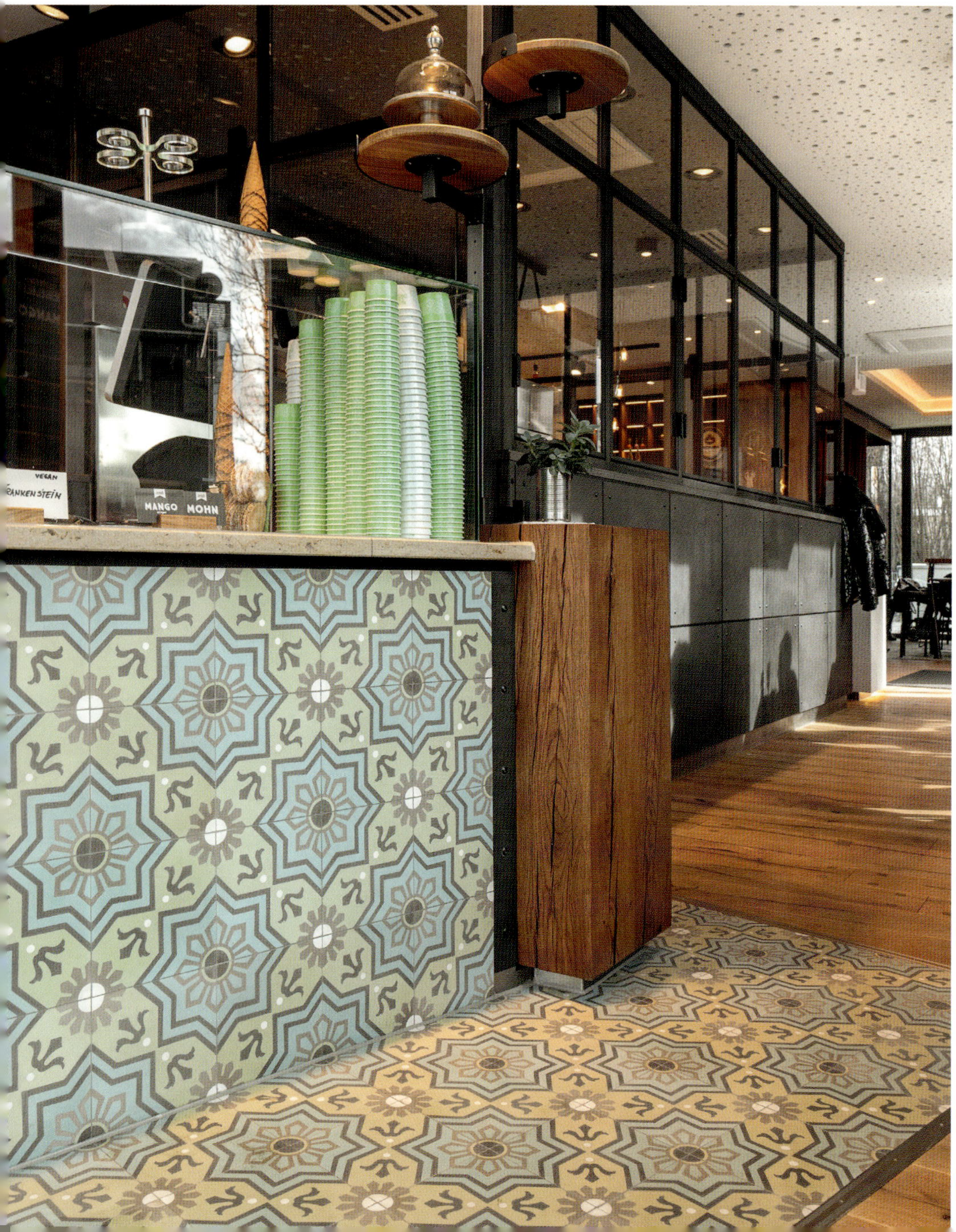
MANGO
MOHN
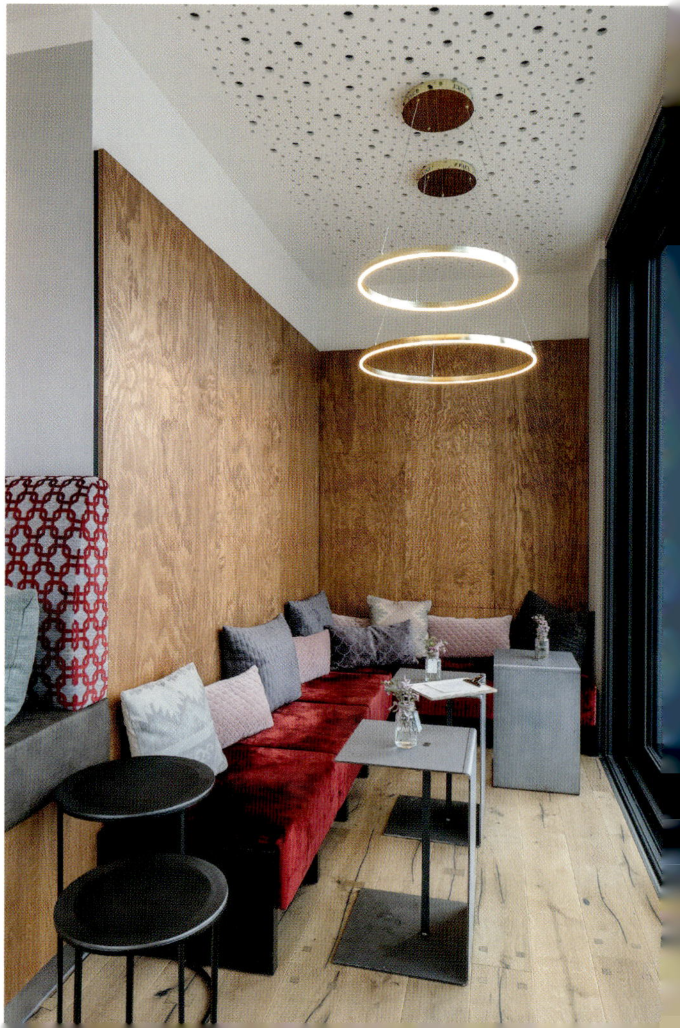

DIE MEISTEREI — INGOLSTADT

Was darf es sein? Frische Backwaren (oben links), hausgemachtes Eis (unten links), eine Kaffeepause (unten rechts) oder ein Stück Handwerksatmosphäre? Die Meisterei bietet all das unter einem Dach und empfiehlt sich damit als Nahversorger, Nachbarschafts-Café und Treffpunkt. Das Ladenbaukonzept integriert diese Funktionen und überzeugt mit einer gelungenen Gestaltung.

Projektpartner

Planung	Obermeier Objekt+Möbel GmbH
Ladenbau	Schrutka-Peukert GmbH
Lichtplanung	Obermeier Objekt+Möbel GmbH
Fotografie	Schrutka-Peukert GmbH

Der Name ist schon deshalb klug gewählt, weil von einer Bäckerei nicht mehr die Rede sein kann. Das Geschäft in Ingolstadt ist auch mehr als die Summe aus Handwerksbetrieb, Eisdiele, Feinkostladen und Café, doch gerät es mit seinem bodenständigen Selbstverständnis nicht in die Gefahr, allein auf touristischen Schauwert reduziert zu werden. Dafür ist die Lage der Meisterei in einem unaufgeregten, bürgerlichen Wohnviertel vielleicht auch zu nah am normalen Alltag Ingolstadts. Und genau dort gehört ein Ort für gutes Backwerk, aber auch für ein Treffen auf Eis, Kuchen oder Kaffee einfach hin. Dass es der Inhaber mit seinem Anspruch ehrlichen Handwerks ernst meint, ist auch im Wortsinn nicht zu übersehen. Denn die Fertigung von Eis, Brot, Semmeln, Kuchen und Brezen findet vor den Augen der Kundschaft statt: in der gläsernen Backstube. Der komplett einsehbare Bereich ist wie eine produktive Zelle in den 174 Quadratmeter umfassenden Raum implantiert und präsentiert sich dank der verwendeten, aus Industriebetrieben bekannten Stahlfenster als moderne, aber dennoch traditionsbewusste Produktionsstätte. Während bei der zurückhaltenden Backtheke der Einsatz von Naturtönen und Massivholz dominiert, herrscht an der Eistheke mit ihrer Verkleidung aus Zementfliesen in pastelligen Grün- und Blautönen praktisch das ganze Jahr über Sommer. Sowohl der durchgehende Holzboden als auch der durchdachte Einsatz verschiedenfarbiger, aufeinander abgestimmter Wandfliesen sorgen dafür, dass die unterschiedlichen Bereiche des Ladens einen organischen Zusammenhang bilden. Die Sitzgelegenheiten zeichnen sich durch feine Unterschiede aus und eignen sich sowohl für ein ausgelassenes Kaffeekränzchen als auch für eine stille Pause bei Tee und Hefegebäck. Polster in kräftigen, leuchtenden Farben oder die mit echtem Moos bepflanzten Decken- und Wandausschnitte setzen belebende Akzente. Der besonders in Cafés und Bäckereien um sich greifenden To-go-Kultur kommt die Meisterei mit einem ergänzenden, genau auf die eigene Produktpalette zugeschnittenen Warensortiment entgegen, das sich gegenüber der Backtheke in einem eigens angefertigten, wandhohen Regal befindet.

**BAVARIA TOWERS
BETRIEBSGASTRONOMIE — MÜNCHEN**

Mahlzeit modern

Eine lieblos eingerichtete Mitarbeiterkantine kann sich in Zeiten des Fachkräftemangels kein Arbeitgeber mehr leisten. Wie ein attraktives Betriebsrestaurant aussehen kann, zeigt ein neuer Bürostandort in der bayerischen Landeshauptstadt.

Projektdaten + Projektpartner

Standort	Riedenburger Straße 2 81677 München, Deutschland
Eröffnung	7. Januar 2020
Verkaufsfläche (m²/Etagen)	1.200/3
Planung	SODA GmbH
Ladenbau	Bohnacker Ladeneinrichtungen GmbH
Lichtplanung	SODA GmbH
Beleuchtung	Bohnacker Ladeneinrichtungen GmbH
Fotografie	Stefan Klein

BAVARIA TOWERS
BETRIEBSGASTRONOMIE — MÜNCHEN

So unterschiedlich die einzelnen Bereiche, so variantenreich präsentiert sich auch das täglich wechselnde Angebot. Neben der Kantine (oben und unten) gibt es auch eine Kaffeebar (Mitte).

Die Bavaria Towers in München sind ein neu errichtetes Hochhausensemble im Osten der Stadt. Schon dank ihrer markanten architektonischen Figur – pentagonale Turmbauten mit abgeschrägten Dächern und sanft gerundeten Ecken – wecken die vier unterschiedlich hohen Gebäude gewisse Erwartungen an Design und Qualität. Während die Ausstattung der Büroflächen und des Hotels den jeweiligen Nutzern und Betreibern vorbehalten bleibt, ließ es sich der Bauherr nicht nehmen, die für halböffentliche Nutzungen vorgesehenen Räumlichkeiten entsprechend der architektonischen Idee des Vorhabens selbst zu gestalten. Ein beredtes Beispiel für diesen Ehrgeiz ist die Betriebsgastronomie im Sky Tower, dem auffälligsten und höchsten Bau des Quartiers. Was anderswo als Kantine mal mehr, mal weniger geschätzt wird, darf sich in diesem Fall mit guten Lokalen messen, freilich in Dimensionen, die auch einem Großflughafen gut zu Gesicht stehen würden. Die 1.200 Quadratmeter Fläche verteilen sich über drei Etagen und bieten, wenn es darauf ankommt, bis zu 1.100 Gästen Platz. Vier sogenannte Themencounter im Restaurant strukturieren den Raum und sorgen mit ihrem nach kulinarischen Himmelsrichtungen sortierten Angebot quasi automatisch für eine gewisse Verteilung der Gäste. Ihre kantenlose, abgerundete Form nimmt die Architektur der Gebäude auf, sodass sich ein geometrisch verspielter Zusammenhang zwischen Innen und Außen ergibt. Der kosmopolitische Stil von Küche und Einrichtung prägt auch die verschiedenen Gästebereiche. Mit Barhockern an einem langen Tresen oder in Polsternischen, die an die Intimität historischer Zugabteile erinnern, bis hin zu Tischen, an denen die Belegschaft eines Steuerberaterbüros Platz findet – den unterschiedlichen Erwartungen an einen schnellen Lunch, etwas Geselligkeit, persönlichen Austausch oder einen Geschäftstermin mit Snack wird das Lokal allemal gerecht. Einer für solche Betriebsgrößen fast unvermeidlichen Standardisierung in Sachen Möblierung und Beleuchtung setzt das Konzept den Einsatz ganz unterschiedlicher Oberflächen, Leuchten und Lichtstimmungen entgegen. Diesem differenzierten Umgang mit Details verdankt sich nicht zuletzt eine kleinteilige Atmosphäre, die vergessen lässt, dass es sich um eine großflächige Betriebskantine handelt. Denn auch für eine ganz ruhige Pause gibt es hier Platz. Dazu lädt die elegante Kaffeebar im Erdgeschoss ein. Auf Cocktailsesseln vor mattschwarzen Einbauten mit Naturholzfronten lässt sich der nörgelnde Chef ebenso gut vergessen wie die Stechuhr.

BEETSCHWESTER — MÜNSTER

Grünschnäbel

Münster verteidigt seinen Ruf als Deutschlands Hauptstadt des Umweltbewusstseins auch an den Kochtöpfen. Das Bistro, Ableger eines lokalen Gastronomiebetriebs, setzt ganz auf vegan-vegetarische Küche und hat sich dafür ein Ladenkonzept auf den schlanken Leib schneidern lassen.

Projektdaten + Projektpartner

Standort	Tibusplatz 6 48143 Münster, Deutschland
Eröffnung	17. Juni 2020
Verkaufsfläche (m²/Etagen)	45/1
Planung	Architekten mbB Vahle + Partner
Ladenbau	donnerblitz design GmbH & Co.KG
Fotografie	Thomas Mohn

BEETSCHWESTER — MÜNSTER

Das kompakte Konzept vereint sämtliche Abläufe auf kleinstem Raum, ohne dass der großzügige, luftige Eindruck des Lokals leidet. Holz, Licht und helle Farben dominieren.

Das neu eröffnete Lokal in Münster gehört zu einer ziemlich berühmten Gastro-Dynastie, die in der Stadt gleich mehrere Standorte betreibt und mit dem Restaurant Kiepenkerl, dem Übervater der Familie, auch über die Region hinaus bekannt ist. Die Beetschwester als jüngster Zuwachs ist, wie könnte es in dieser ökologisch gewissenhaften Studentenstadt auch anders sein, ein vegetarisch-veganes Bistro in zentraler Lage. Anstelle der ortsüblichen, eher deftigen Küche gibt es für die wachsende Zielgruppe der bewusst auf tierische Produkte verzichtenden Feinschmecker ein abwechslungsreiches Angebot an kleinen Gerichten und Snacks. Die 45 Quadratmeter umfassende, vergleichsweise kleine Ladenfläche wird von einer großen, winkelförmig verlaufenden Theke dominiert, die mit ihren Eichenrundholzleisten, dem mit Messing verkleideten Sockel und der Arbeitsfläche aus hellem Stein das klassische Bistro-Interieur zitiert. Während der größere Teil der Theke für den direkten Kundenkontakt vorgesehen ist, werden hinter dem mit einer schönen Holzverblendung geschützten Bereich Speisen und Getränke frisch zubereitet.

Das Konzept spiegelt sich auch in der Farbauswahl wider: helles Holz, viel Grün, zum Teil in Gestalt von Pflanzkästen und Blumentöpfen, sowie sparsam eingesetzte Details aus Metall fügen sich mit den verputzten Klinkerwänden und dem robusten Holzboden zu einem stimmigen Rahmen für den Betrieb einer Tagesbar. Wandvertäfelungen, Türverkleidungen und maßgefertigte Regale geben dem Raum Struktur und schaffen den nötigen Stauraum. Dass es hier vor allem leichte Kost gibt, machen auch die schlanken Korbsessel und Hocker aus naturfarbenem Wiener Geflecht deutlich. Eine geschützte Außenterrasse ergänzt die Sitzgelegenheiten im Innenraum und lässt sich auch bei Regen nutzen. Eingebaute Sitzbänke, eigens gefertigte kleine Tische mit Terrazzoplatten sowie hängende Pflanzenregale verleihen der Außenerscheinung einen sympathischen Charme. Dass in Münster und Umgebung nicht nur die katholische Frömmigkeit, Umweltbewusstsein und grüne Küche hoch im Kurs stehen, sondern auch die Möbelfertigung auf eine lange Tradition zurückblickt, lässt sich auch bei der Beetschwester bewundern. Alle Einbauten stammen von Handwerkern aus der Region.

SCHEMBERG
VISION FUNCTION EMOTION · RETAIL

EMOTIONEN WECKEN!

STORES | SHOP-IN-SHOP | CHECKOUTS | DISPLAYS

LADENBAU AUS EINER HAND

110 % BEGEISTERUNG FÜR **LADENBAU**

SCHEMBERG entwickelt, produziert und montiert Erlebnis- und Präsentationswelten, die einfach mehr verkaufen – für Einzelhändler, Filialisten und Konzerne. Weltweit!

Th. Schemberg Einrichtungen GmbH · Bahnhofstraße 10 · D-49497 Mettingen · **T** +49(0)54 52.56-0 · **www.schemberg.de**

HÄFELE

BLACK FOREST

EXPERIENCE

WEITER DENKEN. IM STORE.

Mit der Häfele 360° Store-Kompetenz, die von Anfang an über den Tellerrand hinausschaut und Produkte, Systeme, Logistik und Services intelligent miteinander verknüpft.

www.haefele.de/store

WANDEL ALS PRINZIP

Wenn wir „Bleib wie Du bist" sagen, ist das als Kompliment gemeint. Sicher gibt es auch Handelsunternehmen, Spezialisten in ihrem Bereich, deren Kunden keine Veränderungen erwarten, die deshalb so bleiben wie sie sind und damit gute Ergebnisse erzielen. Doch es gibt viele Unternehmen, die das Gegenteil machen: Sie erfinden sich neu. Die Südtiroler Sparkasse, immerhin 165 Jahre alt, ist so ein Beispiel. Sie begeistert mit einem Konzept, das die Traditionen der alpinen Region, in der sie beheimatet ist, modern und für eine nüchterne Bank ungewohnt interpretiert. Kunden mögen Player, die den Mut zu neuen Wegen haben. Neue Wege, die Retailer jetzt beschreiten sollten, zeigt Daniel Schnödt auf.

Daniel Schnödt,
Trendexperte Retail und Autor

Alles neu macht der Mai

„Alles neu macht der Mai." Das bekannte Lied des Schriftstellers Hermann Adam von Kamp beschreibt eindrucksvoll die Aufbruchsstimmung, die uns regelmäßig im Frühling befällt und uns Optimismus beschert: Endlich wieder raus! Mit Tatkraft und innovativen, kreativen Ideen. Aktuell beflügeln die Einzelhandelslandschaft Themen wie neue Vertriebswege, Downsizing, transformierte Erlebniswelten, autonome Formate und Vorwärtsintegrationen. Diese Innovationen im Direct-to-Customer-Marketing profilieren auch den Markenkern, was Herstellern ebenso wie Einzelhändlern zugutekommt. Die gegenwärtige Aufbruchsstimmung hat auch die renommierten Player ergriffen, die auf den folgenden Seiten vorgestellt werden. Denn gerade jetzt ist der richtige Zeitpunkt, sich am Markt neu zu positionieren.

Die Konsumenten befinden sich durch die aktuellen grundlegenden Veränderungen in einer Phase der Orientierung. Sie lösen sich von alten Bedürfnissen und erkunden neue. Schon in der Vergangenheit haben sich in Krisen drei Verhaltensmuster entwickelt, die sich in drei Wünschen widerspiegeln:
- Wunsch nach Nähe und Gruppenzugehörigkeit (Community),
- Wunsch nach Abstand und Autorität,
- Wunsch nach Verantwortungsbewusstsein und Nachhaltigkeit.

WANDEL ALS PRINZIP

» Gerade jetzt ist der richtige Zeitpunkt, sich am Markt neu zu positionieren. «

Allen drei Herausforderungen begegnet der Retail am besten mit einer klaren Kundenzentrierung und Kundenansprache. Dazu gehört ein hohes Maß an verbaler, nonverbaler oder digitaler Informations- und Servicebereitschaft. Die lässt sich am besten in einem nachhaltigen, innovativen, flexiblen und interaktiven Umfeld realisieren – und zwar mit starker Berücksichtigung des Internets, zu dem die Konsumenten vor allem in jüngster Vergangenheit eine sehr starke Affinität entwickelt haben.

Um letztlich erfolgreiche Konzepte zu entwickeln, sollten beim Bau und bei der Neustrukturierung von Retail-Landschaften die folgenden vier Planungsebenen konsequent bearbeitet werden.

Erlebnisräume ganzheitlich inszenieren

Die Ergebnisse unserer Gespräche mit der Ladenbaubranche unterstreichen die Notwendigkeit eines eindeutigen Markenprofils. Erlebnisräume müssen das gewählte Selbstbild eines Unternehmens verbal und nonverbal transportieren, Aufmerksamkeit und Entscheidungsverhalten beim Konsumenten positiv bestärkt werden. Nur so ist es möglich, die richtige Brand Awareness beim Kunden zu erreichen.

Warenräume flexibel planen

Die geschaffene Bühne und Architektur muss den kuratierten Sortimenten genügend Spielraum mit höchster Flexibilität bieten. Es gilt, den Raum in den unterschiedlichsten Weisen nutzen zu können. In ihm werden nicht nur Waren präsentiert und Dienstleistungen erbracht, vielmehr wird er zunehmend hybrid genutzt – auch für die Bereiche Living und Working. Diese Funktionen können nur dann neben- und miteinander vollzogen werden, wenn die Sortimente nicht mehr in Massen angeboten werden. Verlängerte digitale Regale schaffen hier Abhilfe. Es entstehen allerdings Kollisionsflächen, die sich im ersten Moment nicht miteinander verbinden lassen. Jetzt ist Kreativität gefragt, die mitunter zu Lösungen führt, die sich auch sehr gut viral verbreiten lassen.

Kundenräume neu denken

Kundenräume müssen immer gesondert betrachtet werden, auch wenn sie in den Warenflächen integriert sind. Kennt man seine Zielgruppe, weiß man auch, welche Präferenzen sie hat und welche Umgebungen sie bevorzugt. Ein eigener Layer erinnert stets an diese relevanten Aufenthaltsorte. Dazu zählen neben den Klassikern – wie Thekenflächen, Umkleiden, Ruhe- und Kassenzonen – ganzheitliche Konzepte, da die Kunden ihrerseits die Fläche als Bühne nutzen wollen. Der Kunde von morgen versteckt sich nicht mehr in Ankleideräumen oder Separees. Man speist oder klettert im Schaufenster, veranstaltet eigene Modenschauen, die sich digital in Windeseile verbreiten, oder chillt eine Stunde in eigens geschaffenen Ruheräumen.

Datenräume integrieren

Die digitale Transformation ist im vollen Gange – erfolgreiche Händler können sich dieser Technologie nicht mehr entziehen. Sie verlängern das digitale Regal in die Umkleidekabine, ermöglichen Live Shopping und Remote Communication. Von der Industrie bis zum Konsumenten wird diese Technik unser Leben nachhaltig verändern. Um an dieser Entwicklung teilzuhaben, empfiehlt es sich z. B., dass das Team die entsprechenden Bausteine des „Retail as a Service" mit Hilfe von SWOT-Analysen ermittelt und kontrolliert.

Eines ist gewiss – der Kunde entscheidet letztlich, wo und wann er kauft. Die Handelslandschaft von morgen bekommt eine ganz neue Bedeutung. Sie ist der Marktplatz für die eigene Community der Konsumenten, auf dem Emotionen und Experience – und nicht der Umsatz – die wichtigsten Indikatoren sind.

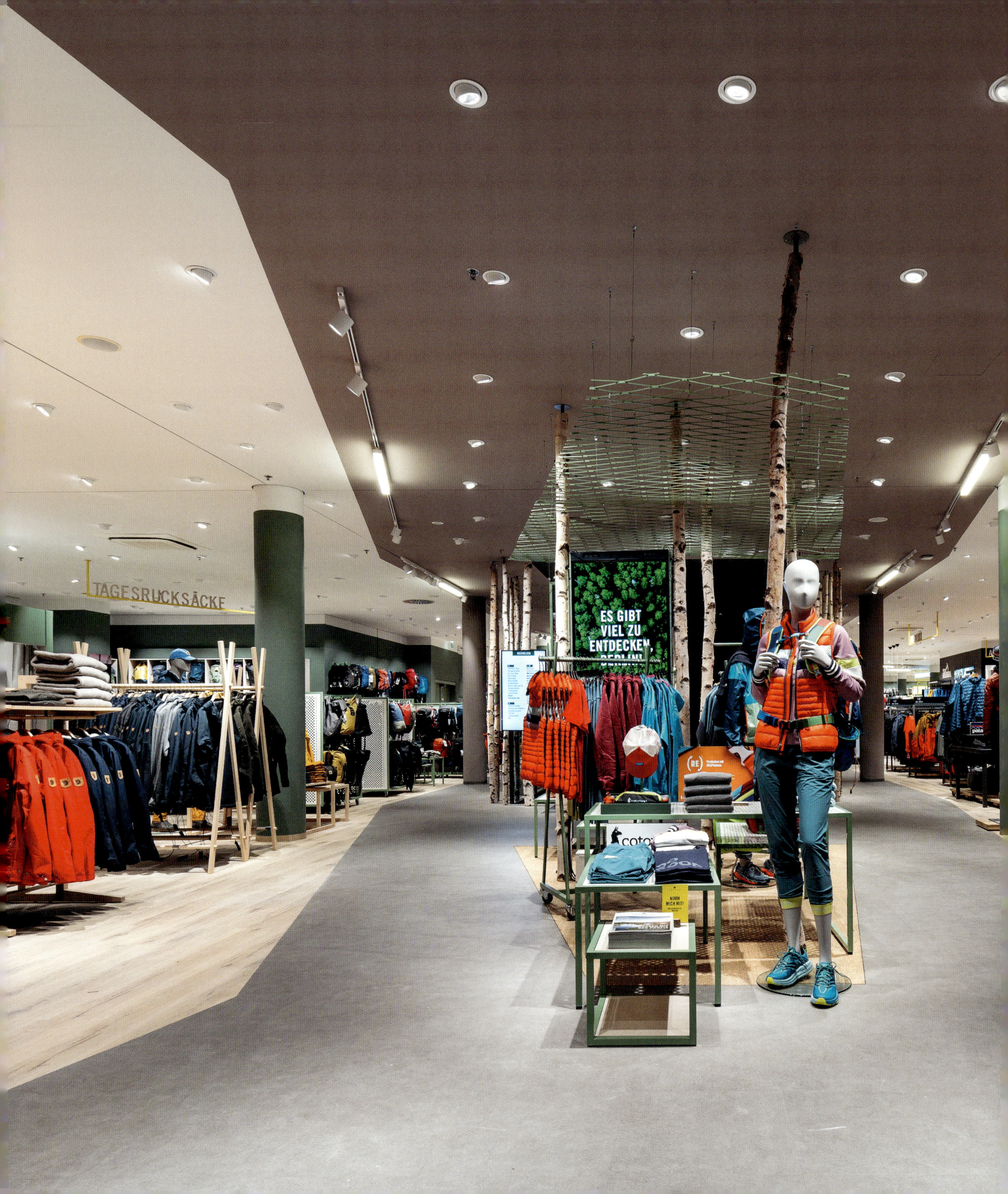
TAGESRUCKSÄCKE
ES GIBT
VIEL ZU
ENTDECKEN,
NIMM
MICH MIT!

GLOBETROTTER — BERLIN

Destination Fernweh

Dem echten Abenteuer kommt man in einer deutschen Einkaufsstraße wahrscheinlich nie näher als in den weitläufigen Etagen des bekannten Reise- und Camping-Ausrüsters. Allein die Vielfalt der Produkte – vom Moskitonetz über Wasserreinigungstabletten bis hin zu Himalaya-tauglichen High-Tech-Schlafsäcken – weckt Sehnsüchte. Dieses Gefühl bedient das Unternehmen nun mit einem ganz neuen Store-Konzept.

Projektdaten

Standort	Schlossstraße 78-82 12165 Berlin, Deutschland
Eröffnung	1. Oktober 2020
Verkaufsfläche (m²/Etagen)	4.000/4

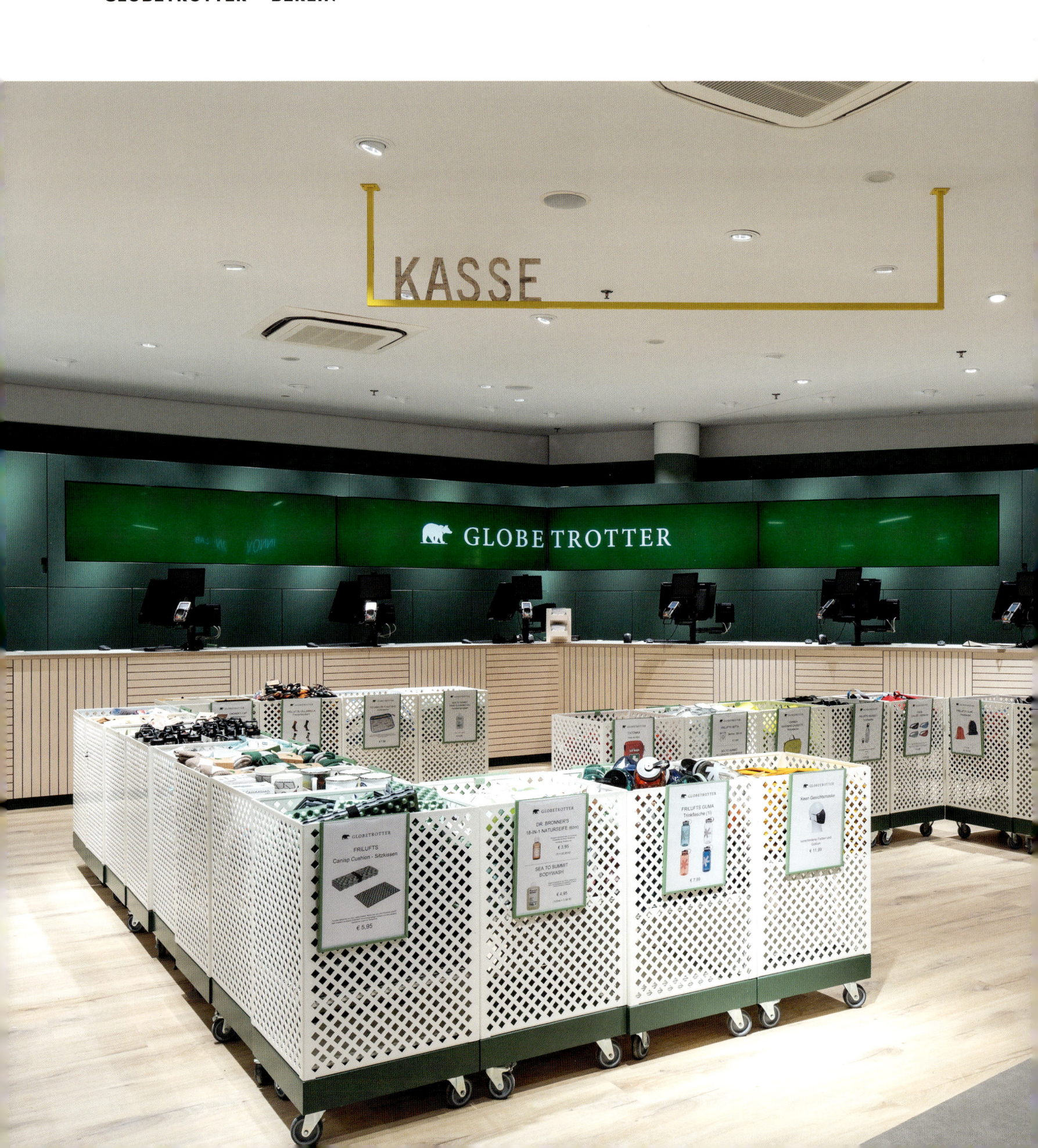

GLOBETROTTER — BERLIN

Das Materialkonzept setzt auf Naturstoffe wie Holz, das dank seiner vielfältigen Verwendbarkeit sowohl im Kassenbereich wie auch im hauseigenen Café und in der Clubsuite Verwendung fand. Die Leitfarbe Grün prägt Einbauten und unverrückbare bauliche Strukturen, taucht aber auch in Gestalt von Pflanzen wieder auf. Die große Herausforderung bei der Planung bestand darin, für das Sortiment von Kleidung über hochspezialisiertes Safari- und Campingzubehör bis hin zu Reisegepäck ein kohärentes Raumprogramm zu entwickeln, das für Orientierung und Überblick sorgt.

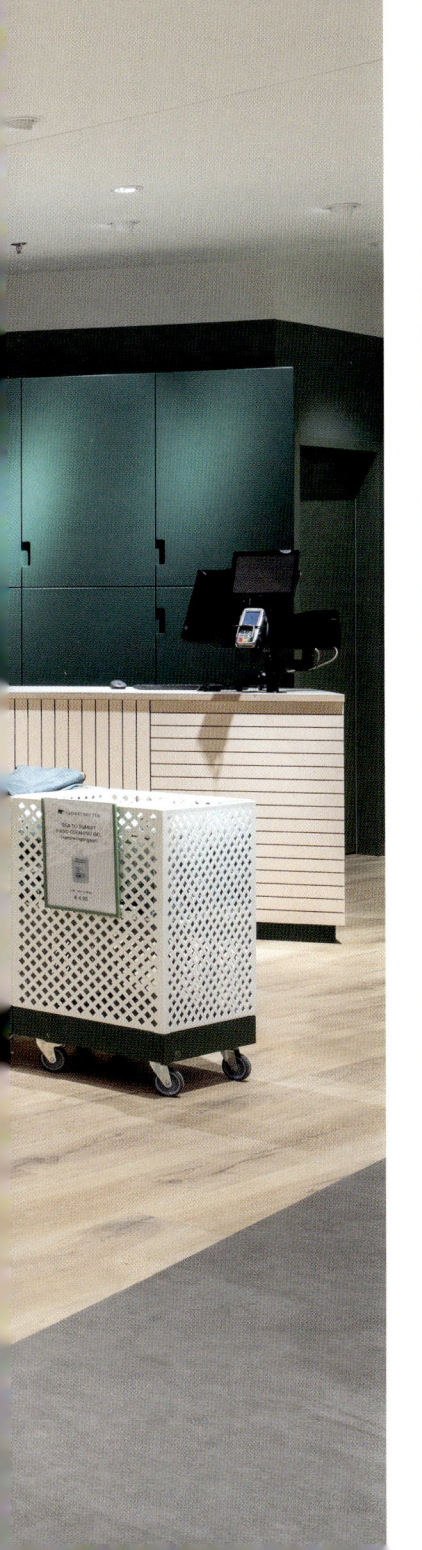

Dass hochwertiger Ausrüsterbedarf nicht aus Wegwerfartikeln besteht, zeigt sich an den Preisschildern und der Kompetenz der Beratung, aber auch an Einrichtungen wie der hauseigenen Werkstatt. Denn bei Globetrotter wird Langlebigkeit groß geschrieben. Außerdem gibt es die Möglichkeit, Ausrüstungsartikel auszuleihen oder über den Second-Hand-Service zu günstigen Preisen zu erwerben.

Projektpartner

Planung	umdasch Store Makers Neidenstein GmbH
Ladenbau	umdasch Store Makers Neidenstein GmbH
Lichtplanung	umdasch Store Makers Neidenstein GmbH
Fotografie	Jens Pfisterer

GLOBETROTTER — BERLIN

Als Globetrotter im Jahr 1979 in Hamburg als „Norddeutschlands erstes Spezialgeschäft für Expeditionen, Safaris, Survival, Trekking" eröffnete, war Outdoor-Bedarf ein Nischenprodukt für hartgesottene Abenteurer, die sich auf ihren Touren durch Nepal, Patagonien oder das Nigerdelta noch wie Pioniere fühlen durften. Mehr als vier Jahrzehnte später ist aus dem kleinen Spezialgeschäft ein Unternehmen geworden, das zuletzt einen Jahresumsatz von mehr als 180 Millionen Euro erzielt hat und für sein Angebot die Fläche eines Kaufhauses benötigt. Der große Erfolg des Ausrüsters verdankt sich nicht allein einer zweifellos entfesselten Reiselust, sondern auch der intelligenten Weiterentwicklung der ursprünglichen Geschäftsidee. Wer heute bei Globetrotter einkauft, will nicht unbedingt in den Dschungel reisen, sondern sucht vielleicht nur eine strapazierfähige Windjacke, gutes Schuhwerk für eine Wanderung in der Uckermark oder eine Hängematte für den Schrebergarten. Doch ganz gleich, für welche mehr oder weniger aufregenden Vorhaben die Kundschaft den Weg in den neuen Flagship-Store sucht – sie wird mit einem Einkaufserlebnis belohnt, das tatsächlich Lust auf mehr von der weiten Welt macht. Die vier Etagen mit gut 4.000 Quadratmetern Verkaufsfläche öffnen sich über vollverglaste Fronten zur Stadt und nehmen doch zugleich Abschied von ihr. Denn schon die übersichtlich strukturierte und großzügige Produktpräsentation weist in die Ferne. Helle Holztöne, ein kräftiges Grün sowie das zurückhaltende Kolorit des sogenannten Freiluft-Konzepts, das sich in der Vorgänger-Einrichtung bewährt hatte, bilden die atmosphärische Fassung der gewohnt farbenfrohen Waren.

» Im Innovation-Lab können Kunden bei uns den Ort besuchen, an dem Outdoor-Innovationen unmittelbar entstehen – und daran mitwirken. «

Beim Umbau ging es vor allem darum, die für das neue Konzept entwickelten sogenannten Highlight-Bereiche zu definieren. Neben einer Reparatur-Werkstatt steht dabei vor allem das Innovation-Lab im Zentrum, das als Ausstellungs- und Arbeitsfläche sowie zur temporären Präsentation innovativer Marken dient. Für thematische Veranstaltungen steht die hauseigene Clubhütte zur Verfügung, die Platz für bis zu 150 Personen bietet und zugleich ein umfassendes Sortiment an Reiseliteratur bereithält. Als integrales Element des Store-Konzepts versteht sich auch die eingangs erwähnte Glasfassade, die den Blick auf große Screens und die gezackte Panoramalinie eines Bergmassivs freigibt, das keinen Zweifel an der Bestimmung des Ladens aufkommen lässt. Doch der Ausblick beschert auch den Kunden in der Schuhabteilung ein erstes Outdoor-Erlebnis: Die einem Klettersteig nachempfundene Teststrecke für Trekkingschuhe führt direkt an den bodentiefen Fenstern entlang und beschert beim Blick nach draußen zwar kein Hochgebirgspanorama, doch freie Sicht auf den Himmel über Berlin.

C&A Ku'damm

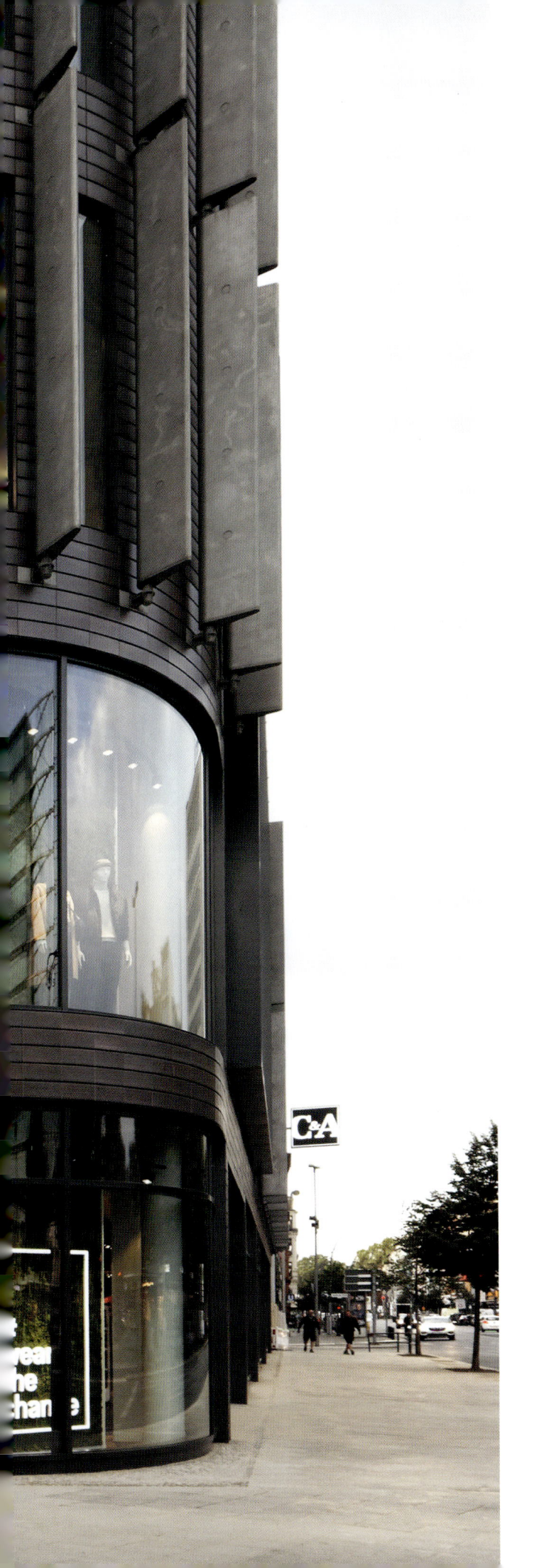

C&A — BERLIN

Charakter und Anspruch

Dass auch die alteingesessenen Modeketten Impulsgeber sein können, beweist einer der wohl langlebigsten Anbieter Europas am Berliner Kurfürstendamm. Der neue Laden in Bestlage verkörpert nicht nur den Bewusstseinswandel im Modehandel, sondern auch die Lernfähigkeit der alten Hasen.

Projektdaten

Standort	Kurfürstendamm 227-229 10719 Berlin, Deutschland
Eröffnung	24. September 2020
Verkaufsfläche (m²/Etagen)	5.000/3

WEARING THE CHANGE SINCE 1841

BERLIN

ANPROBE
CLICK & COLLECT

ELEMENZA
COFFEE ROASTERS

C&A — BERLIN

Ein betonter Bezug zum Standort sowie klare, aufgeräumte Präsentations- und Verkaufsflächen zeichnen den neuen Flagship-Store aus. Das integrierte Design-Studio ist ein kluges Zugeständnis an die Customizing-Ansprüche der Kundschaft. Und selbstverständlich darf in dieser Lage auch eine Kaffeebar nicht fehlen. Von hier blickt man übrigens auf das berühmte Café Kranzler.

Projektpartner

Planung	C&A Mode GmbH & Co. KG
Ladenbau	Korda-Ladenbau GmbH
Beleuchtung	Nordic Light
Boden	Verkaufsräume: Forbo Flooring GmbH Umkleiden: Amtico International GmbH
Konzept/Visual Merchandising	C&A Mode GmbH & Co. KG
Fotografie	Richard Unger

Die Klage über die Eintönigkeit in den großen, von Filialisten dominierten Einkaufslagen ist bekannt. Umso überraschender, wenn dann ausgerechnet ein international operierendes Unternehmen mit mehr als 1.400 Standorten in ganz Europa für Abwechslung auf einem der berühmtesten Boulevards des Landes sorgt. C&A blickt auf fast 200 Jahre Geschäftstätigkeit zurück und erscheint im Vergleich mit Start-ups und Pop-up-Stores wie ein historisch schwer beladener, träger Tanker. Doch es ist neben der langen Erfahrung eben auch die Fähigkeit, kurzlebige Trends von tiefgreifenden Entwicklungen unterscheiden zu können, mit der sich solche etablierten Häuser am Ende behaupten. Man darf im Falle der neu gestalteten Hauptstadtfiliale der Kette also getrost davon ausgehen, dass nachhaltige Verwertungszyklen, eine neue unternehmerische Verantwortung sowie klima- und ressourcenbewusstes Verbraucherverhalten keine modischen Eintagsfliegen sind. Denn genau um diese Aspekte dreht es sich hier. Haben die C&A-Läden bislang mit Produktfülle, schierer Menge und Buntheit gelockt, verkörpert das neue Konzept eine Schubumkehr. Schon der Blick durch die Schaufenster signalisiert eine neue Bescheidenheit: Warmes Licht erfüllt die Verkaufsfläche und wirkt wie ein Weichzeichner, der die immer noch beachtliche, aber übersichtlich strukturierte Warenvielfalt auf einladend-anheimelnde Weise umschmeichelt. Neu ist auch der großzügige Umgang mit Fläche. Anstelle der sonst üblichen Gedrängtheit gibt es viel Platz sowohl für die Kunden als auch für die Präsentation der Ware. Dazu passt die Zurückhaltung in Sachen Farbe und Mobiliar. Betongrau und helles Holz fügen sich zu einem dezenten Hintergrund für die Kollektionen, die auf insgesamt drei Etagen Platz finden. Zwischen der Damenabteilung im Erdgeschoss, der Kinderabteilung im Untergeschoss und der Herrenabteilung im ersten Obergeschoss findet kein gestalterischer Bruch statt; lediglich die LED-Screens und Videoprojektionen signalisieren stimmungsvoll und in hochwertiger Bildsprache, was wo zu finden ist. Dass auch ein Modefilialist glaubhaft auf Nachhaltigkeit setzen kann, soll über die verwendeten Materialien deutlich werden. Dafür spielt das Store-Design maßvoll mit grobspanigen OSB-Platten und Grünpflanzen. Was dem Anliegen von mehr Dauerhaftigkeit und Langlebigkeit in der Mode vielleicht noch mehr in die Hände spielt, ist das Angebot, die erworbenen Teile im hauseigenen Design-Studio im Erdgeschoss zu personalisieren, also Kleidungsstücke mit Lasermotiven, Stickern, Prints und Aufbügelmotiven in unverwechselbare Einzelstücke zu verwandeln. Doch was wäre ein modernes Modekaufhaus ohne Kaffeebar? Bei C&A gibt es Koffeinhaltiges von einer lokalen Rösterei – mit Ku'damm-Blick frei Haus.

79

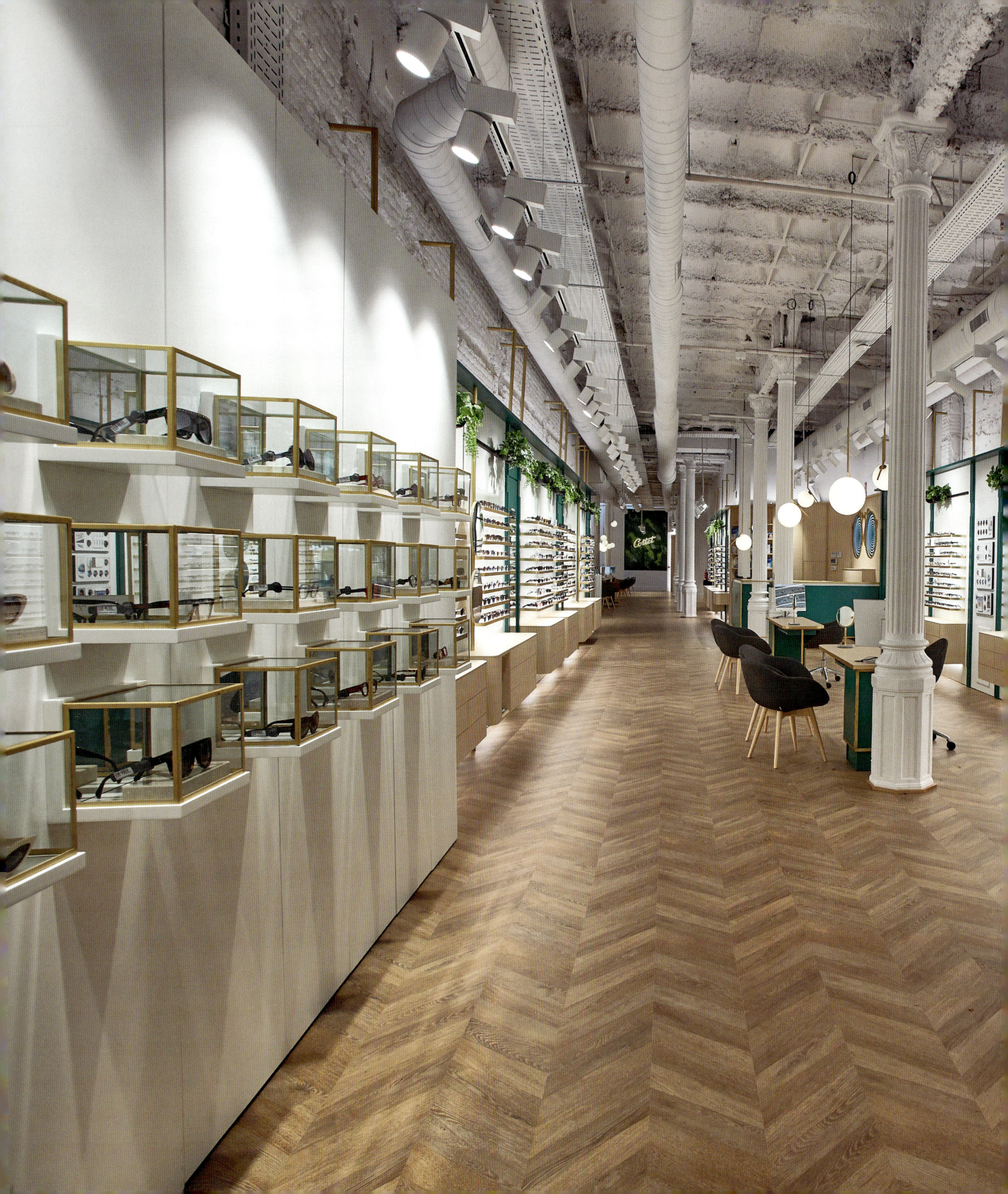
Cottet

**COTTET OPTICIAN'S SHOP —
BARCELONA**

Schau an

Die symbiotische Kopplung von Alt und Neu gehört zu den reizvollsten Paarungen im Store-Design. Davon profitiert sogar ein Sortiment, das normalerweise in eher nüchterner Umgebung beheimatet ist. In Barcelona können sich Brillen und Hörgeräte auch anders sehen lassen.

Projektdaten

Standort	Rambla de Catalunya 8
08007 Barcelona, Spanien
Eröffnung	September 2019
Verkaufsfläche (m²/Etagen)	900/1

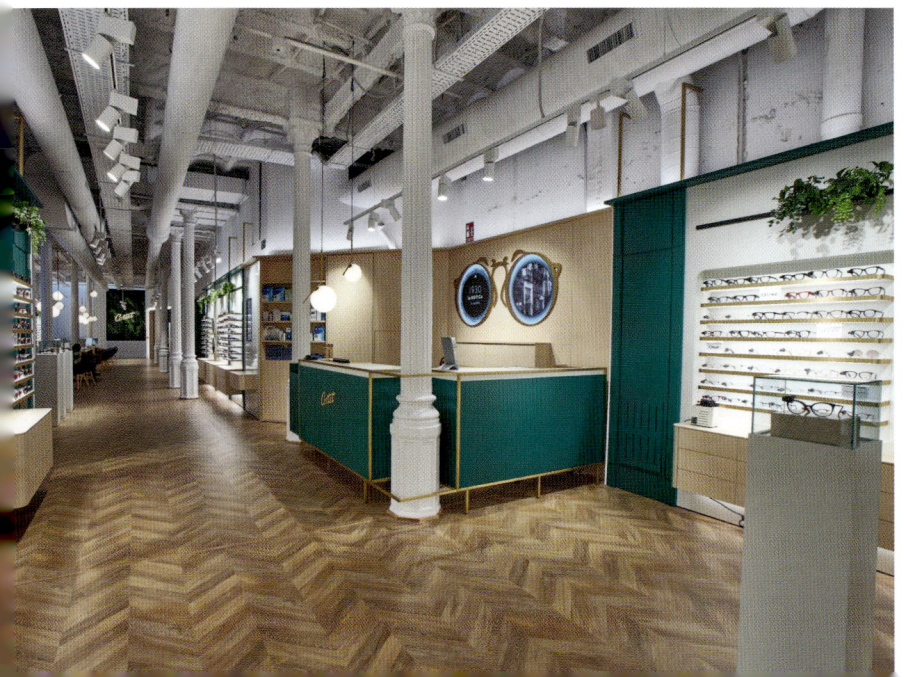

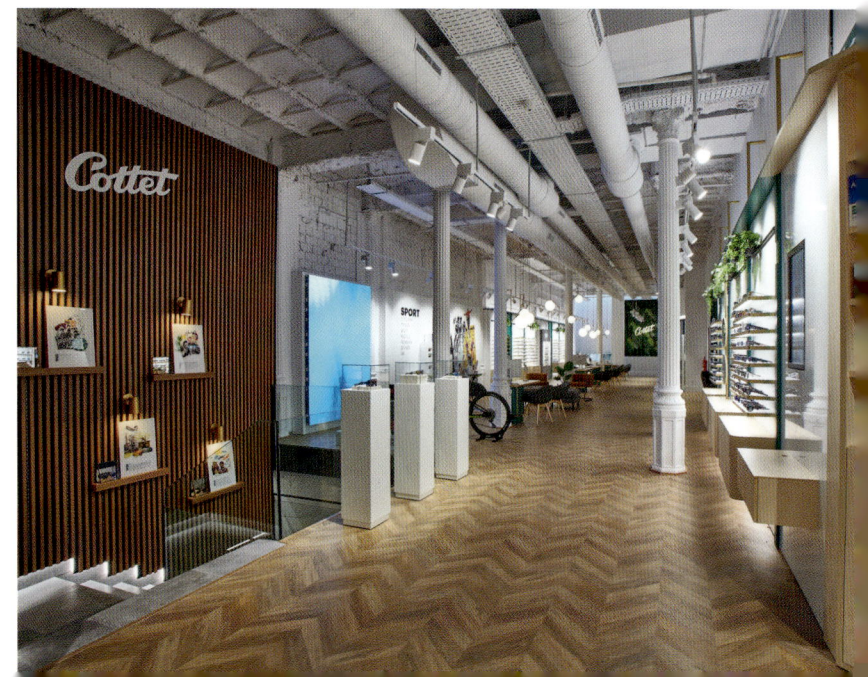

SPORT
CYCLING
TENNIS
GOLF
PADDLE
RUNNING
DIVING
SKI

COTTET OPTICIAN'S SHOP — BARCELONA

Die Rambla de Catalunya, nicht zu verwechseln mit der unweit verlaufenden Touristenmeile Las Ramblas, ist eine der beliebtesten und auch teuersten Einkaufslagen in Barcelona. Die von prächtigen, um die vorletzte Jahrhundertwende errichteten Häusern gesäumte Straße liegt im Stadtteil Eixample und gehört mit ihrer Mischung aus Läden, Restaurants, Kinos und Galerien zu den wichtigsten Innenstadtadressen der einheimischen Bevölkerung. Auch deshalb ist der Standort für die Filiale eines Optik- und Hörgerätespezialisten gut gewählt. Mit seinem neuen Laden präsentiert sich Cottet, ein alteingesessenes, 1902 gegründetes Familienunternehmen, als selbstbewusster Akteur auf der großstädtischen Bühne. Bei der Einrichtung der 900 Quadratmeter umfassenden Verkaufsfläche im Erdgeschoss galt es zunächst, eine Lösung für die bauzeitlich typischen Strukturen zu finden. Denn das Geschäft erstreckt sich nach dem dezidert zeitgenössischen Auftakt – ein raumhoher, dreifach gestaffelter LED-Screen mit wechselnden Images bildet das Entree – als langer Raum in die Tiefe des Gebäudes und wird nur über die große Eingangstür mit Tageslicht versorgt. Doch weil ein Fachgeschäft mit dieser Ausrichtung auf eine durchweg helle und transparente Beleuchtungssituation angewiesen ist, wurde die Einrichtung so konzipiert, dass Kunden und Mitarbeiter den gesamten Raum stets überblicken können und trotz dessen beträchtlicher Ausmaße nie die Orientierung verlieren.

Im Zuge des Umbaus wurde das ehrwürdige Gemäuer komplett freigelegt und gibt nun zusammen mit den gleichfalls original erhaltenen, als Ziersäulen ausgeführten Stützen aus Gusseisen den Rahmen für die keinesfalls nostalgische Inneneinrichtung. Ein qualitativ hochwertiges Fischgrätparkett zieht sich als einende Größe durch den gesamten Laden und sorgt auf vornehme Weise für einen gestalterischen Zusammenhang. Die naturgemäß fragilen und kleinen Produkte – Brillen, Hörgeräte und entsprechendes Zubehör – werden auf schlichten Holzregalen entlang der Längswände präsentiert. Die differenzierte Lichtdramaturgie sorgt dabei mit einer gezielt gelenkten Beleuchtung in einem kühleren Lichtton für eine angemessene Betonung der feinen Details. Die Firmenfarbe, ein sattes Petrol, findet sich bei der Einrichtung nur in kleinen Dosierungen. Neben dem markanten Verkaufstresen sind nur einzelne Flächen der Wandverkleidung in diesem Ton lackiert. Die ansonsten weiß gehaltenen Wände, die hellen Holzelemente sowie Messingdetails bleiben dezenter Hintergrund.

Der beste Denkmalschutz ist immer derjenige, der alte Strukturen für neue Nutzungen entdeckt und das Historische als Unterpfand der Gegenwart respektiert. Der Optiker in Barcelona nutzt dieses Prinzip sowohl für seine eigene Selbstdarstellung als auch für die Würdigung überlieferter Architektur.

Projektpartner

Planung	Huuun
Lichtplanung	Nexia Iluminación S.L
Beleuchtung	Flos
Boden	Faus International Flooring
Fotografie	Cottet

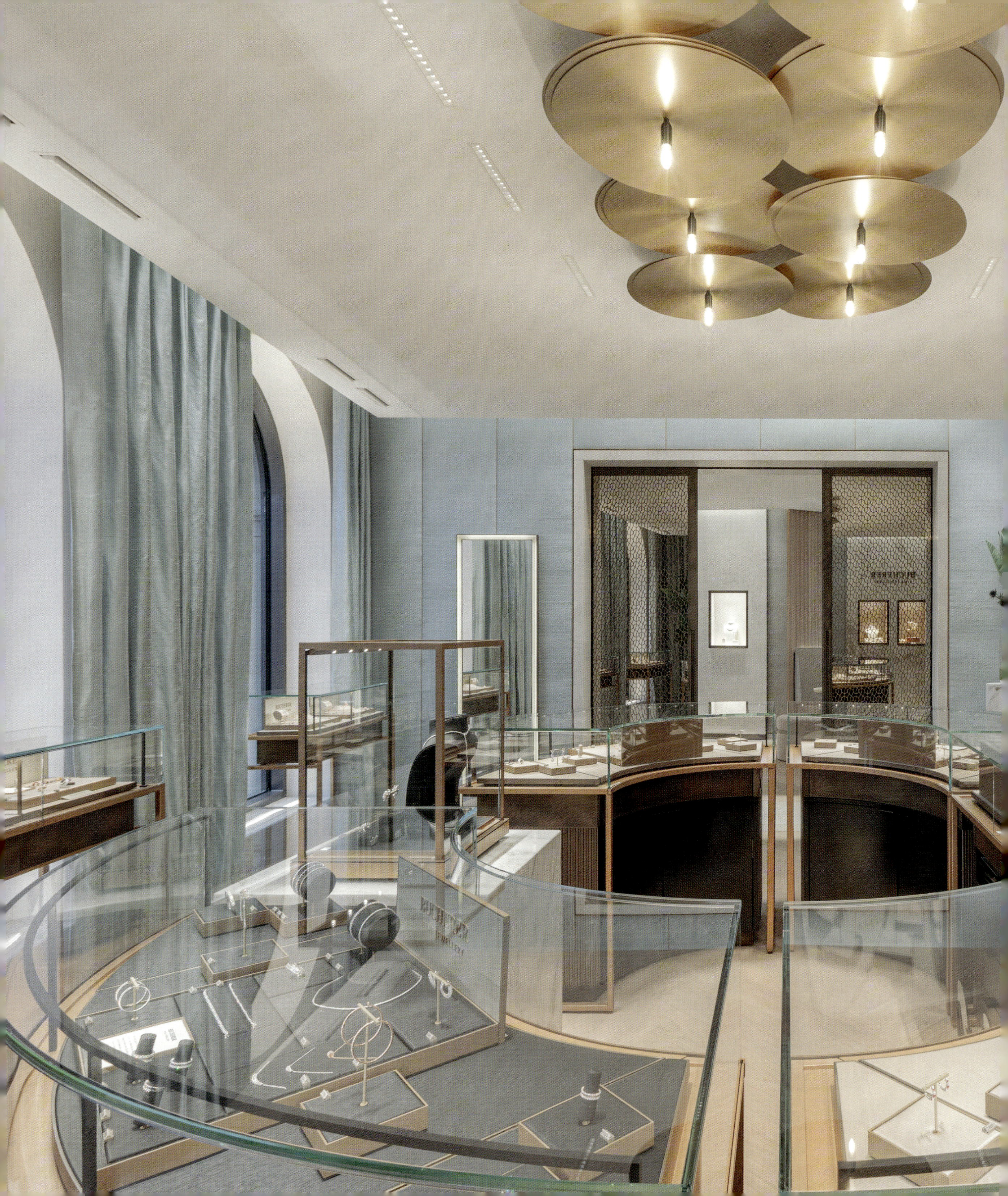

BUCHERER —
HAMBURG + DÜSSELDORF

Wertebewusstsein

Mit der Umgestaltung seiner Standorte in Düsseldorf und Hamburg hat der Schweizer Schmuck- und Uhrenspezialist auch an seinem Ruf als Luxuszauberer gearbeitet. Die Ergebnisse an Rhein und Alster zeigen zudem, welche Gestaltungsmöglichkeiten das ausgefeilte Store-Konzept bietet, das den Renovierungen zugrunde lag.

Projektdaten

Standort	Jungfernstieg 25 20354 Hamburg, Deutschland
Eröffnung	9. November 2019
Verkaufsfläche (m²)/Etagen	266/2
Standort	Königsalle 26 40212 Düsseldorf, Deutschland
Eröffnung	1. Juli 2020
Verkaufsfläche (m²)/Etagen	800/2

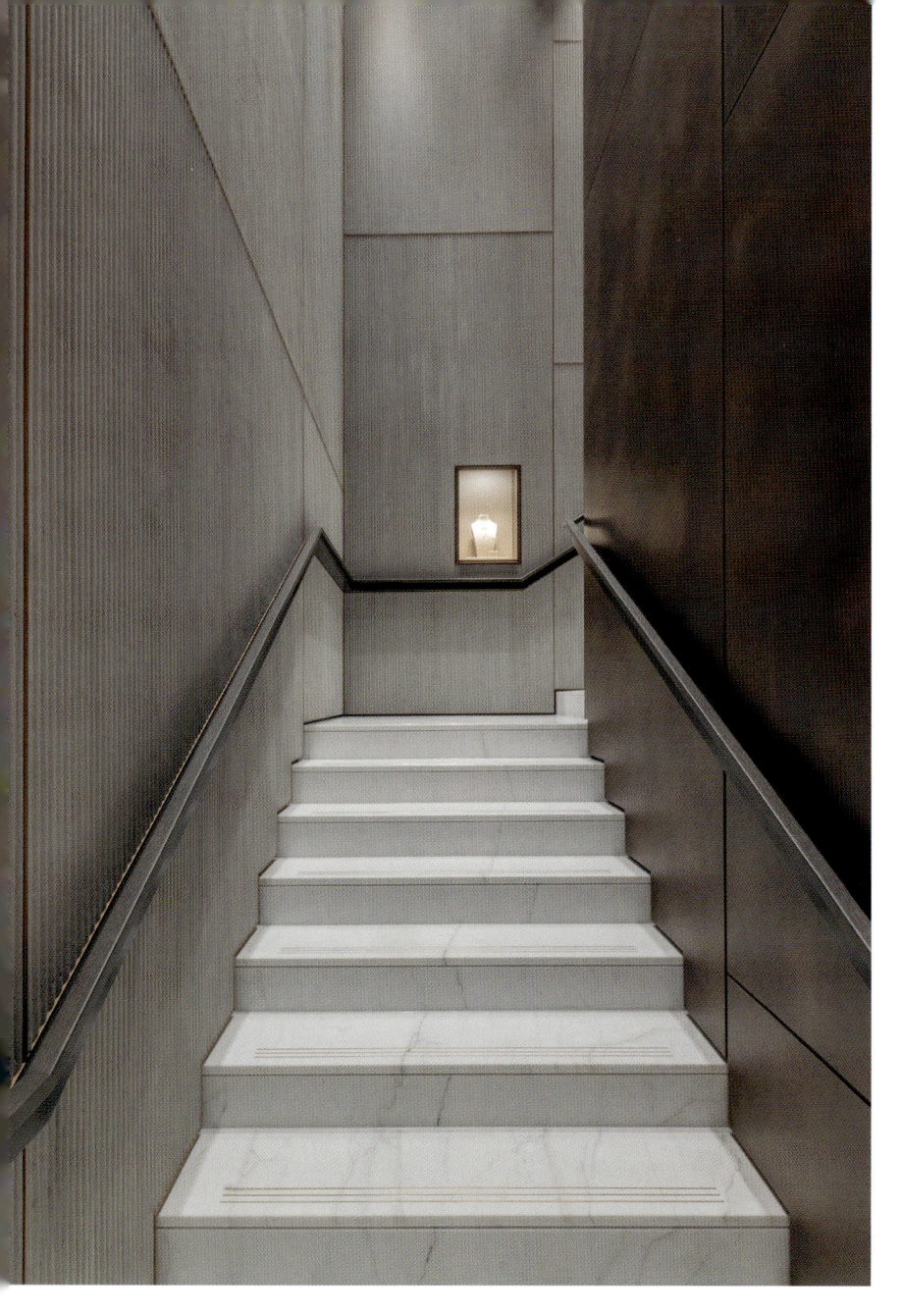

So unterschiedlich die Treppenaufgänge in Düsseldorf und Hamburg gestaltet sind, lassen sie doch ein gestalterisches Bewusstsein auch für die atmosphärische Bedeutung von Verkehrsflächen erkennen. Ein differenzierter, gleichwohl wahlverwandter Zugriff auf Raum und Material zeigt sich auch in den anderen Bereichen. Während in Düsseldorf ein behaglicher Salon zum Entspannen einlädt (links), erinnern die arabesken Muster im Hamburger Store an einen orientalischen Palast (rechts).

BUCHERER — HAMBURG + DÜSSELDORF

Wo immer der Schweizer Juwelier und Uhrenfachhändler mit einer Filiale präsent ist, geht es um den diskreten Charme von echtem Luxus. Seine räumliche Ausprägung lässt sich in Deutschland gleich an zwei Orten besichtigen: in der Düsseldorfer Königsallee und auf dem Jungfernstieg in Hamburg. Auch wenn die Bucherer-DNA beide Läden prägt, ist es gelungen, die jeweilige Einrichtung phänotypisch dem häufig beschworenen Geist des Ortes anzuverwandeln.

Der grundlegend erneuerte Ableger am Rhein präsentiert sich auf 800 Quadratmetern Fläche, die sich über zwei Geschosse eines modernen Geschäftshauses erstrecken. Der zurückgesetzte Eingang wurde im Zuge der Renovierung restrukturiert: Die vormals vollverglasten Schauvitrinen sind nun mit einer feingliedrigen, Fenster aussparenden Holzummantelung versehen und markieren die Trennung zwischen dem Außenraum und dem Inneren des Ladens auf deutliche, gleichwohl vornehme Weise. Der unerwarteten Raumhöhe verdankt sich ein gewisser Überwältigungsmoment beim Betreten des Geschäfts: Vier Meter hohe Decken, absolute Klarheit bei Linienführung und Plastizität sowie zurückhaltende Farben lassen gar nicht erst den Anschein von demonstrativem Luxuskonsum aufkommen. Portale aus weißem Marmor verwandeln die Verkaufsfläche in eine Enfilade, die durch zentral platzierte Präsentationselemente aus Terrazzo und Sichtbeton akzentuiert wird. Der behaglich-gepflegte Salon-Charakter wird durch Pflanzen und sorgfältig kuratierte Wohnaccessoires betont. Der Lounge-Bereich im Obergeschoss beglaubigt die atmosphärische Wendung hin zu dem, was als Privacy gerade im gehobenen Store-Design Furore macht. Das ausgesuchte Sortiment des Hauses wird neben Literatur und Vasen ausgestellt und auf diese Weise Teil der Inszenierung einer Lebenswelt. Dass die Unterhaltungen bei einem Drink kein Salongeplänkel sind, sondern Verkaufsgespräche, ist dabei rasch vergessen.

Ganz ähnlich, aber auch ganz anders empfängt der Hausherr seine Kunden an der Alster in Hamburg. Neben dem vergleichbaren Zuschnitt der mit gut 260 Quadratmetern deutlich kleineren Räumlichkeiten geben auch hier Marmorportale der Fläche eine klare Struktur. Ihre besondere Stimmung verdankt die Filiale dem Einsatz raumhoher kupferfarbener Paneele, die mit ihrem arabesken Muster an orientalische Paläste erinnern und den angebotenen Kostbarkeiten eine fast märchenhafte Aura verleihen. Dazu tragen nicht zuletzt die marmorierten und von Inklusionen gemusterten Steinblöcke aus tiefblauem Lapis bei, die im Erdgeschoss als Präsentationselemente dienen.

Projektpartner

Planung	blocher partners
Ladenbau	Hoffmann Interior GmbH & Co. KG
Lichtplanung Hamburg	Reflexion AG
Lichtplanung Düsseldorf	Elan Beleuchtungs- und Elektroanlagen GmbH
Fotografie	Patricia Parinejad

Saal | Sala
Mont de Sëuc

SÜDTIROLER SPARKASSE —
ST. ULRICH

Deutlich im Plus

Die Alpenregion ist schon seit langem Vorbild, wenn es um die zeitgenössische Weiterentwicklung regionaler Bautraditionen geht. Dass sich Moderne und Heimatverbundenheit auch bei der Gestaltung von funktional eher unauffälligen Räumen vereinbaren lassen, zeigt die Südtiroler Sparkasse.

Projektdaten

Standort	Reziastraße 79
	39046 St. Ulrich, Italien
Eröffnung	16. Januar 2020
Verkaufsfläche (m²/Etagen)	450/1

Saal | Sala
Resciesa

SPARKASSE
CASSA DI RISPARMIO
SPARKASSE
CASSA DI RISPARMIO

SÜDTIROLER SPARKASSE — ST. ULRICH

Dass die Digitalisierung auch das Zeitgeist-Gefälle zwischen Metropole und Provinz eingeebnet hat, zeigt sich nicht zuletzt hinter den sieben Bergen. Dort, genauer: in der Dolomitengemeinde St. Ulrich in Südtirol lässt sich in der örtlichen Filiale der Südtiroler Sparkasse besichtigen, wie sich das an großstädtischen Vorbildern geschulte Image einer Bank mit einem gewissen regionaltypischen Eigensinn kurzschließen lässt und damit sowohl das Selbstverständnis des Finanzdienstleisters als auch die Ansprüchen einer traditions- und regionalbewussten Kundschaft bedient werden.

Die gut 450 Quadratmeter großen Räumlichkeiten der Sparkassenfiliale präsentieren sich nach dem Umbau als Verbindung der vermeintlich gegensätzlichen Attribute von Heimatbezogenheit einerseits und einer ästhetisch ortsungebundenen Zeitgenossenschaft andererseits. Das zugrundeliegende Farbkonzept des Hausherrn mit dem unverkennbaren Sparkassen-Signalrot als Leitfarbe sowie abgestuften Grautönen erwies sich als vorzüglicher Ausgangspunkt für den Umgang mit Boden, Wänden und Einbauten. Dafür nahm die Gestaltung Anleihen bei der regionalen Baukultur, in der vor allem Holz und Naturstein eine wichtige Rolle spielen. In Verbindung mit weißem Corian, das in seiner perfekten Anmutung für die Oberflächen im Eingangsbereich und in den Schalterbereichen zum Einsatz kam, erscheinen die Wandverkleidungen, Tischböcke und Trennwände aus massivem Holz wie ein natürliches Komplement. Dem veränderten Kundenverhalten trägt die Strukturierung der Fläche selbst Rechnung: Gleich hinter dem Eingang befinden sich großzügig bemessene Tische mit integrierten digitalen Touchpads, die für Online-Transaktionen und Informationen zur Verfügung stehen, sodass sich viele Bankgeschäfte auch ohne Kontakt zu den Mitarbeitern am Schalter erledigen lassen. Ausführliche und vertrauliche Termine finden in Besprechungsräumen statt, die über raumhohe, grafisch gestaltete Glasfronten vom Kassenraum abgetrennt sind. Eine mit behaglichen Sesseln ausgestattete Sitzgruppe dient als Wartebereich, lässt sich aber auch für kontemplative Momente nutzen. Denn die Sparkasse ist zugleich auch Galerie, die in wechselnden Ausstellungen das Schaffen von Künstlern aus dem Umland präsentiert.

Corporate Design oszilliert immer zwischen Fluch und Segen: Um den Preis der Wiedererkennbarkeit werden häufig Passepartout-Konzepte umgesetzt, die blind sind für den jeweiligen Standort. Dass es anders geht, zeigt die Gestaltung der Filiale in St. Ulrich. Die Schönheit der lokalen Bautraditionen spiegelt sich in den Details der Einrichtung, die trotz dieser Referenzen keinen Zweifel an ihrer Modernität aufkommen lässt.

Projektpartner

Planung	Interstore AG
Ladenbau	Schweitzer Project AG
Fotografie	Alex Filz

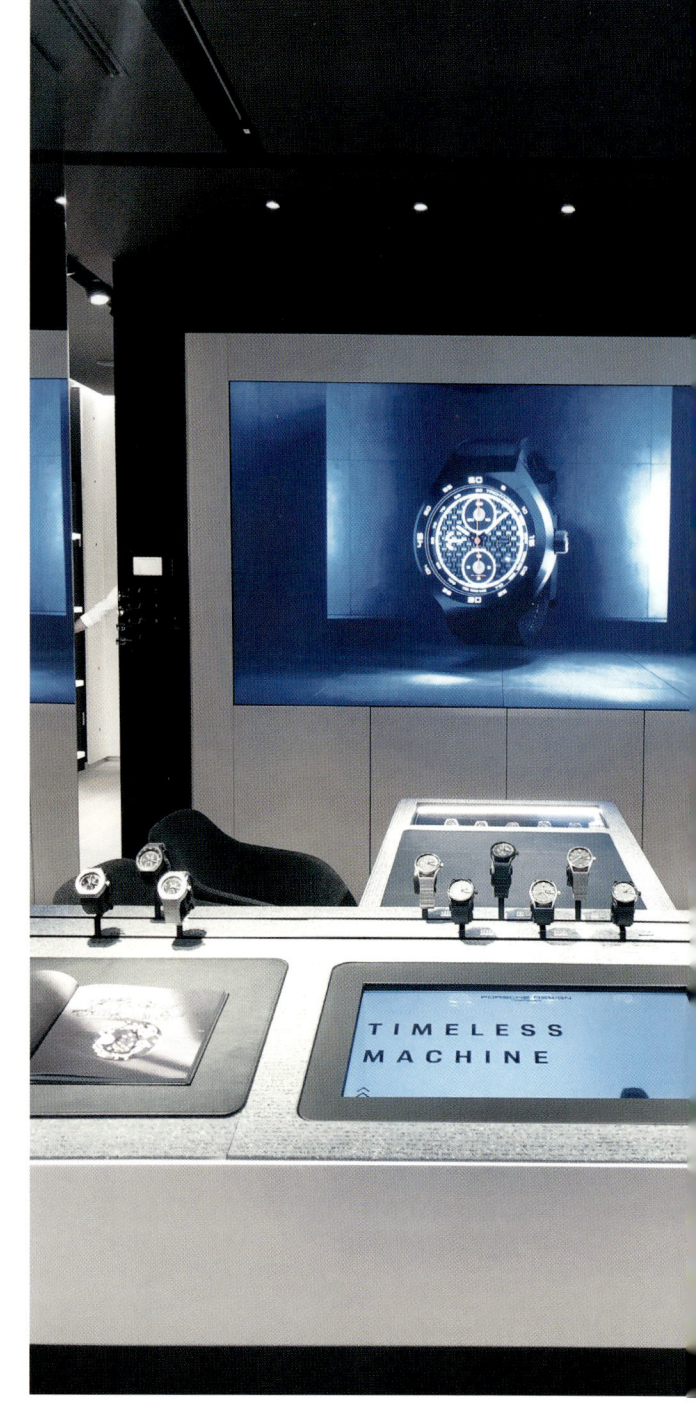

PORSCHE DESIGN STORE — FRANKFURT AM MAIN

PS zum Anfassen

Es ist immer eine besondere Herausforderung, die Aura einer großen Marke in handfeste und begehbare Strukturen zu übersetzen. Bei Porsche kommt noch der Mythos dazu. Der neue Brand Experience Store des Unternehmens in Frankfurt wird dem Sakrosankten gerecht und lässt auch gestandene Männer träumen.

Projektdaten + Projektpartner

Standort	Große Bockenheimer Str. 41 60313 Frankfurt am Main, Deutschland
Eröffnung	4. Dezember 2019
Verkaufsfläche (m²/Etagen)	125/1
Planung	Nest One GmbH
Ladenbau	Ganter Construction & Interiors GmbH
Lichtplanung	Licht 01 Lighting Design
Fotografie	Jules Esick

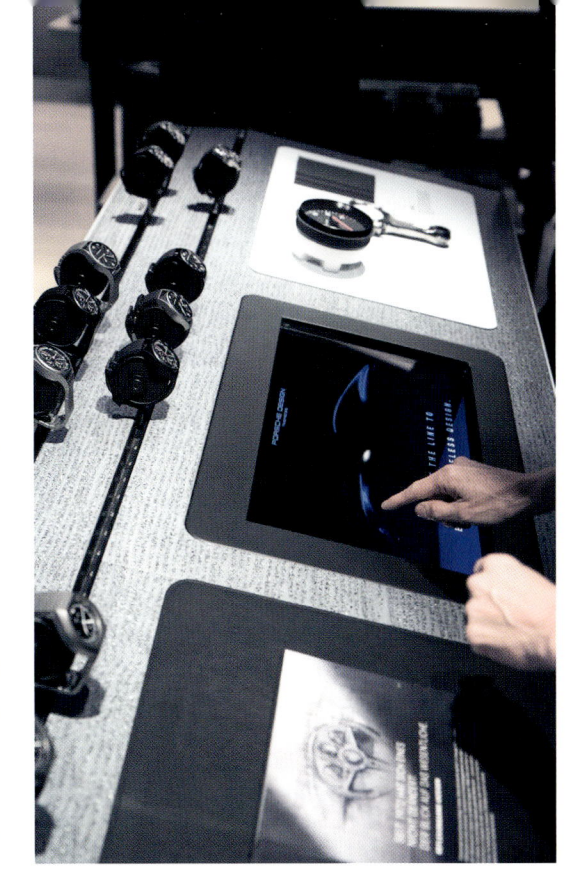

PORSCHE DESIGN STORE — FRANKFURT AM MAIN

Wer schon nicht in einem Porsche sitzt, darf mit den Accessoires und Modeartikeln der gleichnamigen Design-Linie sowie im Store wenigstens das Porsche-Gefühl genießen.

Porsche Design steht seit 1972 für eine Assetklasse, die vom Geist des ewiggültigen 911ers zehrt und mit dessen Aura auch Produkte veredelt, die sich viel mehr Menschen leisten können. Wobei hier korrekterweise angemerkt werden muss: Männer. Denn das neue Konzept „The Engine of Retail", das dem Porsche Design Store in Frankfurt zugrunde liegt, schert sich in aller Ehrlichkeit recht wenig um Genderfragen. Die Uhren, Sonnenbrillen, Accessoires und Modekollektionen sind für Herren gemacht, die über die nötigen Mittel verfügen, um sich in einen echten Mann nach dem Vorbild von Porschefahrer Steve McQueen verwandeln zu können. Dass es dabei nicht so sehr um den Geruch von Benzin und Tabak geht, lässt schon die Verschmelzung von digitalen Tools und handfesten materiellen Strukturen ahnen. Die 125 Quadratmeter große Fläche präsentiert sich als aufgeräumter und übersichtlich geordneter Verkaufsraum, der den einzelnen Produktkategorien einen artgerechten Auftritt einräumt. In der Modeabteilung mit der nicht überfordernden Auswahl an Designs, Farben und Formen kann sich der Kunde rasch einen Überblick vom Angebot verschaffen – die geradezu nüchterne Präsentation passt perfekt zum rationalen, vom Ingenieurgeist durchdrungenen Konzept des Ladens. Das Herzstück bildet ein interaktiver Markenerlebnistisch, an dem sich neue Produkte sowohl ganz normal durch Anfassen als auch digital vermittelt entdecken und ausprobieren lassen. Große Sreens verschmelzen die reale Welt vor Ort mit den virtuellen Weiten und sorgen – auch dank der sphärischen Inszenierung des Raums – für eine Art Hyperrealität. Die dreieinhalb Quadratmeter große LED-Wall in der Achse des Markentischs ist auch von außen gut zu sehen. Die ausgestellten Materialen aus dem Motorsport, die für Funktionalität und Design der Porsche-Uhren maßgeblich waren, werden quasi museal aufbereitet und verdeutlichen auf sehr sinnliche Weise, dass Porsche-Design auch ein haptisches Erlebnis ist. Die umfassende Schau der Uhrenkollektionen steht unter dem Motto „Expertise und Geschichte zum Anfassen" – das ist durchaus wörtlich gemeint. Die Verbindung von Industriedesign, optischen und taktilen Kontrasten und Fahrzeug-Materialien wie Titan in Kombination mit warmem Eichenholz und Alcantara befördert die Kunden des Ladens zumindest gefühlt dann doch in das Nonplusultra des Unternehmens: Denn Porsche ist vor allem ein Auto.

CAMPER STORE — MÁLAGA

Fußgerecht

Die Schuhe des spanischen Herstellers Camper stehen weltweit für unbeschwerte Leichtigkeit und gutes, unaufgeregtes Design. Die neue Filiale in Málaga übersetzt diese Qualitäten mit ganz einfachen Mitteln.

Projektdaten + Projektpartner

Standort	Calle Alfonso Ponce de León 6, 29004 Málaga, Spanien
Eröffnung	3. Februar 2020
Verkaufsfläche (m²/Etagen)	185/1
Planung	Oficina Penadés
Ladenbau	Begramat de la roda SL
Fotografie	José Hevia

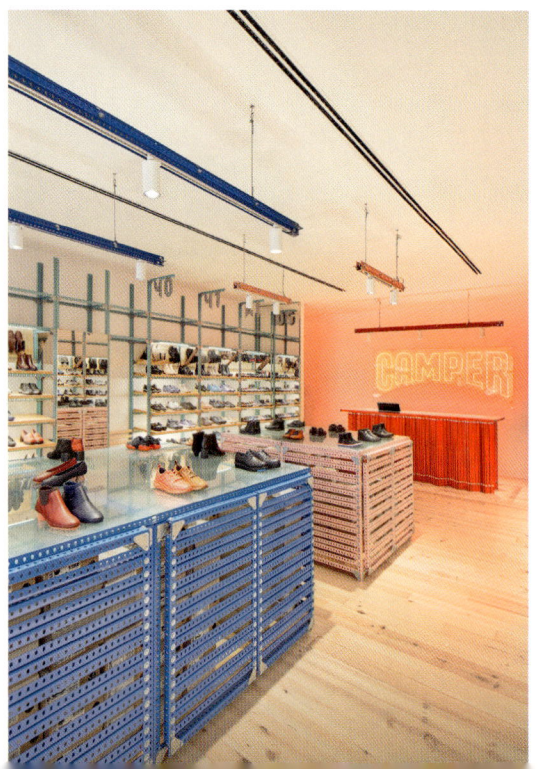

CAMPER STORE — MÁLAGA

Farbenfroher Minimalismus passt gut zur Firmenphilosphie des Schuhherstellers. Die raffinierte Verarbeitung verwandelt simple Allerweltsmaterialien in individuelles Design.

Die Ladeneinrichtung der neuen Camper-Filiale im südspanischen Málaga, der zweitgrößten Stadt Andalusiens, ist in einem Lagerhaus auf der Insel Mallorca entstanden. Und das kam so: Zur ersten Besprechung über den zu errichtenden Standort traf sich das Camper-Team in Inca in einer Halle, in der ausrangierte Möbel aus alten Filialen lagern, darunter wertvolle Einzelstücke von international renommierten Designern wie Michele De Lucchi, Gaetano Éesce, Ingo Maurer, Ronan und Erwan Bouroullec und Konstantin Grcic. Ob es nun an der Atmosphäre eines Weltklasse-Design-Depots lag oder am Industriecharme der Halle selbst – der mit der Gestaltung beauftragte Innenarchitekt Jorge Penades verlagerte sein Atelier jedenfalls kurzerhand in das mallorquinische Camper-Lager und entwickelte dort ein minimalistisches Konzept für den Laden in Málaga. Die Idee: mit so wenig Elementen wie möglich eine ebenso anpassungsfähige wie vitale Einrichtung schaffen, die nicht nur dem Geist des für seine Innovationsfreude und Zeitgenossenschaft bekannten Labels, sondern auch den Produkten entspricht. Zum Einsatz kamen im Grunde nur Lochprofile aus verschiedenfarbig lackiertem Metall mit den dazugehörigen Winkeln und Bolzenverbindungen, Glas, Spiegel, helles Holz und Leuchten. Der Laden selbst präsentiert sich strukturell wie ein Hochregallager: Rechts und links vom Eingang bilden hohe Metallregale eine Art Torsituation, die nach wenigen Metern von einer abgehängten Decke abgelöst wird. Dahinter entwickelt sich ein langgestreckter Raum in die Tiefe – ein Effekt, der von den vertikal betonten Wandregalen und den schnurgerade verlaufenden Lichtschienen noch verstärkt wird. An der Stirnseite prangt unter dem beleuchteten Firmenlogo der Ladentisch, der wiederum auf einem kantig gefältelten Plissee aus leuchtend roten Metallprofilen ruht.

Und überhaupt, die Farben! Regalelemente in hellem Aquamarin, Präsentationsmöbel mit einer Verkleidung in Himmelblau und Apricot, gelbe Hocker – die Buntheit des Ladens vermittelt ein leichtes, sommerliches Lebensgefühl, gute Laune und Unbeschwertheit. Es sind die Qualitäten, für die auch die Schuhe des Hauses stehen.

TenBrink
GRUPPE

EIN STARKER PARTNER, WENN ES UM EINRICHTUNG UND RENOVIERUNGEN GEHT!

Tenbrink Gruppe GmbH | 02563 20 87 - 0 | Industriestraße 1-7, D - 48703 Stadtlohn | info@tenbrink.de | www.tenbrink.de

PROJECT FLOORS

Ladenbau neu gedacht.
Mit Designboden Verkaufswelten schaffen.

www.project-floors.com

Bäckereistand Carlsplatz, Düsseldorf. Konzept: KOMIKO, Monheim

ESSEN UND TRINKEN

Der Handel mit Lebensmitteln hat in den letzten Jahren ein beispielloses Trading-up vollzogen. Die Läden tragen heute ihre Namen, die ihnen das Marketing gibt, zurecht. Es sind Frischeparadiese, Gourmettempel und Orte mit außerordentlicher Aufenthaltsqualität. Dass sich nun auch Getränkemärkte von praktischen Getränkelagern für Bedarfskäufer zu Getränkewelten für anspruchsvolle Kunden wandeln, zeigt Tadsen an seinem Stammsitz in Bredstedt. Wie dieser Store entstanden ist, beschreibt der Planer Matt Druyen.

**Matt Druyen,
Dipl. Produkt-Designer,
Geschäftsleitung König Object
Consulting GmbH**

Sie haben die Getränkewelt Tadsen in Bredstedt geplant. Der Bauherr hatte bereits mehrere Planungen anderer Büros verworfen. Wie ist Tadsen auf Sie gekommen und warum konnten Sie den Kunden überzeugen, mit Ihnen gemeinsam den Umbau vom Lagerraum zur Verkaufsfläche umzusetzen?

Wir sind bewusst einen Tag früher in den hohen Norden gereist, um die Gegend zu erkunden, die Menschen kennenzulernen. Man hatte uns der Firma Tadsen empfohlen. Schon im ersten Gespräch mit Karl-Peter Tadsen, dem Seniorchef des großen Getränkefachgroßhandels in Schleswig-Holstein, wurde schnell klar, dass dieses Projekt eine echte Herzensangelegenheit für ihn war. In Bredstedt liegt das Elternhaus und auch der Ursprung des traditionsreichen Unternehmens mit heute vier Standorten in der Region und über 60 Mitarbeitern. Inzwischen haben seine beiden Söhne das Ruder übernommen. Die Enttäuschung über die vorher ergebnislos verlaufenen Planungsphasen war deutlich zu spüren. Natürlich arbeiten auch wir viel mit Standardsystemen und versuchen, unsere Arbeitsprozesse so weit wie möglich zu automatisieren. Das führt bei KOC aber nicht zu 08/15-Lösungen. Genau das Gegenteil ist der Fall. Wir hören genau zu und werden kreativ, um eine Lösung mit eigenem Profil zu schaffen.

ESSEN UND TRINKEN

» Wir belassen es nicht bei der Store-Gestaltung. Letztlich entwickeln wir mit dem Kunden ein zukunftsfähiges Businessmodell. «

Sie arbeiten nach dem Prinzip „Co-Creation". Wie gehen Sie dabei vor?

Unser Co-Creation-Prozess ist ein gutes Beispiel für unsere gesamte Herangehensweise. Wir beziehen unsere Kunden und Ansprechpartner vom ersten Gespräch an sehr intensiv in die Planungen mit ein. Wir halten unsere Prozesse transparent und offen. Und wir haben eigene Work-Tools entwickelt, mit denen wir unser Fachwissen sehr spielerisch vermitteln. Wir erspielen in der ersten Ideenentwicklung gemeinsam mit Kunden an einem 1:50-Grundriss mit maßstabsgetreuen 3D-Modulen zunächst Layoutkonzepte, die auch ungeübten Mitplanern bereits eine Raumvorstellung vermitteln. So entstehen im Dialog sehr schnell mehrere Lösungen, die eine gute Basis für die weitere Ausarbeitung bilden. Wir erfahren in diesem Planspiel auch viel Persönliches: Gewohnheiten im Verkauf, Stärken und Schwächen – ganz viele Insights, die wir später sehr gut in die Rauminszenierung einbinden können. Wir belassen es nicht bei der Store-Gestaltung. Letztlich entwickeln wir mit dem Kunden ein zukunftsfähiges Businessmodell.

Die Branche rüstet auf: Aus schmucklosen Getränkemärkten werden Getränkewelten wie bei Tadsen. Der Kauf von Wasser ist Bedarfskauf. Wen möchte Tadsen ansprechen, wenn er für Bedarfskäufer eine Getränkewelt schafft?

Die Entwicklung hat sicherlich durch die aktuelle Situation rasant Fahrt aufgenommen. Aber bereits vor der Pandemie hat sich das Bedürfnis der Kunden stark gewandelt: Sie wollen mehr über Lebensmittel und Getränke erfahren, z.B. über deren Herkunft, Verarbeitung und Qualitätsmerkmale. Sie wollen auch die Menschen kennenlernen, die die Produkte anbauen, züchten und verarbeiten. Es geht um regionale Produkte, Bioprodukte, um Trends wie den der Craftbiere oder den Höhenflug von Gin und Whisky. Das sind höherpreisige Artikel, die wertig präsentiert werden müssen. Natürlich wird auch weiterhin der Bedarfseinkauf mit Wasser, alkoholfreien Getränken und Bier gedeckt. Aber die Verweildauer im Getränkefachmarkt steigt, die Einkaufsbons werden höher und der Verkauf hochwertiger und hochpreisiger Artikel wächst. Beratung, Events und Tastings werden sicherlich nach der Pandemie dem Getränkefachmarkt einen weiteren Schub geben. Und wir haben jetzt noch nicht einmal über die Möglichkeiten der Digitalisierung gesprochen, um den Umsatz zu steigern.

Was nehmen Sie aus der Projektarbeit Tadsen mit für neue Projekte?

Den Mut, neue Dinge auszuprobieren. Die Fertigstellung eines Getränkemarkts nicht als Endergebnis, sondern als Entwicklungsstufe zu sehen: viele Bereiche so variabel und mobil anzulegen, dass man Platz für Experimente schafft, Neues ausprobieren kann. Und die Verkaufsfläche als eine Bühne zu sehen, auf der inszeniert wird und die veränderbar ist. Die enge Verbundenheit und das gegenseitige Vertrauen, das in den einzelnen Entwicklungsphasen mit der engagierten Unternehmerfamilie Tadsen entstanden ist, hat diese Plattform entstehen lassen, auf der das Verkaufsteam Tadsen sehr erfolgreich agiert. Wir arbeiten erfolgreich, wenn unsere Kunden erfolgreich verkaufen.

FISCH

FLE

EDEKA HUNDRIESER — ESSEN

Ein Markt in neuen Dimensionen

Der Lebensmitteleinzelhandel ist heute vom nüchternen Ort für den Bedarfskauf mehr denn je entfernt. Das zeigen nicht zuletzt die spektakulären Neueröffnungen der Branche. Das kreative Potenzial für die Gestaltung der Standorte erschöpft sich längst nicht mehr in Bauernmarkt-Optik und niedlichem Lettering.

Projektdaten

Standort	Aktienstraße 42 45359 Essen, Deutschland
Eröffnung	29. Juli 2020
Verkaufsfläche (m²/Etagen)	2.500/1

EDEKA HUNDRIESER — ESSEN

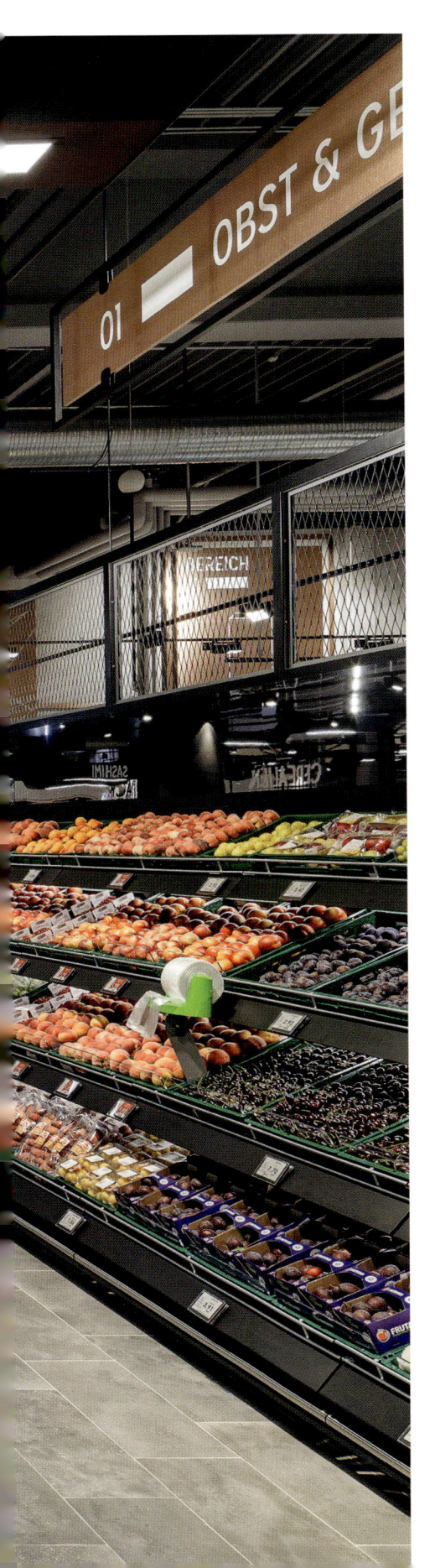

Die paradigmatische Wende im Lebensmitteleinzelhandel hat zu Beginn einige Supermarktkonzepte hervorgebracht, die sich vor allem an der Urwüchsigkeit des traditionellen Bauernmarkts orientierten. Die neue Generation des Wandels sucht sich andere Vorbilder. Im Ruhrgebiet ist die Erinnerung an die Stahl- und Steinkohle-Ära noch frisch und erhaben genug, um als glaubwürdige Grundlage für einen Supermarkt herangezogen zu werden. Die industriegeschichtlichen Bezüge finden sich im Material, in den Details sowie den gestalterischen Mitteln, die an Hochöfen und Schächte anknüpfen.

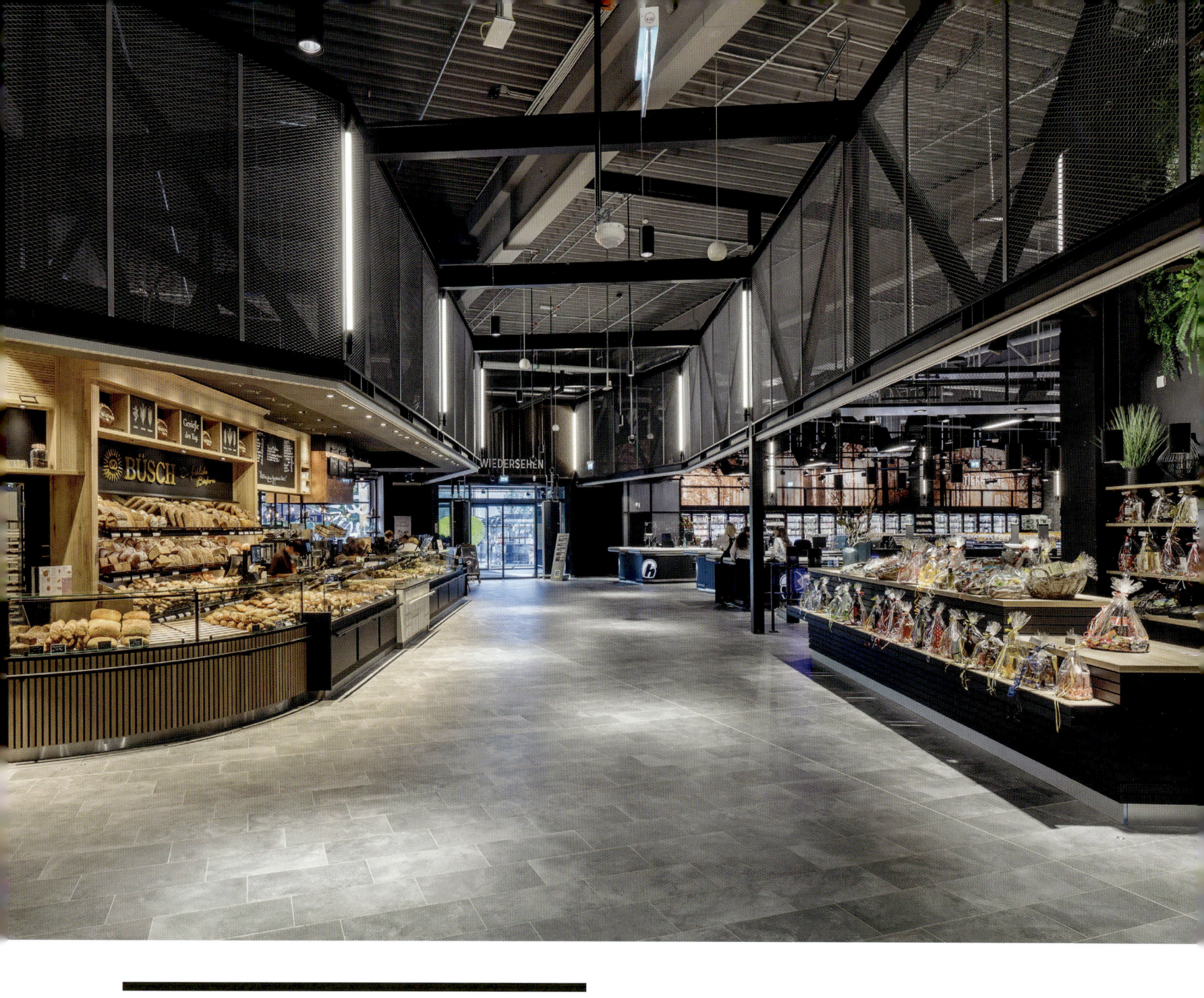

Die Zeiten, in denen Supermärkte allein nach den Maßgaben von Flächeneffizienz und Umsatzzahlen eingerichtet wurden, sind vorbei. Was heute zählt, ist Atmosphäre, Großzügigkeit und Qualität. Genau diese Faktoren ziehen Kunden an und sorgen so dafür, dass der Lebensmittel-Einzelhandel als wichtigstes stationäres Sortiment der Innenstadt erhalten bleibt.

Projektpartner

Planung	Kinzel Architecture
Ladenbau	Kinzel Project GmbH
Bedientheken Frischebereich	Aichinger GmbH
Lichtplanung/Beleuchtung	Oktalite Lichttechnik GmbH
Boden	Villeroy & Boch AG
Fotografie	Guido Leifhelm

EDEKA HUNDRIESER — ESSEN

Die Aktienstraße im Westen der Stadt ist eine vielbefahrene Verbindung zwischen Essen, Mülheim und Oberhausen. Die Bewohnerschaft des ganzen Einzugsgebiets ist die Zielgruppe des neuen Edeka-Standorts, der auf 2.400 Quadratmetern Verkaufsfläche eine an dieser Adresse bislang ungekannte Warenvielfalt bietet und sich mit Architektur und Ladenbaukonzept von den herkömmlichen Nahversorgern mit Aplomb absetzt. Da wäre zunächst die überzeugende Außenerscheinung des Markts. Der Flachbau heißt mit einem markanten Eingang willkommen und öffnet sich im Erdgeschoss über einen Gastro-Bereich nach außen. Das Versprechen von hochwertiger Gestaltung, Transparenz und Weitläufigkeit wird auch im Inneren eingelöst. Die Organisation des Verkaufsraums sorgt für maximale Großzügigkeit der Wegeführung und Orientierung gleichermaßen. Als verbindendes Detail dienen markante, mattschwarze Leuchten, die eigens für den Markt entworfen wurden und den Raum in seiner lichten Höhe gliedern. Ihr Design ist eine minimalistische Übersetzung der für die alten Zechen und Hüttenwerke charakteristischen Rohre und Schächte.

> » *Wir lassen das Industriezeitalter durch neu interpretierte und moderne Elemente wieder aufleben und deuten subtil die kulturellen Wurzeln der Stadt Essen an.* «

Die einzelnen Sortimentsbereiche sind durch vertikale, zum Teil farbig hervorgehobene Leuchtstäbe markiert, die über den Theken angebrachten schwarzen Wandelemente erinnern an die Schachtbeleuchtung unter Tage. Das pointierte Spiel mit Versatzstücken der Industriegeschichte des ehemaligen Kohle-Stahl-Reviers bleibt freilich subtil; anstelle nostalgischer Zechenansichten setzt die Einrichtung auf abstrakte Bezüge zur großen Vergangenheit. So erinnert die Rückfront an der Frischetheke an den Anblick flüssigen Stahls, der gerade aus dem Hochofen kommt, während die offenliegende Tragkonstruktion, Sichtmauerwerk, mattschwarze Metallprofile sowie Messing und Kupfer eher diffus, aber stimmig den Charme alter Fabrikhallen evozieren. Dass die Wertschöpfung aus Kohle und Stahl großen Reichtum hervorbrachte, wird indes nicht unterschlagen. Im Anschluss an die Frischetheke wartet die Weinabteilung unter einem funkelnden Kronleuchter mit einer Auswahl exquisiter Weinsorten auf.

Die grünen Details, darunter künstliche Pflanzen an den vertikalen Gitterrosten in der Obst- und Gemüseabteilung sowie am Info-Tresen, aber auch die große Fotowand mit Aufnahmen von lichtdurchfluteten Waldstücken über der Kühlregalfront, sind ein durchaus wahrhaftiger Verweis auf den Strukturwandel der Region, in der entlang der alten Zechenbahnen Radwege entstanden sind und in der Ruhr auch wieder gebadet werden darf.

FEINKOST

EDEKA SCHENKE — RHEDA-WIEDENBRÜCK

Einer für fast alles

Dass die Menschen nach wie vor gern einkaufen gehen, ist auch Händlern wie dem Familienbetrieb aus dem westfälischen Rheda-Wiedenbrück zu verdanken. Sein neuer Standort vereint so ziemlich alles, was die Kunden von einem modernen Supermarkt erwarten.

Projektdaten

Standort	Hauptstraße 35, 33378 Rheda-Wiedenbrück, Deutschland
Eröffnung	7. Mai 2020
Verkaufsfläche (m²/Etagen)	3.200/1

Café

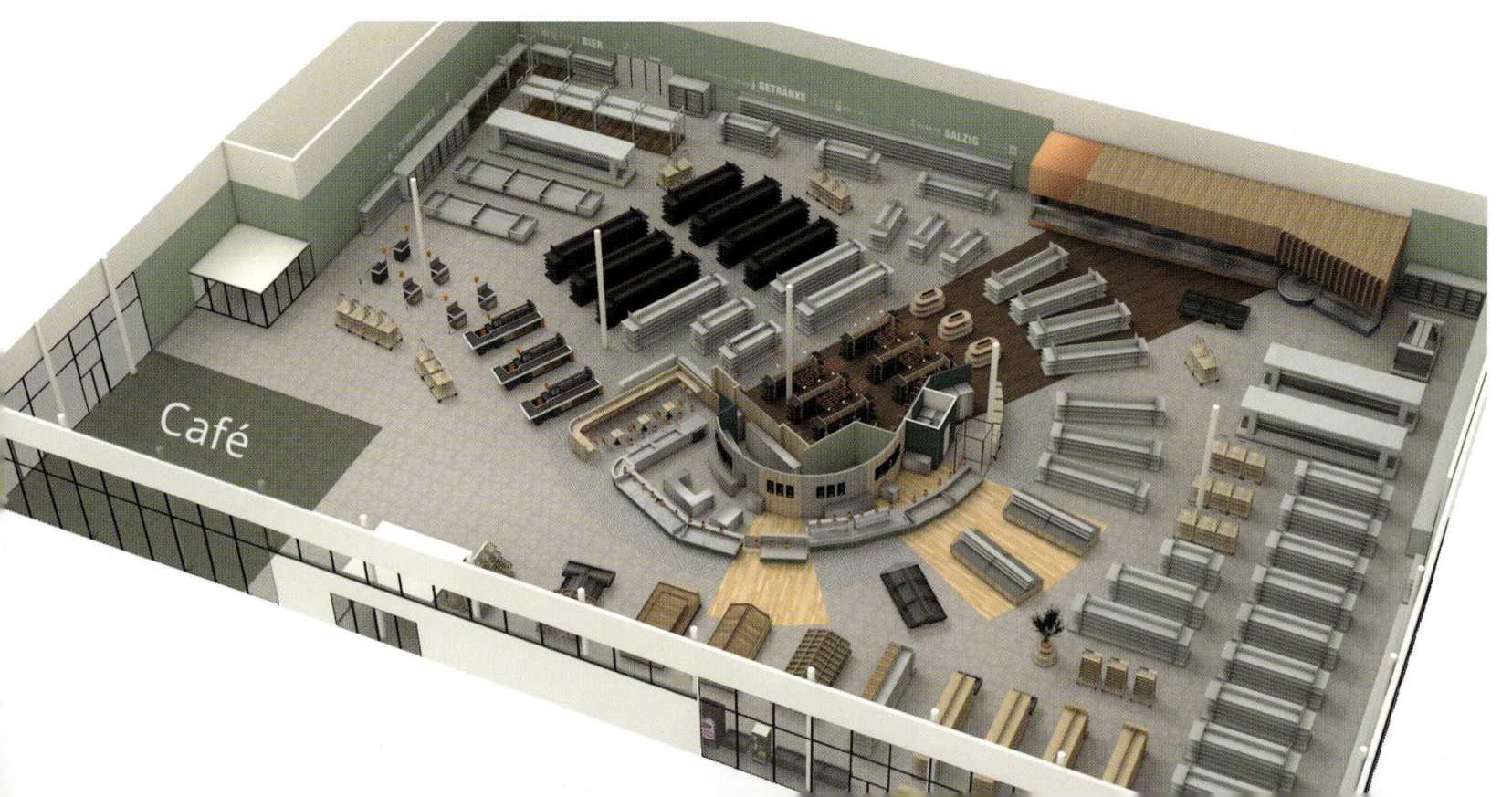

EDEKA SCHENKE — RHEDA-WIEDENBRÜCK

Das Marktkonzept besticht mit einer besonderen Kundenführung, die vorbei an Frischetheken und einem hauseigenen Metzgereibetrieb in die Tiefe eines umfassenden und handverlesenen Sortiments führt, das wirklich nichts vermissen lässt.

Projektpartner

Planung	Interstore AG
Ladenbau	Schweitzer Project AG
Fotografie	Daniel Horn

So ändern sich die Zeiten. Vor fast 80 Jahren als Kolonialwarengeschäft gegründet, legt Edeka Schenke mittlerweile großen Wert auf Waren aus der Region. Dass es am Stammsitz des Lebensmittelhändlers selbstverständlich auch eine große Auswahl von Produkten aus der weiten Welt gibt, ist indes keine Frage – solange es in Sachen Nachhaltigkeit und Transparenz bei den Herstellungsbedingungen stimmt. Ja, das Familienunternehmen, das mittlerweile in der dritten und vierten Generation geführt wird, ist zweifellos in der Gegenwart des 21. Jahrhunderts angekommen. Das zeigt sich auch am neu eröffneten Standort am Stammsitz Rheda-Wiedenbrück. Als Primus inter pares unter den insgesamt sieben Filialen steht er beispielhaft für das Selbstverständnis der Inhaber und setzt mit seiner Gestaltung neue Maßstäbe. Dass es um Frische und Qualität geht, zeigt sich an der neuartigen Kundenführung, die sich durchaus im Wortsinn um den Genuss dreht. Die kreisförmige Struktur der Genussbereiche bildet das Herzstück der 3.200 Quadratmeter großen Fläche und ist zugleich Ausgangspunkt für den Rundgang durch den Markt. Intuitiv funktionierende, durch unterschiedliche Böden betonte Sichtachsen sorgen für Überblick.

Die außerordentliche Sortimentstiefe insbesondere bei den Feinkostprodukten wird ergänzt durch weitläufige Frischeabteilungen, die vor allem bei Fleisch und Wurst demonstrieren, dass das Bekenntnis zum Handwerk kein hohler Slogan ist. Denn die Produktion findet zu einem großen Teil in den offen einsehbaren Glaskühlhäusern quasi vor den Augen der Kunden statt. Dank des differenzierten Einsatzes verschiedener Holztöne lassen sich die einzelnen Zonen gut unterscheiden. Während in der Sushi- und Käseabteilung ein helles Material dominiert, fand in der Weinabteilung ein dunkleres Holz Verwendung, das auch die anschließende Fleischabteilung kennzeichnet. In den Farben Jadegrün und Weiß, punktuell mit Akzenten in Kupfer und Anthrazit durchsetzt, spiegelt sich das Streben nach Frische wider. Und auch der sparsame Umgang mit Beschriftungen, die nicht mehr Dekoration, sondern Information sind, wirkt sich positiv auf die ruhige, entspannte Gesamterscheinung aus.

WASSER
WASSER
DEICHLIMO
LIMONADE
GEKÜHLTES
MARZADRO
BLACK PRINT

GETRÄNKEWELT TADSEN — BREDSTEDT

Flaschenposten

Dass ein Getränkehandel aus mehr bestehen kann als aus Flaschenkästen und Sixpacks, beweist ein Unternehmen im hohen Norden. Es hat die Erweiterung seines Laufkundengeschäfts zum Anlass genommen, den Getränkeeinkauf mit Erlebnis zu verbinden.

Projektdaten

Standort	Husumer Straße 18 25821 Bredstedt, Deutschland
Eröffnung	6. Dezember 2019
Verkaufsfläche (m²/Etagen)	450/1

WASSER
LIMONADE

FEINE SACHEN

KASSE

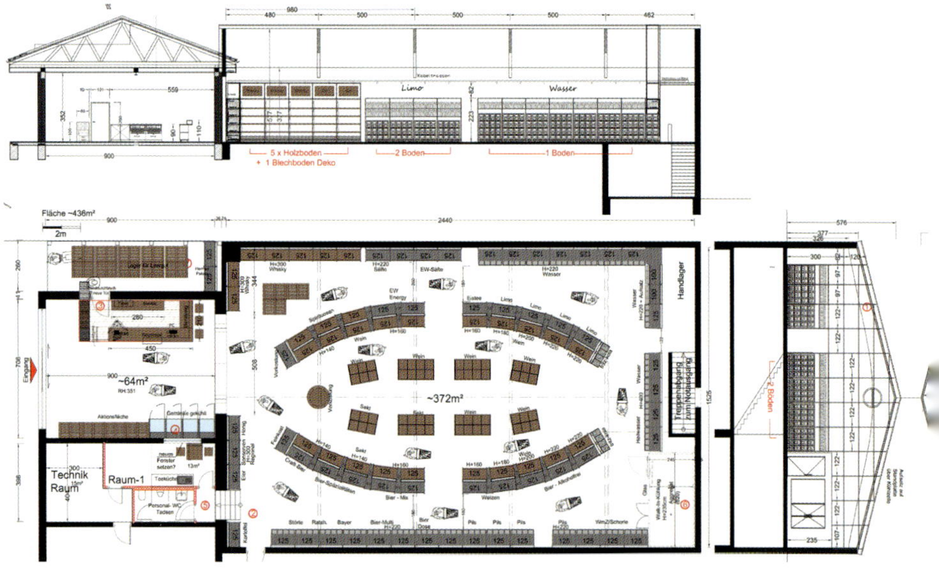
Limo
Wasser
Fläche ~436m²
~372m²
~64m²
Technik Raum
Raum-1
Handlager

GETRÄNKEWELT TADSEN — BREDSTEDT

Wer mit dem landläufigen Getränkemarkt den Geruch von Bierkästen und ausgelaufener Fassbrause verbindet, darf sich im hohen Norden eines Besseren belehren lassen. Das perfekt sortierte, übersichtliche Sortiment umfasst nicht nur die gängigen Marken, sondern reicht in die Tiefen von Genusserzeugnissen. Dem Kennerblick hält auch die Gestaltung Stand. Ein kleiner Ausschankbereich und der stimmungsvolle Einsatz historischer Fotos verwandeln die zweckmäßige Halle in eine attraktive Adresse.

Für gut 430 Quadratmeter, die plötzlich einfach vorhanden sind, braucht man ganz schön viel Phantasie. Daran mangelte es dem Inhaber eines großen Getränkehandels im nordfriesischen Bredstedt nicht, als er nach dem Umzug seiner Großhandelssparte vor der Frage stand, was aus einer leerstehenden Lagerhalle werden sollte. Doch für die Idee, das bislang eher untergeordnete Geschäft mit Laufkundschaft auszubauen, war mehr nötig als nur genug Platz. Es ging am Ende um die Frage, wie eine alltägliche Besorgung zum Erlebnis werden könne. Dafür entstand in dem weitläufigen Flachbau ein Laden, der mit herkömmlichen Getränkemärkten nur wenig zu tun hat und statt nüchterner Zweckmäßigkeit die bunte Vielfalt des mehr oder weniger geistreichen Genusses inszeniert. Flankierend zur großen Auswahl an Getränken aller Art galt es, begleitende Produktkategorien wie „Feine Kost" und kulinarische Literatur überzeugend zu integrieren und den Laden in einen Ort für Begegnung, Beratung und Erfahrung zu verwandeln.

Die Halle selbst war dank ihrer nutzungsoffenen Grundstruktur nur um haustechnische Verbesserungen in Sachen Heizung, Sanitär- und Elektroinstallation sowie Dämmung zu ergänzen; der weitgespannte Innenraum blieb unangetastet. Das eigens entworfene hölzerne Rundportal hinter dem Eingang erinnert an den Gründer des Unternehmens, der, seines Zeichens Böttchermeister, im Jahr 1887 mit der Produktion von Bier und Tafelwasser begann. Diese Getränke gibt es bei Tadsen nach wie vor, dazu aber noch unzählige andere Sorten. Sie sind in Regalen entlang der Längswände sowie auf gleichartigen, beweglichen Regalelementen angeordnet, die den Mittelbereich der Halle flankieren. Dort formieren sich hölzerne Kuben zu einem überschaubaren Parcours, auf dem Aktionsware, besondere Angebote und Spezialitäten prominent präsentiert werden. Die unvermeidlichen Getränkekästen wurden in den rückwärtigen Teil der Halle verbannt, wo sich auch ein Kühllager befindet. Dass diese unverzichtbaren Funktionen eines Getränkemarkts auf so elegante und ästhetisch verträgliche Weise untergebracht wurden, gehört zu den unbestreitbaren Vorzügen dieses Konzepts. Denn wer sich an Tadsens Tresen ein frisch gezapftes Bier gönnt, blickt nicht auf Pfandflaschen, sondern auf ein sepiabraunes Foto von Firmengründer Emil Tadsen und seinen Pferdefuhrwerken. Auf große Geschichte also.

Projektpartner

Planung	König Object Consulting GmbH
Ladenbau	Harres Metall-design GmbH
Lichtplanung	CPA Lichtkonzept GmbH & Co. KG
Fotografie	Horst Gummersbach

GIESINGER BRÄU — MÜNCHEN

Von wegen Blau-Weiß

Es gibt nicht viele Institutionen der gepflegten Gastlichkeit, die alle Moden und Zeitläufte so unverändert überdauert haben wie das gute alte Brauhaus. So gesehen, ist die neue Schankhalle einer kleinen Münchner Brauerei eine Zäsur. Denn sie modernisiert eine traditionell bayerische Geselligkeitsform mit den Mitteln der Gegenwart.

Projektdaten + Projektpartner

Standort	Detmoldstraße 40 80935 München, Deutschland
Eröffnung	22. September 2020
Verkaufsfläche (m²/Etagen)	299/2
Planung	gül koc GmbH
Ladenbau	Shopline Shopfitting
Lichtplanung	gül koc GmbH
Fotografie	Roman Job

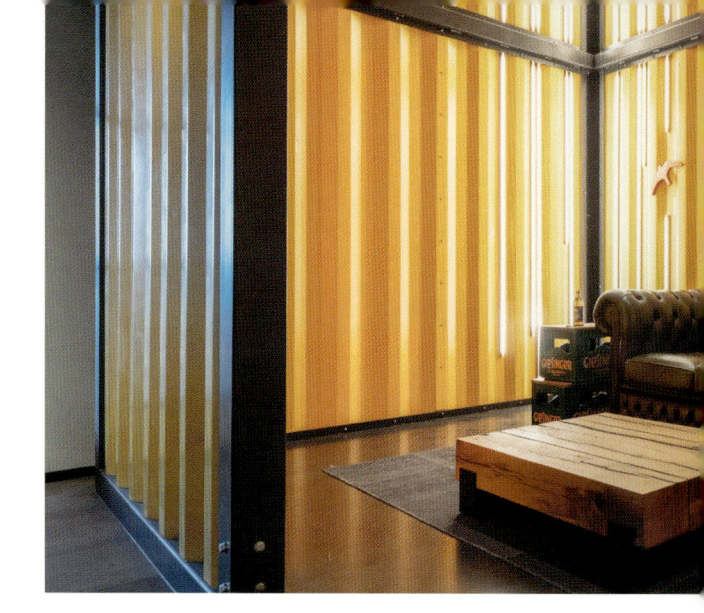

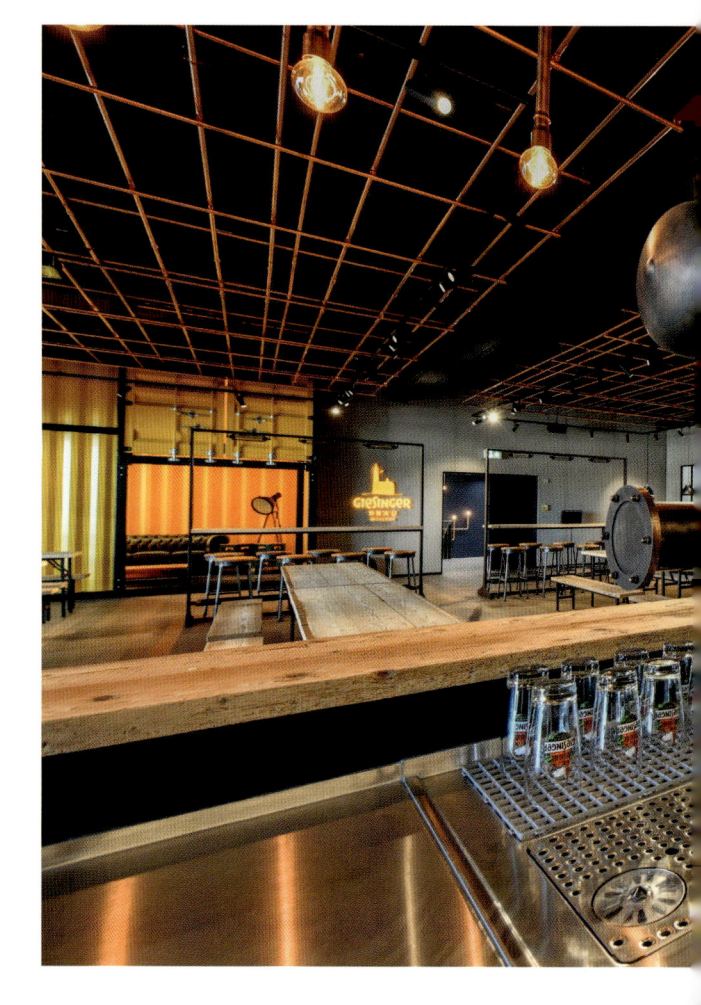

GIESINGER BRÄU — MÜNCHEN

Die Neuinterpretation des Hofbräuhauses kommt natürlich nicht ohne Lounge aus und unterlässt auch sonst jeden nostalgischen Rückgriff auf bayerische Gemütlichkeit.

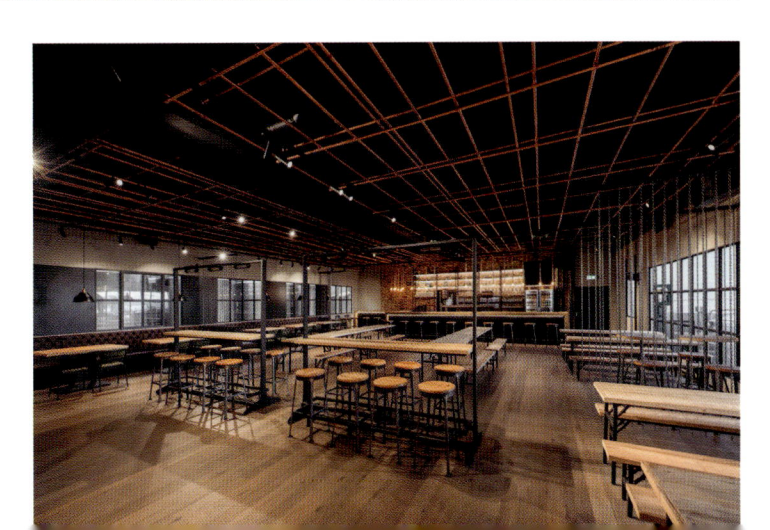

Wie bei allen großen Wirtschaftserfolgen beginnt auch die Geschichte von Giesinger Bräu in einer Garage. Nachdem die Produktion dort, in Untergiesing, angesichts der stetig wachsenden Nachfrage an räumliche Grenzen stieß, ging es zunächst nach Obergiesing, bis dem Gründer der Brauerei irgendwann klar wurde, dass er für seine unternehmerischen Pläne einen modernen großflächigen Standort benötigt. Inzwischen ist der Brauereibetrieb aus der dicht bewohnten Münchner Innenstadt in ein Gewerbeareal im Nordosten umgezogen, wo es reichlich Platz für die weiter wachsende Produktion und eine hauseigene Ausschank- und Veranstaltungshalle gab. Natürlich muss sich jede bierspezifische gastronomische Einrichtung, zumal in Bayern, an den Maßstäben eines zünftigen Brauhauses messen lassen: groß, ehrlich und robust. Mit ihren knapp 300 Quadratmetern Fläche erfüllt die Halle von Giesinger Bräu nicht nur die Größenvorgaben, sondern kann sich darüber hinaus zugute halten, die volkstümliche Atmosphäre einer traditionellen Schankhalle auch mit den gestalterischen Mitteln der Gegenwart zu erreichen, ohne Verrat an der Tradition zu üben. Den architektonischen Rahmen bilden industrietypische Materialien wie Holz, Metall, Beton und Backstein, die wiederum von den Farben Grün, Gelb und Dunkelblau stimmig ergänzt werden. Dass die Halle ein Teil des Produktionsstandorts ist, wird nicht nur über die bauliche Verknüpfung mit der Kesselanlage deutlich, die sich durch die großen Fenster bestaunen lässt. Auch die Kupferrohre, die sich mal als thematisch assoziierte Kunst am Bau, mal als funktionale Betriebsstruktur durch das Gebäude ziehen, verbinden die Geselligkeit an den Holztischen und in der separaten Lounge mit den technischen Abläufen einer Brauerei – von der Gärung bis zum Zapfhahn. Dass eine zeitgemäße Bierkultur anders daherkommen kann als in Gestalt von Maßkrug, Dirndl und blau-weißer Heimatseligkeit, war ein maßgeblicher Erfolgsfaktor der vielen in den vergangenen Jahren entstandenen Micro Breweries und Craft-Beer-Betriebe. Dass sich sogar der Idealtypus Hofbräuhaus modernisieren lässt, haben nun die Brauer aus der Giesinger Garage bewiesen.

Baustellen-Entsorgung

in Deutschland und Europa

ERW
Entsorgungsgesellschaft
Rhein-Wied mbH

Ein Ansprechpartner in den Bereichen

- Baustellen-Entsorgung
- Baustellen-Absicherung
- Stell- und Zufahrtsgenehmigungen

Alles aus einer Hand

ERW Entsorgungsgesellschaft
Rhein-Wied mbH

Industriestraße 16 a+b
56307 Dürrholz-Daufenbach
Tel.: 02684 85189-0
Fax: 02684 85189-57

WWW.ERW-ENTSORGUNG.DE

Was macht einen Shopper eigentlich glücklich?

POS TUNING aus Bad Salzuflen erklärt wie man Einkaufen einfach besser machen kann.

Haben Sie sich schon mal Gedanken darüber gemacht, was Sie beim Einkaufen glücklich macht? Die Frage nach dem Glück ist ja so eine Sache - der eine freut sich, wenn er seine Lieblingsschokolade in den Einkaufskorb legen kann. Ein anderer ist froh und glücklich, wenn er ohne große Suchaktionen, schnell den Supermarkt wieder verlassen kann. Und ein dritter liebt es einzukaufen und fühlt sich zwischen gut sortierten Regalen richtig wohl, denn er bekommt neue Eindrücke und vielleicht sogar Ideen, für das Familienessen.

So unterschiedlich die Wahrnehmung eines jeden Einzelnen auch sei - eines ist sicher: Komfort und Ordnung wünscht sich nahezu jeder beim Shoppen. Wer will in der hintersten Ecke des Regales herumwühlen, um an ein Produkt zu gelangen? Niemand möchte sich auf Knien auf die Suche nach einem Deo machen.

POS TUNING aus Bad Salzuflen hat sich die Frage nach dem Glück beim Einkaufen näher angesehen und sich einer Mission verschrieben. „Einkaufen. Einfach. Besser. Machen."

Was bedeutet das nun genau?

Das Familienunternehmen steht seit mehr als 20 Jahren für die Optimierung der Warenpräsentation am Point of Sale. Was als Ein-Mann-Betrieb in einer Garage in Bad Salzuflen begann, ist heute ein weltweit agierendes Unternehmen mit 180 Mitarbeitern. Aus der Erkenntnis, dass der Kunde nur das kaufen kann, was er auch sieht, leitete sich schnell das Ziel des Unternehmens ab: Ware im Handel in bestehenden Regalen optimal zu präsentieren, hierdurch den Verkaufserfolg zu erhöhen und gleichzeitig den Aufwand der Regalpflege zu reduzieren.

Mit der Zeit hat sich aber auch das Einkaufsverhalten der Shopper verändert. Viele wünschen sich eine angenehme Atmosphäre im Supermarkt. Sie möchten beispielsweise durch intelligente Leitsysteme oder aufmerksamkeitsstarke Displays auf bestimmte Produkte hingewiesen werden. Auch die passende Beleuchtung oder besondere Präsentationsformen gehören mittlerweile zum gesamten „Wohlfühlpaket" dazu.

Und hier setzt „Einkaufen. Einfach. Besser. Machen." an. POS TUNING ist der kompetente Partner rund um alle Fragen des optimierten Point of Sale. Vom Warenvorschubsystem, über Displays bis hin zu digitalisierten Regalen bietet das Unternehmen alles, was den stationären Einzelhandel nach vorne bringt. Viele Kunden aus dem Ladenbau setzen auf POS TUNING und damit auf die Erfahrung und Zusammenarbeit mit einem Team aus Profis und Branchenkennern.

Geschäftsführer Oliver Voßhenrich sagt: „Wir automatisieren und digitalisieren die Warenbewegung im Regal des stationären Einzelhandels um Zeit für das Wichtigste zu schaffen: den Kunden."

Also: Einkaufen. Einfach. Besser. Machen.

Immer alles griffbereit - das macht Shopper glücklich! Und nicht nur die! Auch Händler freuen sich über Kunden, die gern wiederkommen!

Unsere Produkte werden ausschließlich in Deutschland hergestellt und in die ganze Welt geliefert.

POS TUNING Udo Voßhenrich GmbH & Co. KG
Am Zubringer 8 (B239)   D-32107 Bad Salzuflen
www.postuning.de   info@postuning.de

KANN SICH SEHEN LASSEN

Auch wenn Optiker mit ihren Läden in Sachen Lifestyle und Design immer für Überraschungen sorgen, unterliegen sie als Angehörige eines Heilberufs strengeren Regeln als ein normaler Einzelhändler. Das gilt auch für Apotheker. Apotheken haben sich binnen weniger Jahrzehnte von einem auf Arzneiherstellung und -abgabe beschränkten Betrieb hin zu einem Geschäft entwickelt, das auch Kosmetik und Wohlfühlprodukte verkauft. Dieser Karriere entsprechend müssen sich Apotheken nicht mehr nur mit ihresgleichen messen, sondern stehen gewissermaßen auch mit Beauty-Fachgeschäften und Drogerien im Wettbewerb. Über eine Planungsaufgabe zwischen Müssen und Dürfen.

**Klaus Bürger,
Inhaber von Klaus Bürger Architektur**

Marketing für Apotheken funktioniert nur über Architektur

Wenn sich hierzulande jemand mit Apotheken auskennt, dann ist es Klaus Bürger. Der Innenarchitekt aus Krefeld beschäftigt sich seit gut 35 Jahren mit der Einrichtung von Apotheken und hat den Wandel dieser Institution von einem nüchternen Betrieb für die Herstellung und Abgabe von Arzneimitteln und Medizinprodukten hin zu einem zentralen städtischen Akteur miterlebt und mitgestaltet.

Bei der Einrichtung einer Apotheke handelt es sich um eine besondere Planungsaufgabe, die in einem streng regulierten Spannungsfeld zwischen Müssen und Dürfen nach möglichst individuellen Lösungen suchen muss. Denn anders als eine Modeboutique oder ein Schuhgeschäft unterliegt die Apotheke dem deutschen Apothekengesetz. Demzufolge muss die Gesamtfläche mindestens 110 Quadratmeter umfassen, von der die Offizin, also der Verkaufsbereich, maximal ein Drittel einnehmen darf. Für das Labor sind mindestens zwölf Quadratmeter vorzusehen, einschließlich der Rezeptur muss dieser Bereich wenigstens fünfzehn Quadratmeter messen. Beide Bereiche müssen strikt vom Kundenbereich getrennt sein – wie übrigens auch die Auslagen hinter dem Handverkaufstisch. Bedenkt man zudem, dass Apotheken hierzulande ein weitgehend identisches

KANN SICH SEHEN LASSEN

Angebot an Arzneien, Beratungs- und Dienstleistungen führen, wird erst deutlich, welche Bedeutung den Faktoren Einrichtung und Gestaltung für das Image einer Apotheke zuwächst. Klaus Bürger sagt: „Marketing für Apotheken kann nur über Architektur funktionieren."

Wie bei jedem Geschäft müssen bei der Konzeption zunächst die funktionalen Abläufe berücksichtigt werden. Doch neben diesen betriebsimmanenten Faktoren spielen selbstverständlich auch die städtische Lage, das soziale Umfeld und baulich-architektonische Gegebenheiten eine Rolle. Ein Apotheker in einem gesetzten, bürgerlich geprägten Wohnumfeld wird sich anders präsentieren als sein Kollege, der in einem internationalen, jungen Szeneviertel eine Apotheke betreibt.

Dennoch: Auch Apotheken unterliegen Moden. Als Klaus Bürger Mitte der 1980er-Jahre mit der Planung von Apotheken beginnt, nimmt die Postmoderne gerade Anlauf: runde, geschwungene Formen, freihändige Stilzitate und viel Plexiglas verwandeln die angejahrte Apotheke mit ihren braunen Glasflaschen in Holzschränken in einen üppig bestückten Laden, der nicht mehr nur Kranke, sondern auch kauflustige Kunden ansprechen will.

„Mittlerweile hat sich eine gewisse Zurückhaltung durchgesetzt", bilanziert Klaus Bürger. „Die unüberschaubare Fülle sowohl an Waren als auch Details ist einer Gestaltung gewichen, die eher nüchtern und kühl daherkommt."

Das Bewusstsein für den Wert eines eigenständigen, unverwechselbaren Store-Designs zeigt sich in der Nachfrage seiner Bauherren. Der bewusste Apotheker, so Bürger, wolle eine nachhaltige, individuelle Einrichtung. Diesem Wunsch kommt die Planung mit langlebigen, werthaltigen Materialien entgegen. Der Innenarchitekt setzt deshalb auf die Strahlkraft des Authentischen. „Wir glauben, dass Material eine Sprache hat, und ziehen Holz, Stein, Glas und Metall jedem Kunststoff vor", sagt Bürger. „Denn diese Oberflächen können in Würde altern und sehen auch nach 30 Jahren noch gut aus." Ihm geht es um nichts weniger als um „healing architecture", also eine heilende, genesungsfördernde Umgebung für Kranke, die für ihn immer noch im Zentrum des

» Wir glauben, dass Material eine Sprache hat, und ziehen Holz, Stein, Glas und Metall jedem Kunststoff vor. «

Apothekerberufs stehen – trotz der unzweifelhaften Bestrebungen, das Konzept Apotheke attraktivitätssteigernd zu dehnen. Denn Apotheken dienen laut Gesetz ausschließlich der Entwicklung, Prüfung, Abgabe und Information rund um alle Mittel, die unmittelbar die Gesundheit von Menschen und Tieren betreffen. Deshalb ist es auch verboten, eine Kaffeebar zu integrieren und das mit Kommunikation und Begegnung zu begründen, schlussfolgert Bürger ganz unsentimental. Die Kommunikation in einer Apotheke findet zwischen dem Personal und dem Kunden statt und unterliegt der Vertraulichkeit. Nicht umsonst ist die Intimität der Beratung eine maßgebliche Einflussgröße bei der Gestaltung der Offizin.

Und es ist eben eine Frage der gestalterischen Phantasie, ob dafür Aufsteller mit der Bitte um Abstand auf die Fläche gestellt werden oder die Farbgebung des Bodens zusammen mit dem Beleuchtungskonzept auf indirekte, gleichwohl elegantere Weise für Diskretion sorgt.

Nicht zuletzt dient eine gut gestaltete Apotheke auch dem sogenannten Employer Branding. In Zeiten des Fachkräftemangels fällt die Entscheidung für oder gegen einen Arbeitsplatz auch auf Grundlage sogenannter weicher Faktoren wie architektonische Gestaltung und Atmosphäre.

Doch gibt es so etwas wie eine Kurzformel für die gute Apotheke? Es ist wohl eher ein dialektischer Zusammenhang aus freundlicher und kompetenter Beratung in liebevoll und schön gestalteten Räumen. „Ein bisschen wie Homoöpathie", sagt Klaus Bürger. „Man weiß nicht genau, warum, aber es wirkt."

NATU-RAL
What's inside matters, +99% d'ingredients naturals d'alta qualitat.

HEAL-THY
Incloem concentracions extraordinàries d'ingredients naturals i ecològics segurs, millorant la salut de la pell.

SUS_A
El 93% ... són de ... reciclab...

LOVE ANIMALS
Som una marca que posa als animals, com a les persones, al centre.

FRESHLY COSMETICS — BARCELONA

Erfolgreiche Frischzellenkur

Wenn Online-Händler ein stationäres Geschäft eröffnen, geht es vor allem darum, eine erfolgreiche Marke in die Dreidimensionalität eines Raums zu überführen. Manchmal gelingt dabei aber auch die Verjüngung eines ganzen Gebäudes.

Projektdaten

Standort	Calle Portaferrissa 34 08002 Barcelona, Spanien
Eröffnung	27. Oktober 2019
Verkaufsfläche (m²/Etagen)	32/1

FRESHLY COSMETICS — BARCELONA

Die Einrichtung der ersten stationären Niederlassung des Naturkosmetik-Pure-Players bot die Gelegenheit für ein städtisches Facelifting. Das Geschäft markiert eine wichtige Straßenecke, die durch die Neugestaltung an Attraktivität gewonnen hat. Mit Schwung nimmt die Verkaufsfläche das Erdgeschoss in Besitz und füllt es mit Licht und einer bis dahin unbekannten Weite. Zum großzügigen Raumeindruck trägt die auf halber Höhe bleibende, umlaufende Möblierung bei. Sie bietet Präsentationsfläche und Stauraum und betont den fließenden Grundriss.

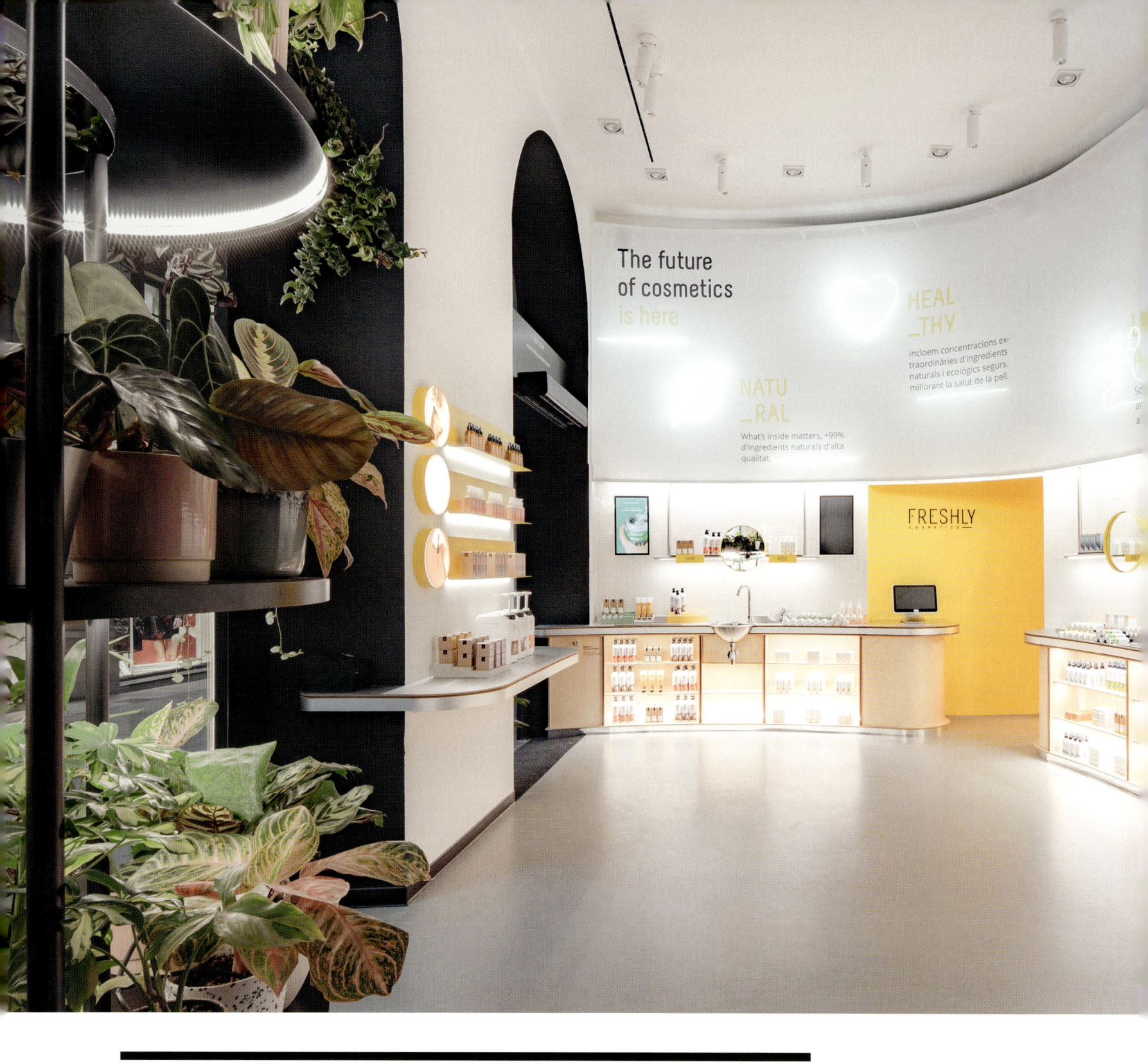

Der neu gestaltete Laden im Erdgeschoss nutzt die Fenster zu beiden Straßenseiten und seinen mit Pflanzen geschmückten Eingang für die freundliche, zugängliche Präsentation der Naturkosmetik-Marke. Die betonte Leichtigkeit entspricht auch der Botschaft des Unternehmens, das sich mit seinen Produkten dem Gedanken der Nachhaltigkeit und eines geringen ökologischen Fußabdrucks verpflichtet fühlt.

FRESHLY COSMETICS — BARCELONA

Man kann ein altehrwürdiges Geschäftshaus, das mit stolzer Geste an Barcelonas belebtester Einkaufsstraße prangt, architektonisch tatsächlich zum Lächeln bringen. Dafür bedarf es nicht mal unbedingt einer äußerlichen Generalüberholung. Manchmal reicht es, der patinierten Wucht alter Mauern neues Leben einzuhauchen, das die Adresse mit Strahlkraft und Heiterkeit erfüllt. In diesem Fall bringt ein spanisches Naturkosmetik-Start-up die markante Ecke an der Calle Portaferrissa im Zentrum der katalanischen Landeshauptstadt zum Leuchten. Auf gerade einmal 30 Quadratmetern ist mehr oder weniger ein baulicher Antipode des Hauses selbst entstanden: Der Laden präsentiert sich als kantenloser, fließender Raum, in dem es abgesehen von den schlichten, geometrisch regelmäßigen Einbauten keinen rechten Winkel mehr gibt. Doch mit anthroposophisch inspirierter Eckenfreiheit hat die Gestaltung nichts gemeinsam. Das Bekenntnis des Unternehmens zu Nachhaltigkeit paart sich hier mit Eleganz und Stilwillen.

> » Einer Sache ihre Kanten zu nehmen heißt auch, ein freundliches Gesicht zu zeigen. «

Mit dem Standort in Barcelona hat der vormalige Pure Player seine erste stationäre Filiale eröffnet. Auf Grundlage des Produkt-Designs der umfangreichen Kosmetiklinie wurde ein Ladenbaukonzept entwickelt, das die Frische und Leichtigkeit der Marke in räumliche Qualitäten übersetzt. Sonnengelb, ein warmes Weiß an Wänden und Oberflächen sowie unbehandeltes, helles Holz dienen als Leitfarben, die der bunt verpackten Ware freundlich den Vortritt lassen. Obwohl es sich um eine relativ kleine Fläche handelt, erscheint der Laden großzügig und offen. Dieser Eindruck verdankt sich sowohl der beachtlichen lichten Höhe des Raums als auch der sparsamen, gleichwohl nicht asketisch bemühten Präsentation. Das Sortiment findet sich gut sortiert in halbhohen und wandumlaufenden Regalen, die mit ihren abgerundeten Ecken die Grundidee der Innenarchitektur fortschreiben. Die hinterleuchteten Präsentationsflächen sorgen für Tiefe und rücken die Ware in das sprichwörtliche gute Licht. Ein unter der Decke verlaufender Wandschirm, der sich als Reprise der elegant geschwungenen Silhouette durch den Laden zieht, rundet den Gesamteindruck ab, im wörtlichen wie übertragenen Sinn.

Projektpartner

Planung	CuldeSac
Lichtplanung	CuldeSac
Beleuchtung	Panaled
Boden	Tarkett
Fotografie	David Zarzoso

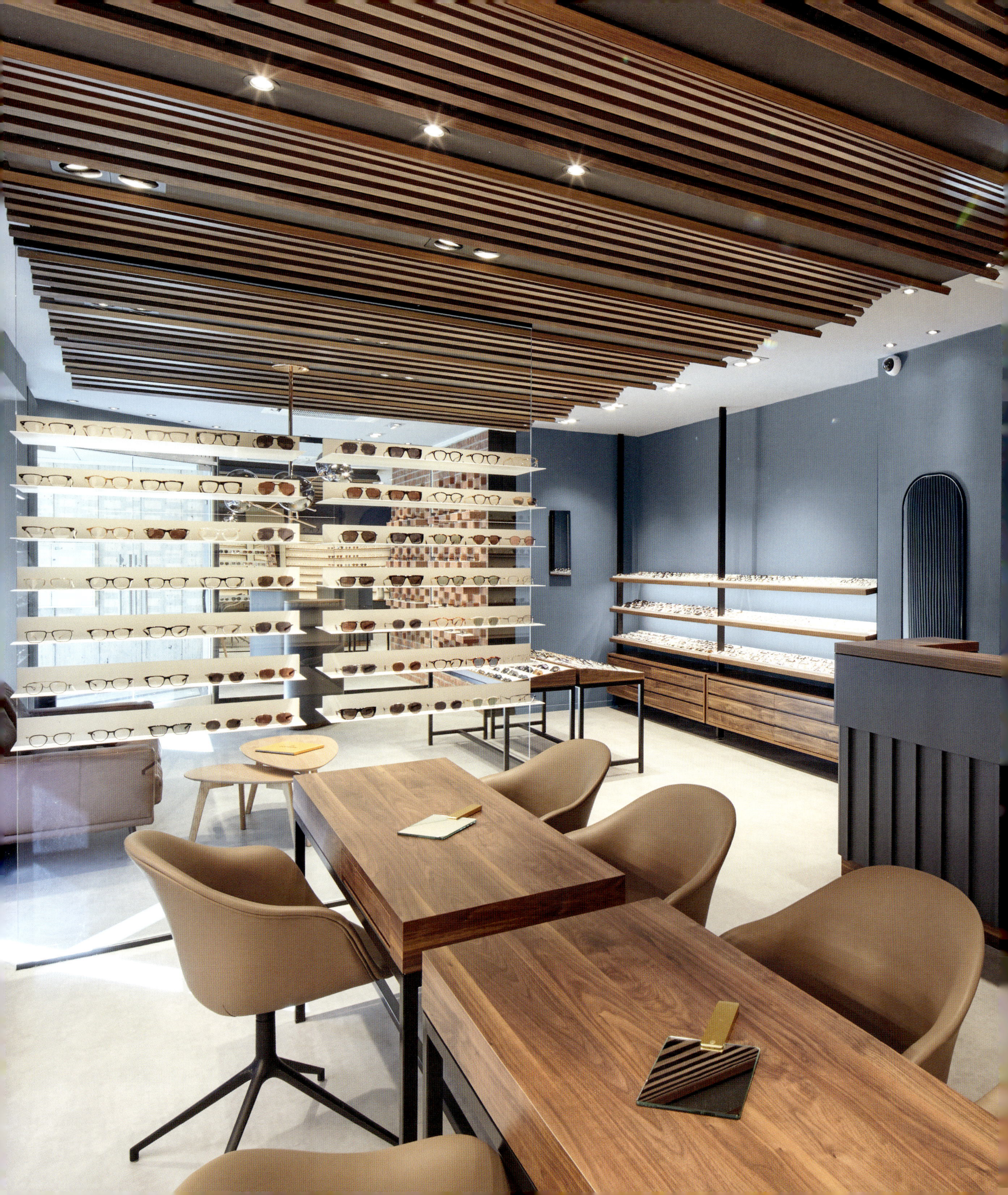

SCHTONY OPTIK — KIEL

Ansichtssachen

Wer an der Adresse eines ehemaligen Optikergeschäfts wieder ein Optikergeschäft eröffnet, wird von den Kunden nicht selten am Vorgänger gemessen. Die neue Einrichtung dürfte freilich auch dem strengsten Vergleich standhalten. Holz, Ziegel und die Farbe Blau verbinden sich zu einem stimmigen Rahmen für eine große Auswahl und fachkundige Beratung.

Projektdaten

Standort	Holstenstraße 51-53 24103 Kiel, Deutschland
Eröffnung	10. Juni 2020
Verkaufsfläche (m²/Etagen)	85/1

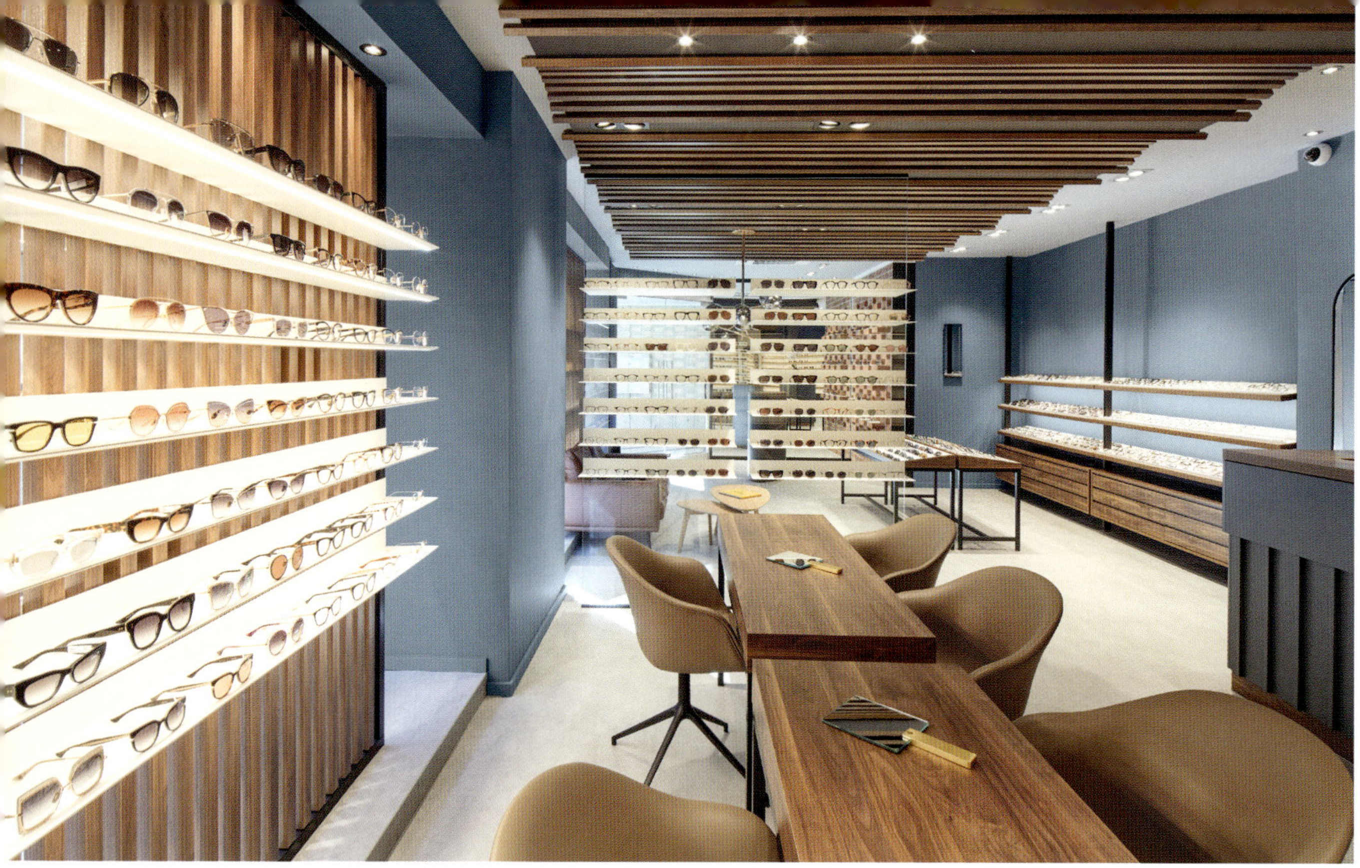

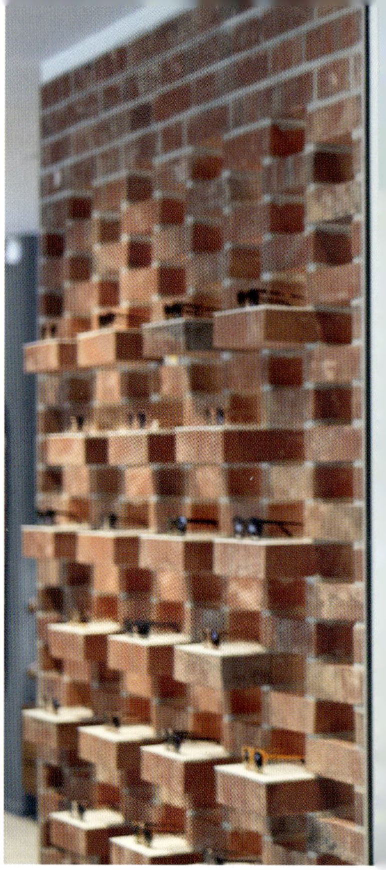

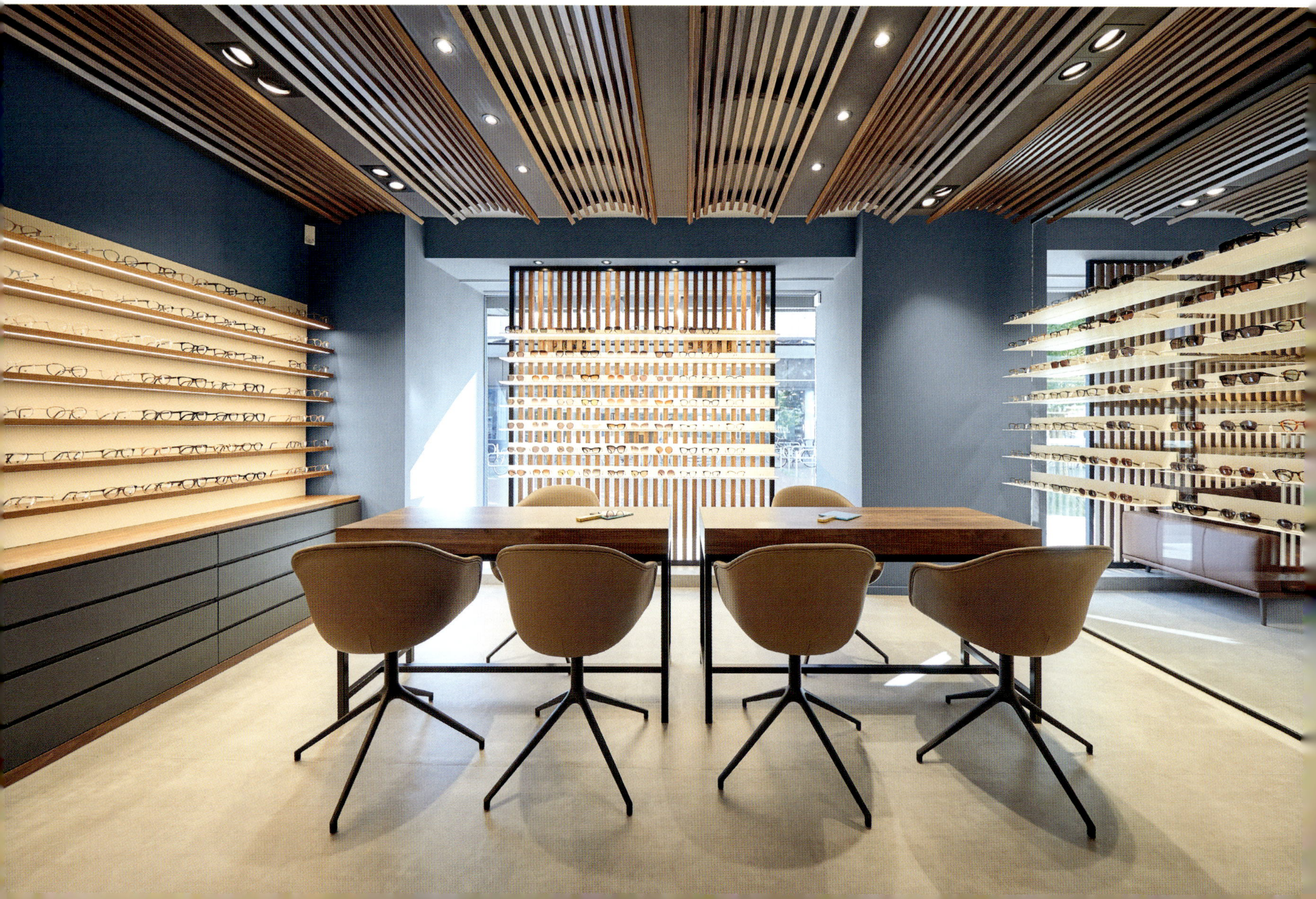

SCHTONY OPTIK — KIEL

Die Brillenpräsentation an der plastisch gemauerten Backsteinwand gehört zu den Sehenswürdigkeiten des Geschäfts, wie auch die wogende Holzdecke und die Fensterverkleidung. Mit diesen Details setzt sich der Inhaber dezent, aber deutlich von den Mitbewerbern ab.

Der Auszug eines alteingesessenen Fachgeschäfts für Optik- und Hörakustik bot die Gelegenheit, den guten Ruf der Adresse einfach beizubehalten. So könnte man den Ansatz beschreiben, mit dem ein Optiker die Räume in der Kieler Innenstadt für seinen Betrieb umgestalten ließ. Doch er beließ es nicht bei einer einfachen Modernisierung, sondern wünschte sich ausdrücklich etwas Einzigartiges. Wie das mit einem Sortiment, das sich mehr oder weniger auf eine Produktkategorie – Sehhilfen und Zubehör – beschränkt, tatsächlich funktionieren kann, lässt sich auf den neu gestalteten 85 Quadratmetern bis ins kleinste Detail studieren. Die baulichen Gegebenheiten selbst boten einen dankbaren Ausgangspunkt für die Entwicklung eines Konzepts: Das Geschäft befindet sich in einem gründerzeitlichen Geschäftshaus, errichtet im Jahr 1908, das trotz Kriegsschäden und stark reduzierter Rekonstruktion als würdiger Vertreter des sogenannten Kieler Stils gelten darf. Ein betonter Bezug auf lokale Bautraditionen lag also auf der Hand. Roter Backstein und die satt-solide Optik von Nussbaumholz fügen sich zusammen mit den taubenblauen Wänden, schlanken Stahlprofilen und den wohlplatzierten anthrazitfarbenen Oberflächen zu einem noblen räumlichen Zusammenhang. Der Wille zur unbedingten Perfektion, sicher eine Grundvoraussetzung für den Optikerberuf, prägt auch die Einrichtung. Die präzise montierten Latten aus Nussbaum, die die historische Kappendecke nachzeichnen, nehmen als vertikale Elemente die Form einer fixen Jalousie vor den Fenstern an, wo sie als Hintergrund für die Brillenpräsentation dienen – mit Wirkung nach außen und innen wohlgemerkt. Der Blickfang im Laden selbst ist zweifellos die originelle Schauwand aus dreidimensional versetzten Backsteinen. Eigentlich eine einfache Idee, aber unglaublich effektvoll. Die Midcentury-Möbel in der Beratungslounge, das differenziert auf die verschiedenen Situationen abgestimmte Beleuchtungskonzept und die schlichte Ausführung des Kassenbereichs – selten pflichtet man der zur Binse zitierten Architektenweisheit „less is more" so gern bei.

Projektpartner

Planung	Heikaus Architektur GmbH
Ladenbau	Heikaus GmbH
Lichtplanung	Heikaus Architektur GmbH
Fotografie	HP Studios

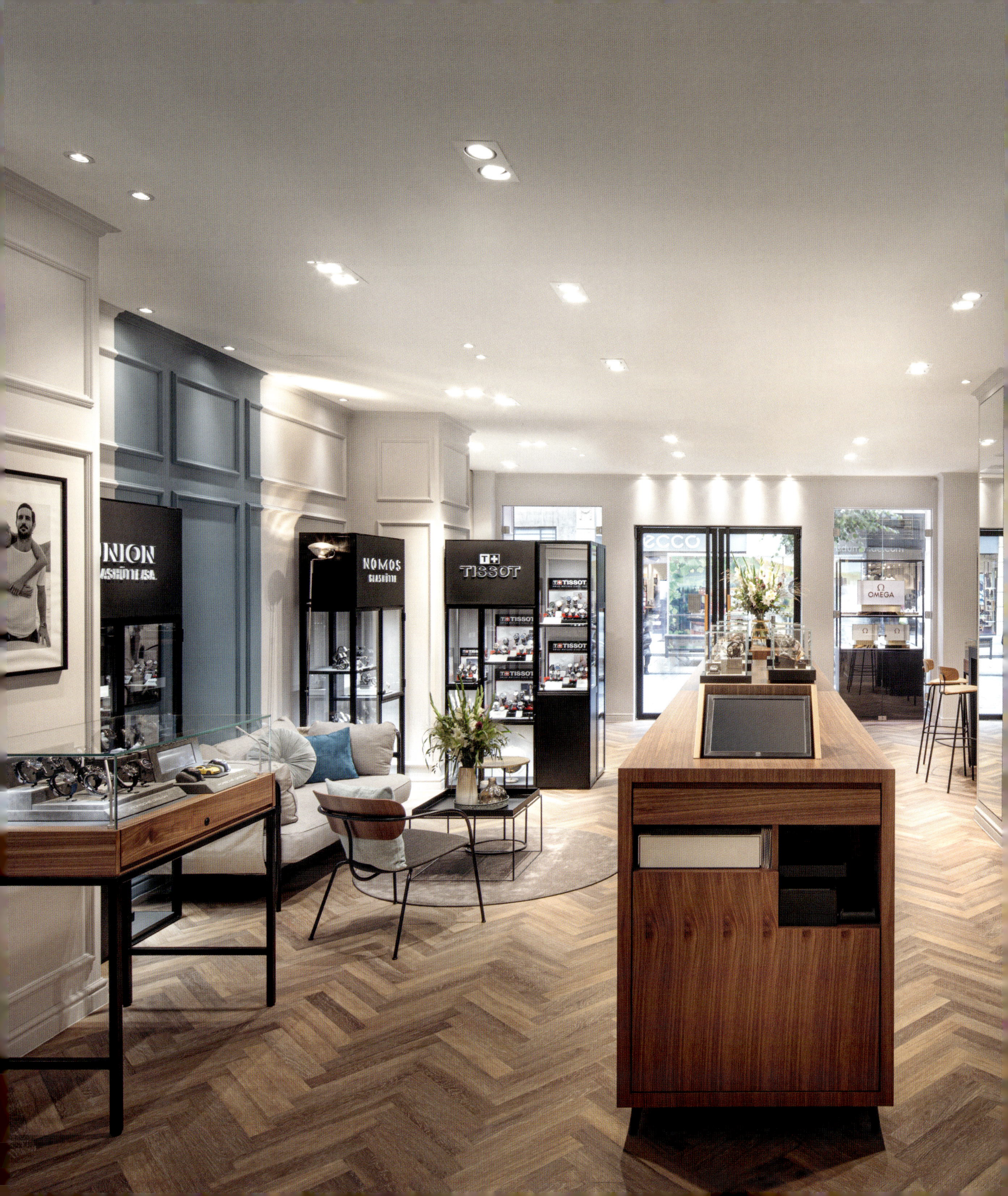
NOMOS
GLASHÜTTE
TISSOT
ecco
OMEGA

BRINCKMANN & LANGE — LEIPZIG

Tradition als Neuerfindung

Auch wenn der Name einem Leipziger Traditionsgeschäft gut zu Gesicht stünde, handelt es sich um einen neu gegründeten Ableger eines großen, überregional agierenden Uhren- und Schmuckspezialisten. Das Konzept öffnet die Türen zur nächsthöheren Etage im stationären Geschäft mit Zeitmessern der Luxusklasse.

Projektdaten

Standort	Petersstraße 11-13 04109 Leipzig, Deutschland
Eröffnung	28. September 2020
Verkaufsfläche (m²/Etagen)	120/1

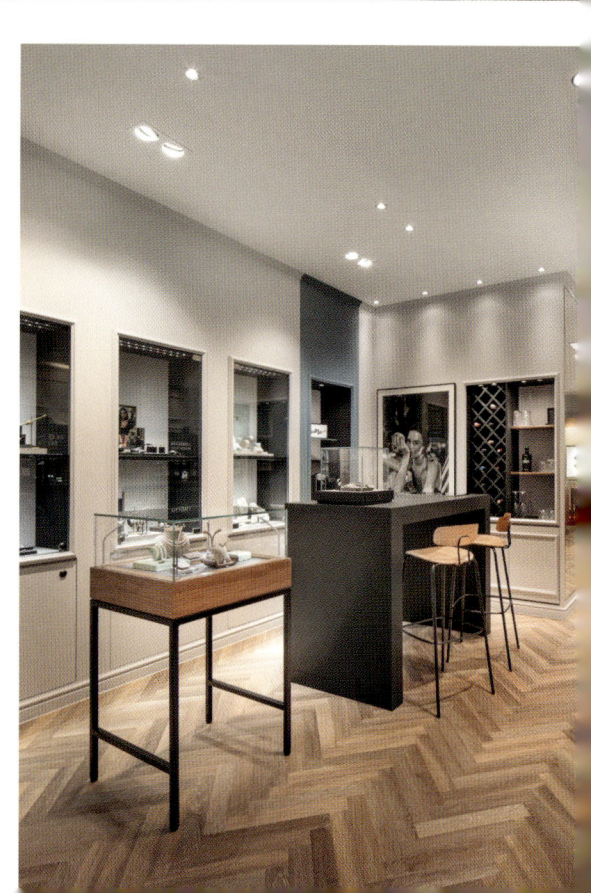

BRINCKMANN & LANGE

BRINCKMANN & LANGE — LEIPZIG

Das Prinzip Wohnzimmer stand bei der Einrichtung unverkennbar Pate. Das Parkett, die lauschigen Sitzgelegenheiten und der kleine Kamin evozieren die Atmosphäre eines privaten Salons.

Glücklich ist, wer solche Freunde hat. Also Leute mit Sinn für Schönes, Geschmack und gutem Stil, die zugleich cool und großzügig sind und es nicht nötig haben, über das dafür nötige Geld unnötig viele Worte zu verlieren. Die Sommerwochen verbringen sie an der Riviera und sehen im feinen Zwirn so gut aus wie im Motorraddress. Dass sie kostbare Uhren sammeln, ist kaum zu übersehen. So ähnlich muss man sich wohl die Hausherren vorstellen, die bei der Einrichtung des Fachgeschäfts in Leipzig unsichtbar Pate standen. Lässige Eleganz in Verbindung mit hohen Ansprüchen an Qualität – auf diese Formel lässt sich Brinckmann & Lange, das junge Tochterunternehmen des international präsenten Schmuck- und Uhrenspezialisten Christ, bringen. Für seinen neuen Ableger reaktivierte das Mutterhaus sogar einen historisch authentischen Bezug: Den Namen Adolph Brinckmann trug bis zur Übernahme durch Christ im Jahr 1990 ein alteingesessenes Bremer Juwelierfachgeschäft. Auch wenn die Räumlichkeiten in der sächsischen Messestadt außer dem Namen nichts mit geschichtsträchtiger Tradition verbindet, knüpft die Gestaltung zunächst an die klassischen, für diese Preisklasse gebotenen Parameter an: Klarheit, Zurückhaltung bei Farbe und Möblierung, solide und vertrauenswürdige Ausstrahlung. Atmosphärisch erinnert die 120 Quadratmeter große Verkaufsfläche jedoch eher an die Behaglichkeit eines privaten Salons, freilich in moderner Ausführung. Kassettierte Schrankfronten aus matt lackiertem Holz, schlanke Polsterstühle, eine Sitzgruppe mit Sofa und Sesseln sowie der durchgehende Boden aus Fischgrätparkett rahmen die nach Marken differenzierte Präsentation der Uhrenkollektionen. Die in die Wand eingelassenen Vitrinen mit schwarzen Laibungen setzen zusammen mit den schlanken Metallstrukturen der Vitrinen- und Sitzmöbel edel-elegante Akzente. Und sogar für eine integrierte kleine Küche war Platz. Denn was wäre ein ausführliches Gespräch über die Komplikationen einer Herrenuhr ohne Tee.

Projektpartner

Planung	Heikaus Architektur GmbH
Ladenbau	Heikaus GmbH
Lichtplanung	Heikaus Architektur GmbH
Beleuchtung	XAL GmbH
Boden	Project Floors GmbH
Fotografie	Martin Baitinger

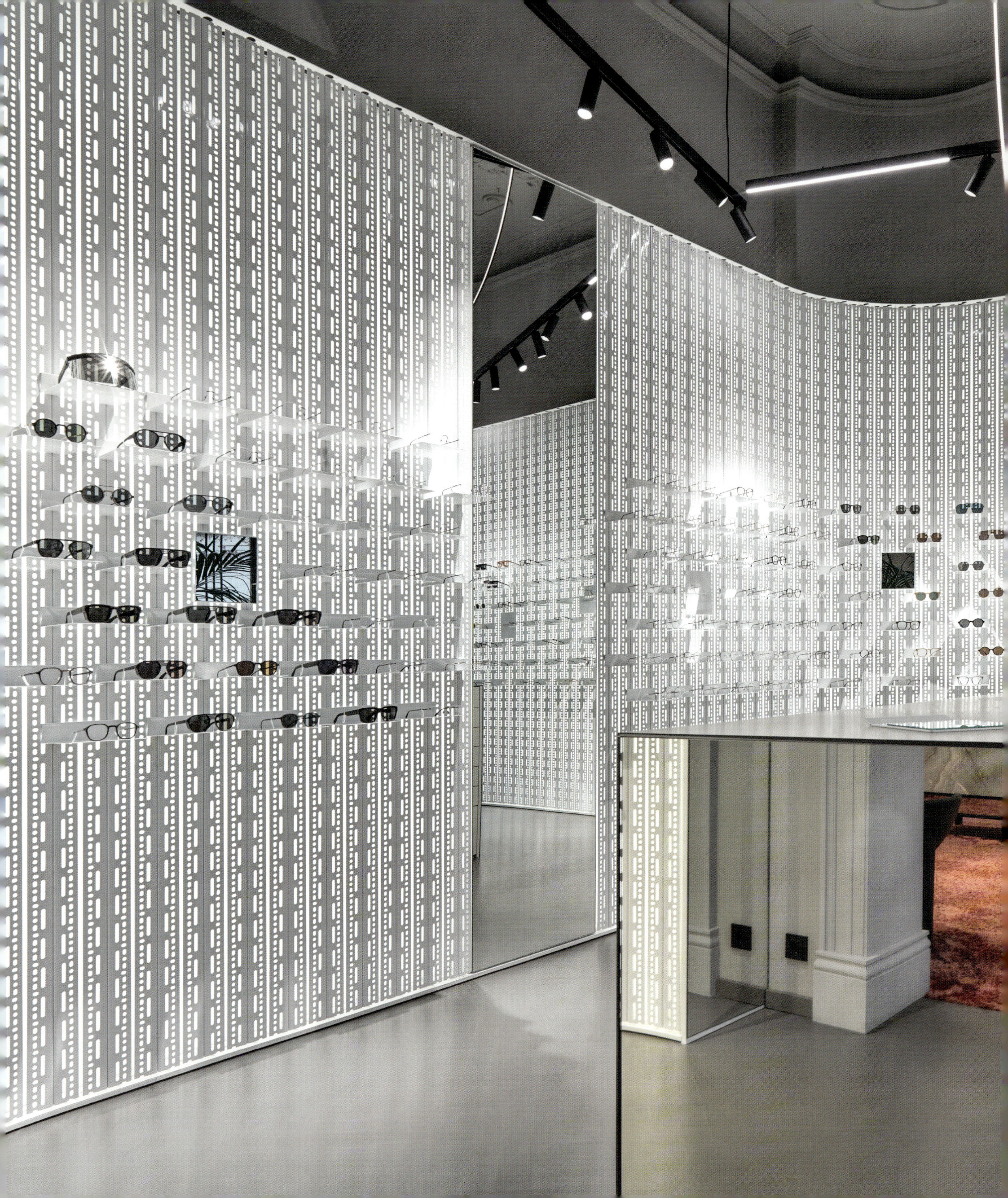

MYKITA — MÜNCHEN

The Look of Lifestyle

Für die Münchner Niederlassung des in einer ehemaligen Kindertagesstätte gegründeten Brillenlabels hielt man sich nicht ganz so streng an das Corporate Design des Unternehmens. Das gekonnte Spiel mit Farben und Oberflächen hat sich ausgezahlt.

Projektdaten

Standort	Am Kosttor 3 80331 München, Deutschland
Eröffnung	2. März 2020
Verkaufsfläche (m²/Etagen)	170/1

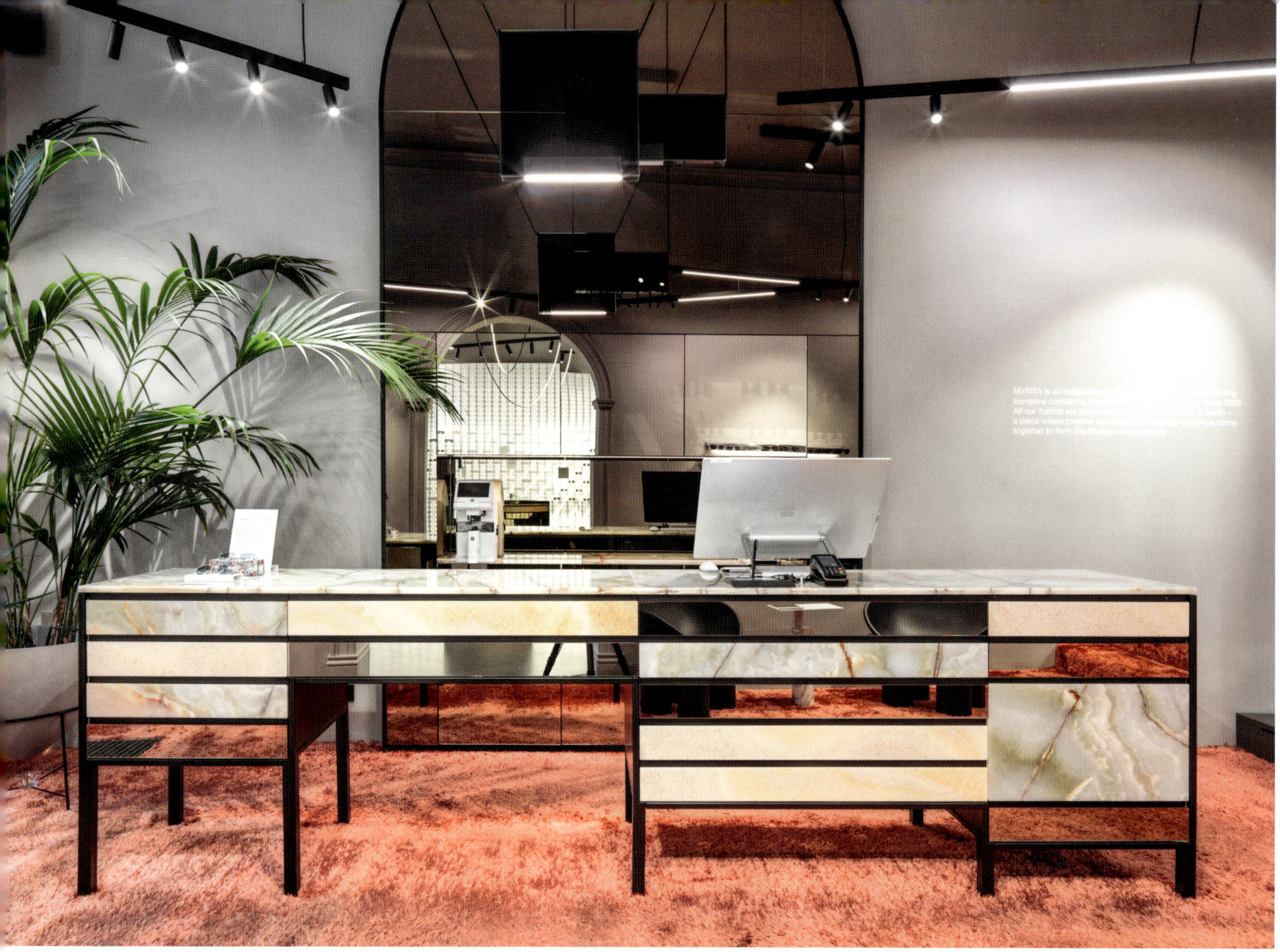

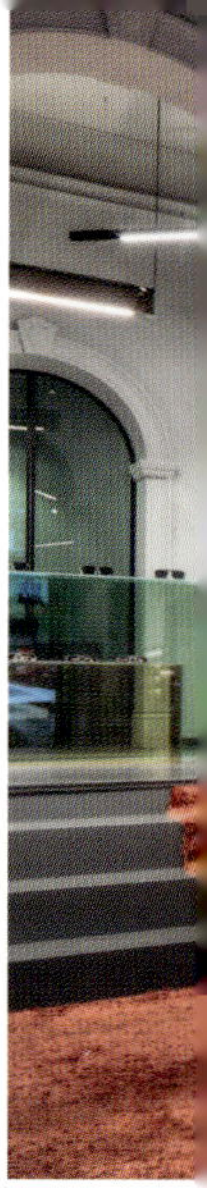

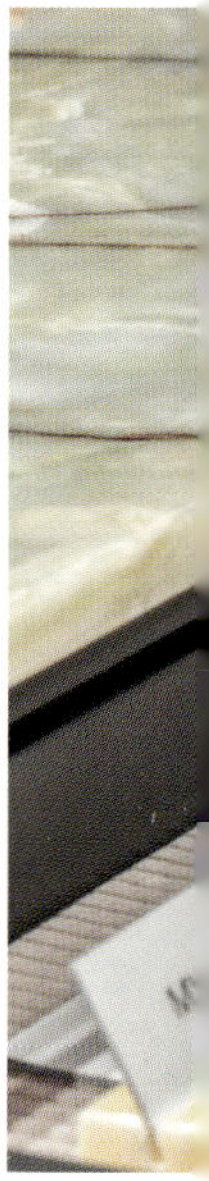

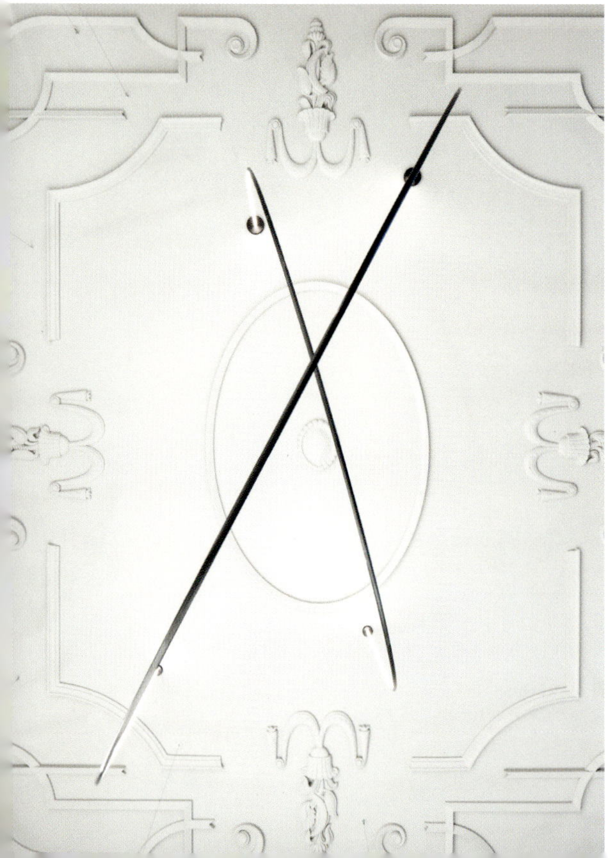

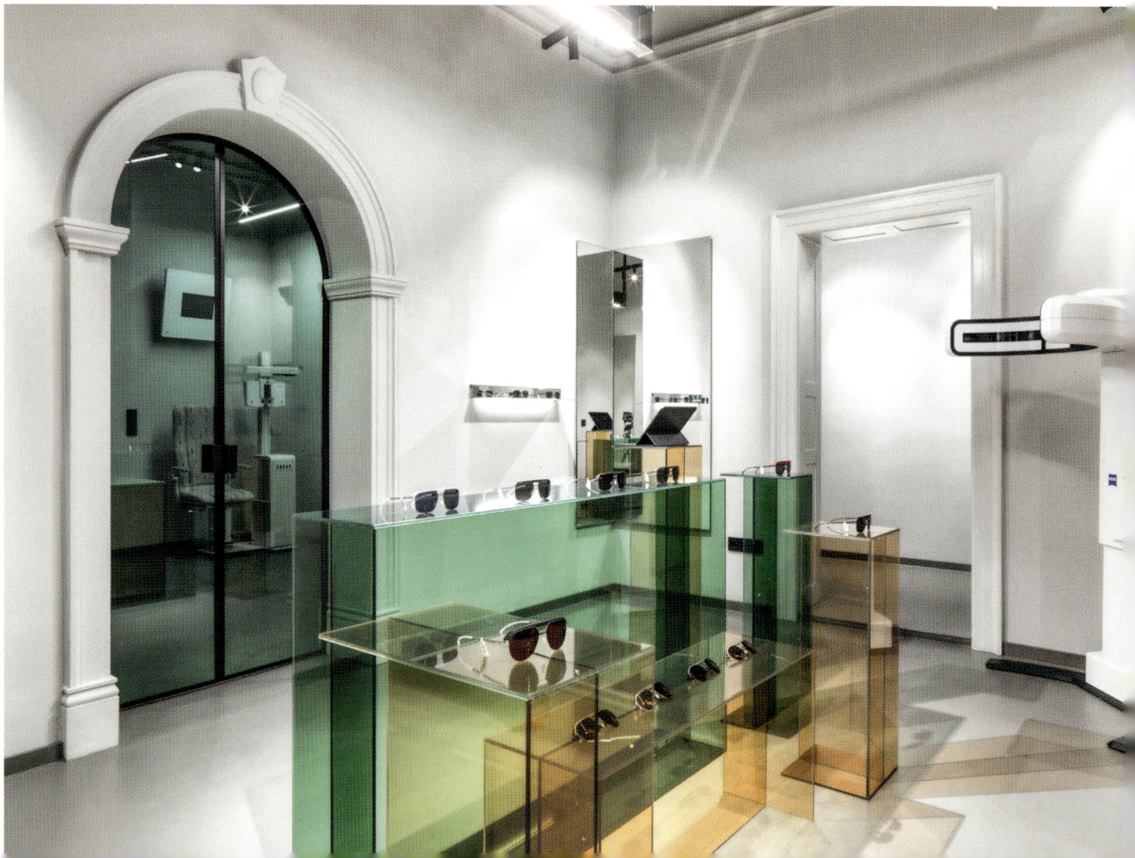

MYKITA — MÜNCHEN

Bangkok, Barcelona, New York, Tokio: Ein kurzer Blick auf die Dependancen der 2003 gegründeten Brillenmanufaktur gleicht einer Kurzfassung ihrer Erfolgsgeschichte. Berühmte Hollywood- und Fußballstars tragen die handgefertigten Sehhilfen aus Berlin genauso gern wie Spitzenpolitiker und Fernsehjournalisten. Kenner können ein Mykita-Modell anhand des unverwechselbaren Spiralgelenks identifizieren, das als perfektes „form follows function"-Detail zum Markenzeichen des Unternehmens und seiner Produkte wurde.

An der Eröffnung eines Mykita-Stores in München überrascht deshalb nur der Umstand, dass Deutschlands inoffizielle Hauptstadt des guten Geschmacks so lange darauf warten musste. Doch dafür ist die weltweit 18. Filiale vielleicht auch die schönste geworden. Das Geschäft unweit der berühmten Maximilianstraße setzt sich mit einem fröhlichen Bekenntnis zum Luxus von der eher minimalistischen Gestaltung der anderen Standorte ab. Schon die großen Bogenfenster und der portalartige Eingang des 1881 errichteten Gebäudes mit seiner historisch-wuchtigen Fassade lassen eine gewisse Pracht vermuten, die in dem 170 Quadratmeter großen Laden eine noble, gleichwohl klar zeitgenössische Gestalt annimmt.

Das Raumprogramm ergab sich aus den Anforderungen an einen Optiker: Neben dem Empfang mit Tresen musste hinreichend Platz für die Präsentation der verschiedenen Brillenkollektionen berücksichtigt werden; außerdem sollten ein Ausstellungsbereich für Sonderkollektionen, eine Lounge, ein Raum für Augenuntersuchungen, ein Labor sowie Mitarbeiterbereiche untergebracht werden. Die Ladenfläche ist daher in drei große Zonen geteilt, in denen die einzelnen Funktionen räumlich und gestalterisch miteinander verknüpft werden. Auch wenn für den Münchner sogar das Corporate Design des Unternehmens teilweise aufgegeben wurde, finden sich die charakteristischen Elemente eines Mykita-Stores auch hier, so die weiße, auf ihre Funktion reduzierte Mykita Wall, Flugzeug-Trolleys und kubische, schlichte Möbel. Doch der schwebende Kassentresen aus pulverbeschichtetem Stahl mit Fronten aus gelben und grünen Onyxplatten oder der bronzefarbene Beratungstresen in seiner spiegelnden Präsenz lassen so etwas wie Nüchternheit gar nicht erst aufkommen. Dazu trägt auch der beherzte Umgang mit Farben und schmeichelnden Materialien bei. Der flauschige Teppich in einem leuchtenden Korall, bunte Polstersessel und die textile Heizungsverblendung verleihen dem Interieur das, was gerade bei Optikern geschätzt werden sollte: Schönheit.

Nicht ganz so reduziert wie die anderen Mykita-Stores, dafür perfekt zu München passend präsentiert sich die 18. Filiale des Unternehmens. Die weiße Brillenwand als Signature Item war allerdings auch hier ein Muss.

Projektpartner

Planung	Stephanie Thatenhorst Interior
Ladenbau	Kienle – Möbel GmbH
Lichtplanung/Beleuchtung	Flos
Boden	Baumeister Raumausstattung GmbH
Fotografie	Günther Egger

137

APOTHEKE BILK — DÜSSELDORF

Durchblick frei Haus

Dass in einer Apotheke mehr passiert, als die Abgabe von rezeptpflichtigen Medikamenten und der Verkauf von Heftpflaster und Kopfschmerztabletten, lässt sich im Düsseldorfer Stadtteil Unterbilk besichtigen. Dort zeigt sich die neue Apotheke in ungewohnter Offenheit.

Projektdaten + Projektpartner

Standort	Bilker Allee 57 40219 Düsseldorf, Deutschland
Eröffnung	16. September 2019
Verkaufsfläche (m²/Etagen)	148/1
Planung	Klaus Bürger Architektur
Ladenbau	Kriwet Projektmanagement GmbH
Lichtplanung	Klaus Bürger Architektur
Beleuchtung	lichtbasis GmbH
Boden	galerie terràmica GmbH
Fotografie	Uwe Spoering

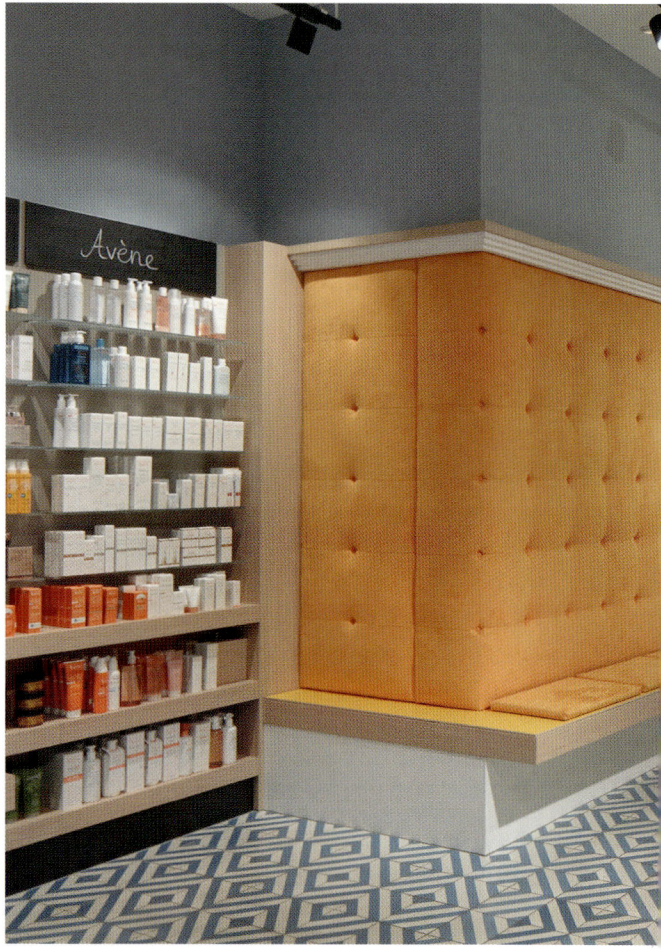

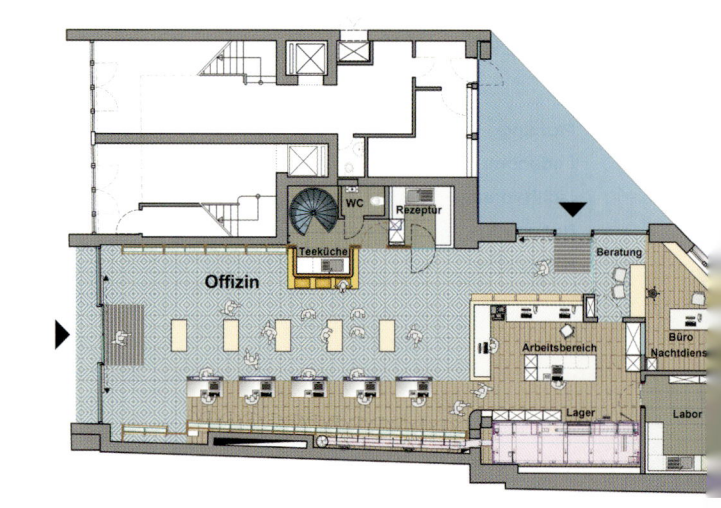

APOTHEKE BILK — DÜSSELDORF

Der Boden aus blau-weißen Zementfliesen zieht sich durch den gesamten Laden und verbindet die unterschiedlichen Bereiche der Apotheke.

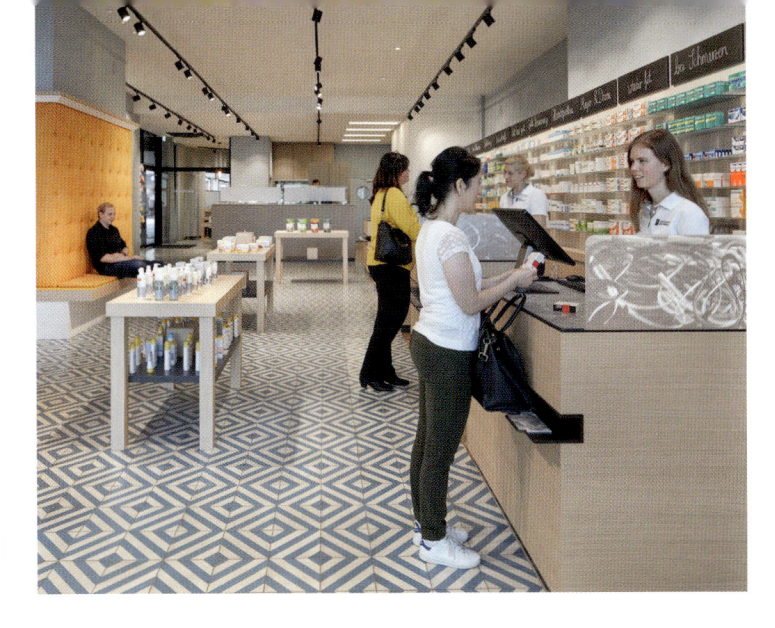

Der Stadtbezirk Unterbilk in Düsseldorf hat viel mit dem Prenzlauer Berg in Berlin gemein. Beide Großstadtquartiere haben sich binnen weniger Jahre von bescheidenen Arbeitervierteln zu Epizentren des modernen Lebensstils gewandelt und gelten hier wie dort als bevorzugte Wohnlage für junge, trendbewusste und geschmackssichere Leute. Doch auch diese Klientel braucht nicht nur Soja-Milchkaffee und vegane Bistros, sondern hin und wieder auch Arzneimittel. Umso besser, wenn dann die Apotheke um die Ecke den verwöhnten Ansprüchen der Kundschaft an gute Innenarchitektur, Atmosphäre und Auswahl entgegenkommt. Der neue Standort der Düsseldorf Apotheke in Unterbilk ist eine von drei gleichnamigen Filialen in der nordrhein-westfälischen Landeshauptstadt. Bei der Einrichtung legten die Inhaber besonderen Wert auf ein freundliches, transparentes Design, das weniger Lifestyle sondern eher Fürsorglichkeit signalisiert und in dem sich die Kundschaft mit ihren Bedürfnissen vor allem willkommen geheißen und ernst genommen fühlt. Der vollverglaste Eingang und das Schaufenster liegen am Ende einer von alten Bäumen gesäumten Sichtachse und spielen diese prominente stadträumliche Situation in Form eines klaren Statements aus: Die zurückspringende große Glasfront wird dezent von oben beleuchtet und ist dank des strahlenden Apotheken-Zeichens auch eine Art Orientierungshilfe. Seine helle, einladende Wirkung verdankt das Geschäft den blau-weißen Zementfliesen, die für den Bodenbelag gewählt wurden und sich vom Eingang bis in den rückwärtigen Bereich der 148 Quadratmeter großen Verkaufsfläche ziehen. Die vier Meter hohe Offizin nimmt den größten Teil des Ladens ein und präsentiert sich als offener, großzügiger Raum. Rechts neben dem Haupteingang erstreckt sich der Verkaufsbereich mit einem langen Tresen, der Platz für fünf großzügig bemessene, mit dezentem Sichtschutz voneinander abgetrennte Kassenbereiche hat. Im Mittelbereich wurden nur schlichte Tische aufgestellt, die den luftigen Gesamteindruck nicht beeinträchtigen und für wechselnde Präsentationen oder Dekoration genutzt werden können. Wer warten muss, sein Mobiltelefon aufladen möchte oder einfach nur den Apothekern bei der Zubereitung der verschriebenen Salbe zusehen will, kann auf einer sonnengelben Sitzbank aus Alcantara Platz nehmen. Im hinteren Teil befindet sich ein Hintereingang sowie der offen einsehbare Arbeitsbereich mit der Rezeptur. Denn ja, Apotheken sind eben doch mehr als nur ein Laden.

PROJECT LOBSTER — BARCELONA

Sehenswert

Auch wenn das Angebot eines Optikerfachgeschäfts auf Brillen beschränkt ist, verändern sich die Erwartungen der Kunden ebenso wie das Unternehmen selbst. Wohl dem, der dafür eine Form gefunden hat, die diesem Wandel gerecht werden kann.

Projektdaten + Projektpartner

Standort	Calle Verdi 27 08012 Barcelona, Spanien
Eröffnung	12. Dezember 2019
Verkaufsfläche (m²/Etagen)	55/1
Planung	Destudio Arquitectura
Fotografie	Project Lobster

PROJECT LOBSTER — BARCELONA

Der schmale Laden entwickelt sich in die Tiefe und mündet am Ende im transluzent verglasten Labor.

Der Lobster, zu deutsch: Hummer, kann nur wachsen, indem er seine zu klein gewordene Schale regelmäßig abstreift. Allein in seinem ersten Lebensjahr wechselt er seine stabile Hülle gut 40 mal, und wenn man den Meeresbiologen glauben darf, sind diese Vorgänge mit großen Anstrengungen für das Tier verbunden. Die Verbindung von Wachstum und Häutung liegt auch dem Selbstverständnis eines Unternehmens zugrunde, das sich seit seiner Gründung im Jahr 2018 ganz allmählich entwickelt hat und mit der Eröffnung des ersten Flagshipstores eine passende, keineswegs starre Fassung seiner selbst präsentiert.

Das Optikfachgeschäft in Gracia, dem wohl schönsten Innenstadtquartier Barcelonas, umfasst 70 Quadratmeter und macht mit seiner durchlässigen, luftigen Atmosphäre auch gleich der Geschäftsphilosophie einer jungen Firma alle Ehre, die nicht nur die Preise aller Fertigungsschritte, sondern sogar die Gehälter ihrer Beschäftigten veröffentlicht.

Die einfach geschnittenen Räumlichkeiten erstrecken sich weit in die Gebäudetiefe. Diese Flucht wird von den horizontal strukturierten Präsentationselementen entlang der Wände sowie den schlichten Leuchtröhren an der Decke stark betont. Der massive betongraue Kubus in der Mittelzone dient der Ausstellung von Brillenmodellen, als dienliche Ablage oder der pointierten Schau einzelner Kollektionen und wirkt zugleich wie ein Fels in der Brandung. Als strukturierendes Element markiert er den Ausstellungsbereich, dem sich eine Wartezone anschließt. Dort lädt ein gestaffeltes Podium aus hellem Holz, versehen mit Steckdosen zum Aufladen der mobilen Endgeräte, Sitzkissen und einer stabilen Wlan-Verbindung zum Verweilen ein. Der großflächige Wandspiegel direkt gegenüber den Sitzflächen ist auch eine Aufforderung, noch ein paar Brillenmodelle zu probieren. Die Zeit bis zur Augenprüfung, die im dahinterliegenden Untersuchungsbereich stattfindet, lässt sich nicht besser verbringen.

Wie bei Optikern üblich, lohnt sich der Blick auf die Details. Die eigens entworfenen Wandregale erweisen sich als höchst flexible Funktionsträger, die dank des geometrisch präzisen Aussparungs-Rasters eine harmonische, gleichwohl abwechslungsreiche Anordnung der schlichten weißen Warenträger erlauben. Als Module konzipiert, können sie mit der zunehmenden Produktvielfalt wachsen, aber auch als dekorative Wandverkleidungen eingesetzt werden.

PANIS EYEWEAR — OISTERWIJK

Augenschmaus

Glamour ist auch eine Frage der Optik. Umso schöner, dass sich ein Brillenfachgeschäft in den Niederlanden diese Einsicht zu Herzen nimmt und seinen Laden in eine Bühne für die darstellende Kunst seiner Kundschaft verwandelt.

Projektdaten + Projektpartner

Standort	De Lind 35 A 5061 HS Oisterwijk, Niederlande
Eröffnung	16. November 2019
Verkaufsfläche (m²/Etagen)	141/1
Planung	King Kongs
Ladenbau	E3 Interieurbouw
Lichtplanung	BAERO B.V.
Beleuchtung	BÄRO GmbH & Co. KG
Fotografie	Richard Sinte Maartensdijk

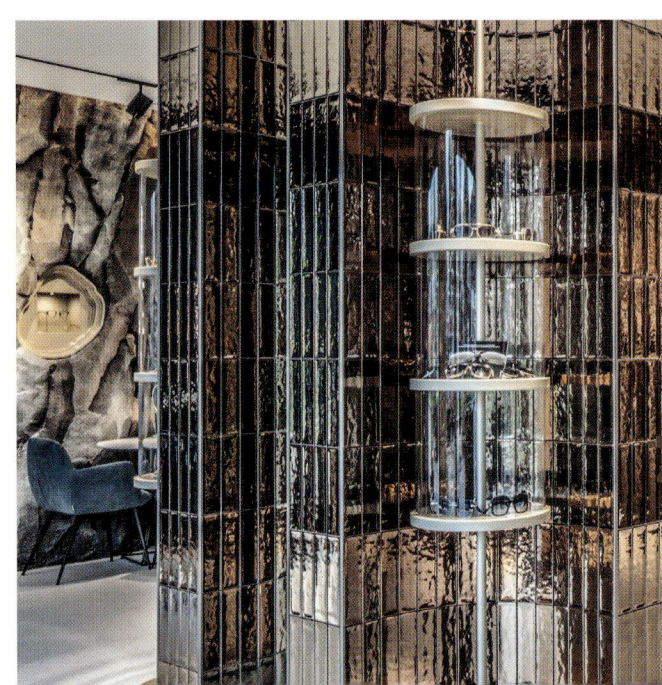

PANIS EYEWEAR — OISTERWIJK

Der neue Laden bietet eine phantastische Kulisse für die Selbstbespiegelung mit neuer Brille. Dafür nutzt er die illusionistischen Elemente des Bühnenbaus.

Optikern eilt der solide, manchmal fast berechenbare Ruf eines Fachgeschäfts voraus, in dem flüchtige Moden genauso wenig verloren haben wie der flamboyante Auftritt. Schade eigentlich. Denn die Referenzgröße „Popstar" erweist sich für Präsentation und Verkauf von Brillen als überaus anregende Formatvorlage. Den Mut dazu brachte der Inhaber eines Optikerfachgeschäfts in einer holländischen Kleinstadt auf, der seiner von jeher unkonventionellen und überraschenden Brillenauswahl nun ein Ladenkonzept auf den Leib schneidern ließ. Für Staunen sorgt schon der Gegensatz zwischen dem im traditionellen Stil errichteten Gebäude an der Einkaufsstraße De Lind und dem spektakulären Inneren, das mehr Theaterbühne als Fachgeschäft zu sein scheint. Die Wände der insgesamt 141 Quadratmeter großen Räumlichkeiten geben sich mal als schroffer Fels, dann als hochveredelte Schleifputzfront in sattem Preußisch Blau; goldgleißende Fliesen an ausladenden Halbsäulen sowie unterschiedlich große Spiegel in diversen Formaten könnten auch aus dem Fundus eines Opernhauses stammen. Keine Frage, es geht hier weniger um die Brillen als vielmehr um ihre Trägerinnen und Träger, die der Laden in Hauptdarsteller verwandelt. Die beeindruckenden Effekte verdanken sich freilich einer ausgeklügelten Lichtplanung, die zum einen die individuellen Qualitäten der eingesetzten Materialien und Oberflächen hervorkehrt, zum anderen über die je nach Zone differenzierten Lichtfarben den Raum gliedert und in einer Art indirekter Regie auch die einzelnen Bereiche des Ladens in eine spannungsvolle Beziehung setzt. Die naturgemäß unscheinbaren Produkte werden in Wandaussparungen, auf Regalen und an reduzierten vertikalen Warenträgern präsentiert und über Spotreflektoren ins rechte Licht gesetzt. Das Raum-Spektakel erfährt durch die flächenbündig in die Decke eingelassenen, linearen Stromschienen eine gewisse Beruhigung; die Beratungsplätze sind dank der speziellen Einbauleuchten ebenfalls perfekt ausgeleuchtete Inseln der Sachlichkeit.

BARA HEALTH BY NATURE —
KFAR SABA

Zwischen Pflanze und Kunde

Nicht nur die gestalterischen Grenzen zwischen klassischer Apotheke und Drogerie verschwimmen, auch auf der Ebene des Sortiments gibt es Bewegung. Die große Beliebtheit naturheilkundlicher Verfahren hat inzwischen eigene Formate hervorgebracht, in denen moderne Pharmazie und alternative Ansätze kein Widerspruch mehr sind.

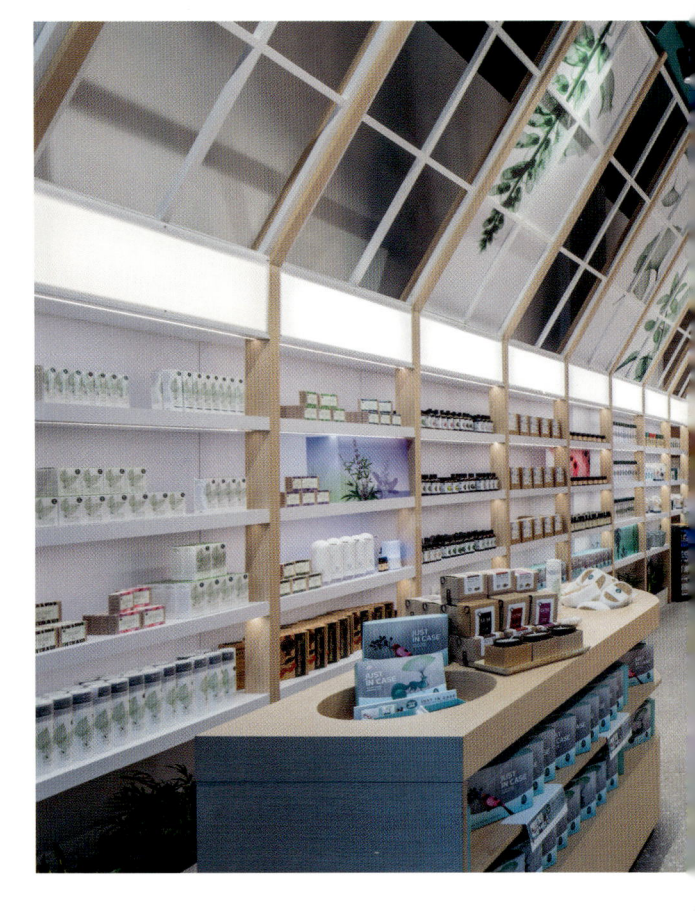

Projektdaten + Projektpartner

Standort	Rapaport Street 3 Kfar Saba, Israel
Eröffnung	1. Februar 2020
Verkaufsfläche (m²/Etagen)	55/1
Store Design	Graphic Design Lana Revenko
Planung	Studio Samuelov
Lichtplanung	The Soho Lighting Company
Boden	Alony
Konzept/Visual Merchandising	Avraham ADV
Fotografie	Uzi Porat

BARA HEALTH BY NATURE — KFAR SABA

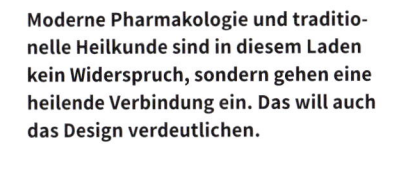

Moderne Pharmakologie und traditionelle Heilkunde sind in diesem Laden kein Widerspruch, sondern gehen eine heilende Verbindung ein. Das will auch das Design verdeutlichen.

Die Geschichte des Unternehmens nimmt ihren Anfang, als Sharon Kotzer, ein in Großbritannien ausgebildeter Phytotherapeut, vor gut 20 Jahren in sein Heimatland Israel zurückkehrt und dort eine pflanzenheilkundliche Klinik eröffnet. Die eingesetzten Arzneien und Anwendungen werden mit eigens entwickelten Verfahren vor Ort hergestellt, für die moderne pharmazeutische Technologien ebenso relevant sind wie das uralte Wissen um die Heil- und Wirkungskräfte von Kräutern und Pflanzen. Die zertifizierten Behandlungen haben nun eine schöne Nebenwirkung: Zahlreiche Produkte aus der Bara-Klinik gibt es auch im freien Verkauf, für den jüngst ein eigener Laden eröffnet wurde. Ausgangspunkt für die Gestaltung war der Gründungsgedanke der Klinik: moderne Pharmazeutika in Kombination mit den heilenden Wirkungen natürlicher Substanzen sowie ein Raum, in dem die Bedürfnisse und Wünsche des Menschen als natürlichem Wesen im Zentrum stehen.

Aus der Perspektive des Angebots ist das Geschäft ein Zwitter aus Apotheke und Drogerie; baulich-typologisch erinnert es indes an ein Gewächshaus, in dem freilich mehr gedeiht als nur Pflanzen. Der helle Terrazzoboden, die Möbel und Einbauten in einem kräftigen, dunklen Türkis sowie die Stirnwand mit ihrer Verkleidung aus lehmfarbenen Criaterra-Tonfliesen bilden einen harmonischen Rahmen für die Präsentation der Produkte. Dafür wurden Regale entwickelt, die an die Tragstruktur eines Gewächshauses erinnern und den Raum in eine schützende Hülle transformieren. Auf der gegenüberliegenden Seite sind die Regalfronten von großformatigen, gezielt ausgeleuchteten Rundrahmen durchsetzt, in denen Grafiken und bebilderte Botschaften etwas über die Mission des Unternehmens erzählen. Überlebensgroße Abbildungen von Kräutern und Pflanzen korrespondieren mit echten Gewächsen, die in Töpfen zu Füßen der Regalfronten gedeihen. Beratungs- und Präsentationsmöbel sind so gestaltet, dass es kein Dahinter oder Davor gibt, sondern nur fließende Kommunikation. Lediglich der Kassentresen an der Stirnseite des Raums unterscheidet zwischen Kunden und Mitarbeitern. Denn gleich dahinter geht es durch eine verborgene Tür direkt in die Klinik.

„Besser ist das neue gut" – höherer Effekt bei weniger Kosten im stationären Einzelhandel

Wie kann ich als Retailer eine Online Strategie mit dem stationären Handel verbinden und damit den Abverkauf im Store erhöhen?

Auch wenn der Onlinehandel weiter wachsen wird, hat der stationäre Handel weiterhin einen massiven Vorteil: die direkte Warenverfügbarkeit. Auch haptische Aspekte und z.B. Passform spielen eine große Rolle.

Ob Digital Native oder nicht, jeder hat gute sowie weniger gute Erfahrungen mit Online Shopping gemacht. Der Faktor Mensch fehlt dabei in großen Teilen und das spüren wir gerade sehr deutlich in der sozialen Isolation. Hier kann der stationäre Handel mit persönlicher Beratung und menschlichem Kontakt punkten. Auf empathische und emotionale Art etwas zu erklären und direkt Antworten auf Fragen geben, das kann der Verkäufer im Laden noch immer am besten.

Wie kann sich der Kunde unter den neuen Bedingungen im Ladengeschäft trotzdem sicher und wohl fühlen?

Neue Präsentationsformen können den persönlichen Hygienebedürfnisse des Kunden entgegenkommen. Unter Einbeziehung von modernsten Technologien kann gleichzeitig ein Einkaufserlebnis geschaffen werden, das Offline, sowie Online Shoppingtypen anspricht.

Multisensorische medientechnische Lösungen können hier entsprechend unterstützen. Neben LED Wänden und digitalen Sanitizer-Displays mit Informations- und Brand-Content, geht der Trend zu Projection Mapping, In-Store-Music und Duftreizen. Die Synergie von Online und Offline kann durch Membership Apps, Social Media Kampagnen und Instore Tracking erreicht werden. So kann eine homogene Erlebniswelt aufgebaut werden, die synchron die Shopper-Typen anspricht.

Online & Offline Welten zu verbinden und ein echtes Omnichannel Business aufzubauen, versprechen die größten Erfolgschancen. Der Kern ist die Entwicklung von Store-Konzepten und Methodiken, in denen Ladenflächen auf neue Art genutzt werden und ich als Händler auf eine höhere Emotionalisierung setze, die der Onlinehandel so nicht bieten kann.

Dafür kann ich mir als Unternehmen entsprechende Fragen stellen. Die Antworten darauf und die Maßnahmen, die dabei getroffen werden müssen, sind so individuell wie das Shop- & Brand-Konzept selbst

Wie kann die PMS dabei helfen?

Multisensorische Retail Konzepte inkl. der genannten Gedanken und Thematiken sind unsere Kernkompetenz. Um diese theoretischen Ansätze konkret umzusetzen, bieten wir Ihnen als dlv Mitglied folgendes an:
Sie investieren 2 Stunden Zeit, wir investieren 2 Stunden Zeit. Wir möchten Ihnen bei einem online Termin nach einer Ist-Stands-Analyse konkrete Lösungsvorschläge geben, die in ihre zukünftige Strategie passen. Individuell und kostenfrei.

Schreiben Sie dazu einfach eine E-Mail mit dem Betreff „DLV 2021 PMS" an beratung@perfect-media-solutions.de

Stefan Pagenkemper
(Geschäftsführer)

PMS Perfect Media Solutions GmbH
Hoheluftchaussee 108   D-20253 Hamburg
Tel: +49 40 8080 3963 0   beratung@perfect-media-solutions.de
www.perfect-media-solutions.de

BÄRO
Retail Lighting

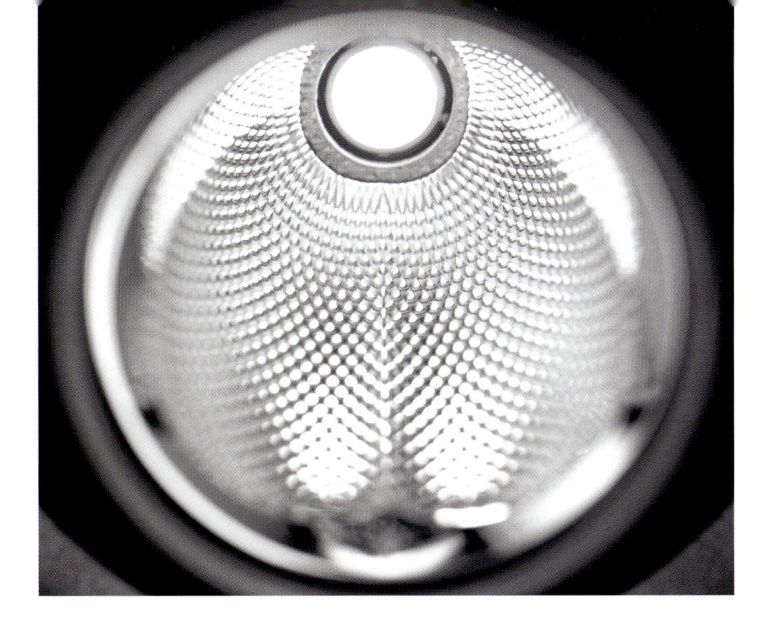

Intara SX: Das kleine Licht- und Raumwunder in der Decke

Nur eine Handvoll Technik – aber mit dem Anspruch und dem Potenzial, unter den Deckeneinbauleuchten eine Führungsrolle zu übernehmen, in Retailprojekten wie auch in vielen anderen Architektursegmenten: die neue Serie Intara SX, mit hochaktueller LED-Technik und modernen Optiken. Downlight, Richtstrahler und Wandfluter bieten ungewöhnlich präzise und effiziente Lichtverteilungen mit viel Lichtstrom bei extrem kompakter Bauweise.

Zu den prägnantesten Gestaltungsmerkmalen der Leuchten gehört ihr rot eloxierter Kühlkörper. Er sorgt bei der werkzeuglosen Installation für einen Wow-Effekt und symbolisiert, dass es sich bei der SX Serie trotz des kleinen Formats um echte Leistungsträger handelt. 40 mm Lichtaustritt, 70 mm Einbauöffnung, 70 mm Leuchtenhöhe, 90 mm Einbautiefe: Das sind die Abmessungen, die für äußerste Flexibilität bei Planung und Positionierung stehen und die Intara SX zu einem kleinen Licht- und Raumwunder machen.

Reflektortechnik aus dem Lichtlabor: Wallwash-Optik markiert den Anspruch

Nicht nur in der Retailarchitektur, sondern in hochwertigen Interieurs jeder Art dient homogenes Vertikallicht dazu, Räume zu definieren. Ein deckenbündiger Lichtansatz mit einer hervorragenden Gleichmäßigkeit gibt Orientierung und lässt Räume hell und weit wirken. Der Wandfluter bildet somit – neben dem Richtstrahler und dem Downlight – das Kernstück der innovativen, patentierten Reflektoroptiken der Intara SX. Sie bieten exakte Lichtlenkung und höchste Blendfreiheit bei ausgezeichnetem Sehkomfort mit maximaler Effizienz und Effektivität.

Die neue Natürlichkeit des künstlichen Lichts: sonnenlichtähnliche Vollspektrum-LEDs

Mit dem innovativen Lichtspektrum BeNature bietet die SX ein neues Premiumlevel bei Farbklarheit und Farbtreue: Ihr Licht lässt nicht nur Oberflächen, Materialien und Raumumgebungen absolut natürlich erscheinen, sondern fördert durch seine sonnenlichtähnliche Zusammensetzung auch das Wohlbefinden der Menschen in entsprechend beleuchteten Räumen.

GERMAN DESIGN AWARD WINNER 2021

BÄRO GmbH & Co. KG
Wolfstall 54-56   D-42799 Leichlingen
info@baero.com   www.baero.com

ALLES AUSSER GEWÖHNLICH

Es gibt Stores, an die man sich nach Jahren noch erinnert, weil sie auf vielfältige Weise einzigartig sind. Die Innenarchitektin und Bühnenbildnerin Nicole Srock.Stanley hat Erfahrungen mit betörenden Kulissen, was für den Erfolg ihrer Arbeit nicht unerheblich sein dürfte. Als Mitgründerin der Berliner dan pearlman Group ist sie für den Geschäftsbereich Markenarchitektur verantwortlich und kann auf eine lange Liste mit namhaften internationalen Auftraggebern aus dem Einzelhandel verweisen. Ihre Konzepte beschränken sich nicht auf die Verschönerung von Oberflächen, sondern dringen an den Kern eines gelungenen Store-Konzepts vor: das Erlebnis.

Nicole Srock.Stanley,
CEO & Founder dan pearlman Group

Welche Rolle spielt das Store-Design in Bezug auf den Erfolg eines Ladens? Ist es nur ein Mosaiksteinchen oder der wichtigste Trumpf, den der stationäre Handel hat?

Der wichtigste und vielleicht auch einzige Trumpf, den der stationäre Handel hat, lässt sich in der Formel „Mehr Erlebnis pro Quadratmeter" vereinen. Dieser Perspektivwechsel ist entscheidend für eine Branche, die jahrzehntelang alles dem Umsatz pro Quadratmeter untergeordnet hat. Doch mehr Erlebnis auf der Fläche bedeutet mehr Umsatz pro Quadratmeter. Diese Formel habe ich vor zehn Jahren entwickelt und sie ist heute aktueller denn je.

ALLES AUSSER GEWÖHNLICH

» Wo sonst kann Shopping alle Sinne so zielgerichtet ansprechen, zu einem umfassenden Erlebnis werden und den Konsumenten nachhaltig glücklich machen, wie in einem echten Laden? «

Warum?	Retail ist Teil der Freizeitindustrie; Shopping ist gewissermaßen auch Entertainment. Menschen geben Zeit aus, nicht Geld. Je knapper also die Ressource „freie Zeit" ist, umso wählerischer werden die Menschen, wenn es darum geht, diese freie Zeit möglichst perfekt auszufüllen. Anders formuliert, wir wollen aus unserer freien Zeit eine einzigartige lebensbereichernde Erfahrung machen, eine „memorable experience".
Was macht eine „memorable experience" aus?	Das hat viel mit Psychologie zu tun. Denken Sie an Ihre erste Auslandsreise oder eine bestandene Abschlussprüfung – das sind Erlebnisse, die prägend sind. Auch wenn wir im Laufe unseres Lebens noch viele schöne Reisen unternehmen oder Bewährungsproben hinter uns bringen, bleiben doch nur bestimmte singuläre Eindrücke im Gedächtnis.
Was heißt das für den Handel? Muss er ständig dafür sorgen, dass seine Kunden dem Zauber einer neuen, ersten Erfahrung erliegen und sich dauernd neu erfinden?	Nein, er muss nur dafür sorgen, dass seine Kunden eine zauberhafte erste Erfahrung machen, denn nur dann kommen sie auch wieder. Das sollten sich alle Retailer und insbesondere der stationäre Handel wirklich zu Herzen nehmen. Denn wo sonst kann Shopping alle Sinne so zielgerichtet ansprechen, zu einem umfassenden Erlebnis werden und den Konsumenten nachhaltig glücklich machen, wie in einem echten Laden? Der Mensch ist ein physisches Wesen. Kein Online-Shop kann dieses ganzheitliche Erlebnis für alle Sinne ersetzen.
Welche Elemente halten Sie für ein außergewöhnliches Store-Design für unverzichtbar?	Was jeder von uns im Einzelnen unter einem tollen Retail-Erlebnis versteht, ist durchaus individuell. Nachweislich wirken Erlebnisse aber dann besonders nachhaltig, wenn sie passive oder sogar aktive Partizipation anbieten, den Menschen involvieren oder absorbieren, ästhetisch ansprechend und unterhaltend sind und vielleicht dem Kunden auch ein Bildungserlebnis bieten. Doch ein gutes Shopping-Erlebnis ist in erster Linie eine Flucht aus dem Alltag, kurz, ein „Eskapismus". Wir tauchen dabei ab in eine andere Welt, die uns neue Sinneseindrücke verschafft. Dabei gilt: Je intensiver diese Immersion ausfällt, desto intensiver sind auch das Erlebnis und der Eskapismus-Effekt. In dieser Transformation vom Alltag zum maximalen Erlebnis begründet sich auch die Erfolgsformel des modernen Retail. Früher galt: viel verkaufen und wenig unterhalten. Heute ist es genau umgekehrt. Um gut zu verkaufen, ist viel Unterhaltung nötig.

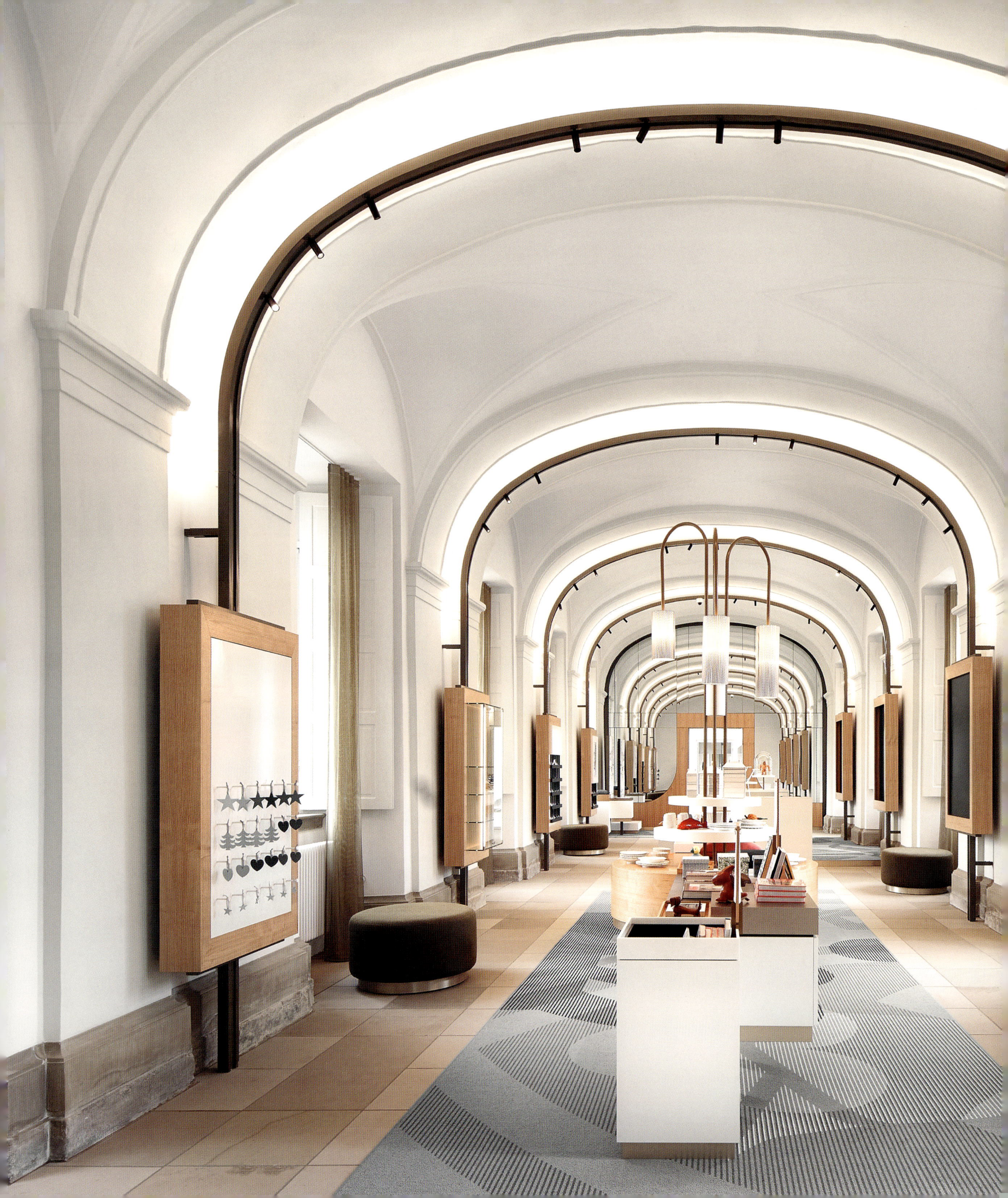

MUSEUMSSHOP RESIDENZSCHLOSS — LUDWIGSBURG

Moderne im Adelsstand

Wenn es darum geht, barocke Architektur mit zeitgemäßen Funktionen zu versehen, gerät der Auftritt der Gegenwart entweder zu verschämt oder allzu selbstgewiss. Dass es auch ohne die Betonung der Unterschiede zwischen Alt und Neu geht, lässt sich in der ehemaligen württembergischen Residenz betrachten.

Projektdaten

Standort	Schlossstraße 30 71634 Ludwigsburg, Deutschland
Eröffnung	24. September 2020
Verkaufsfläche (m²/Etagen)	150/1

MUSEUMSSHOP RESIDENZSCHLOSS — LUDWIGSBURG

Die Ergänzung historischer Architektur erfordert besondere Zurückhaltung, denn der Denkmalschutz erlaubt keine strukturellen Eingriffe in die bestehende Substanz. Daher beschränkt sich die Einrichtung von Museumsshop und Eingangsbereich auf flexibles Mobiliar und den differenzierten Einsatz von Beleuchtungssystemen. Die sachlich-moderne Formensprache der maßgefertigten Elemente fügt sich harmonisch ein und legt ganz nebenbei die schöne Strenge barocker Architektur frei.

Der Eingangsbereich mit dem großen, geschwungenen Empfangstresen gibt das Leitmotiv der neuen Ergänzungen vor. Die von betonten Deckenbögen unterteilten Raumabschnitte erscheinen als luftige Enfilade. Der Zugang in Gestalt eines hölzernen Portals spielt mit den barocken Formen.

Projektpartner

Planung	Komo GmbH
Fotografie	Philip Kottlorz

MUSEUMSSHOP RESIDENZSCHLOSS — LUDWIGSBURG

Auch wenn es eher selten vorkommt, ist der Ladenbau manchmal dem Adel verpflichtet. In diesem Fall den Hausherren des Residenzschlosses Ludwigsburg, das sich seinen durchschnittlich gut 300.000 Besuchern im Jahr seit kurzem mit einem neuen Entree präsentiert. Dafür wurde eine ausladende Kuppelhalle mit etwa 300 Quadratmetern Fläche direkt hinter dem Eingang als räumlicher Zusammenhang von Museumskasse und Museumsshop gestaltet. Angesichts der kostbaren Bausubstanz galt es, den Umbau gemäß den strengen Auflagen des Denkmalschutzes zu konzipieren und von Eingriffen in die historischen Strukturen abzusehen. Dass die neuen Funktionen dennoch auf fast natürliche Weise mit dem Bestand zu verwachsen scheinen, verdankt sich indes keiner übervorsichtigen Zurückhaltung, sondern einem intelligenten Konzept. Es ist der Planung gelungen, ein Maximum an Funktionen unter minimalem Einsatz von Einbauten, Mobiliar und Technik zu realisieren. Als zentrales Element dienen dabei die in den Raum gestellten Bögen, die immer Beleuchtung, wahlweise aber auch Warenträger, Display oder Bildschirmträger sind. Auf der Außenseite jedes Bogenabschlusses befindet sich ein LED-Band, das die Gewölbedecke anstrahlt und für eine indirekte, weiche Grundbeleuchtung sorgt. Die im Innenrund angebrachten Spots erlauben die pointierte Ausleuchtung von Details oder einzelner Produkte – je nach Nutzung und erwünschter Lichtsituation.

» Entstanden sind Räume, die dem historischen Bestand schmeicheln, ihn unterstreichen und sich seiner annehmen. «

Zwei große Möbel – der Kassentresen und die Präsentationstafel des Museumsshops – sind unverkennbar Zwillinge, weisen aber funktionsspezifische Eigenheiten auf. So entspricht der Kassentresen selbstverständlich den Vorgaben der Arbeitsstättenrichtlinie und lässt über eine eigens integrierte Fußbodenheizung sogar eine individuelle Temperatursteuerung für die Mitarbeiter zu. Außerdem findet in seinem wuchtigen Korpus auch der Leihrollstuhl für entsprechend bedürftige Besucher Platz. Für die Produktpräsentation wurde ein verspringender Korpus mit Ecken und Kanten, aber auch gefälligen Rundungen entwickelt, auf dem die angebotenen Produkte – Bücher, Kunsthandwerk, Geschenkartikel und kleine Accessoires – ansprechend drapiert und inszeniert werden können. Ergänzt wird die Präsentationstafel von einzelnen, flexibel platzierbaren Podesten und Vitrinen. In der Beschränkung auf zarte Weiß-, Gold- und Beigetöne, Massivholz sowie schlichte, geradlinige Formen erweisen sich die neuen Einbauten als vielfältig begabte Neuzugänge, die wissen, was sich bei Hofe gehört.

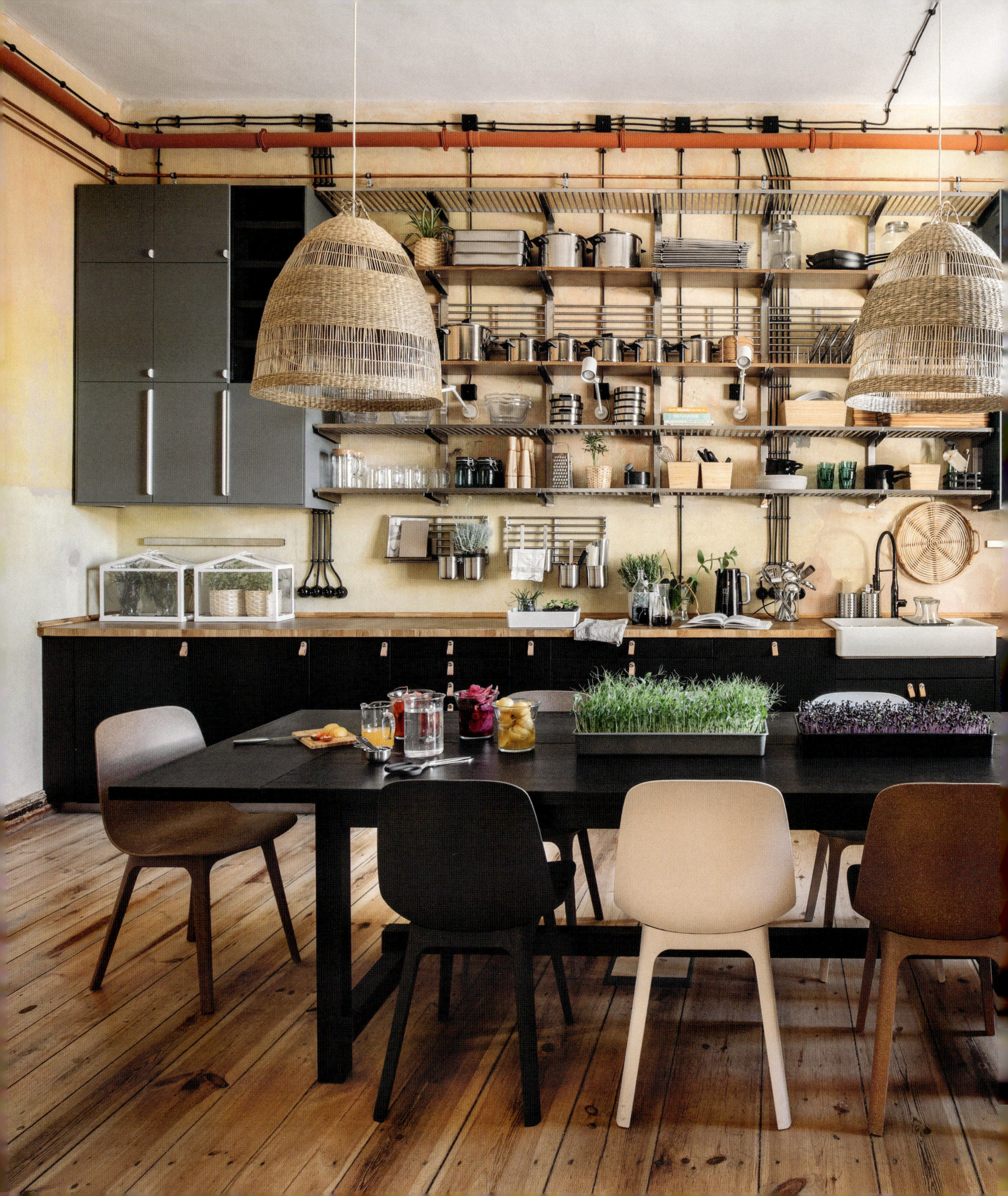

IKEA HOME OF TOMORROW — STETTIN

Anders als gewohnt

Wie sollen wir leben? Ikea beantwortet diese Generationenfrage am praktischen Beispiel. Der experimentelle Store zeigt mit den bewährten Mitteln der Lebenswelt-Inszenierung, welche Visionen der schwedische Möbelhersteller für das Zuhause der Zukunft entwickelt hat.

Projektdaten

Standort	Monte Cassino 6 05-090 Szczecin, Polen
Eröffnung	18. Juni 2020
Verkaufsfläche (m²/Etagen)	250/1

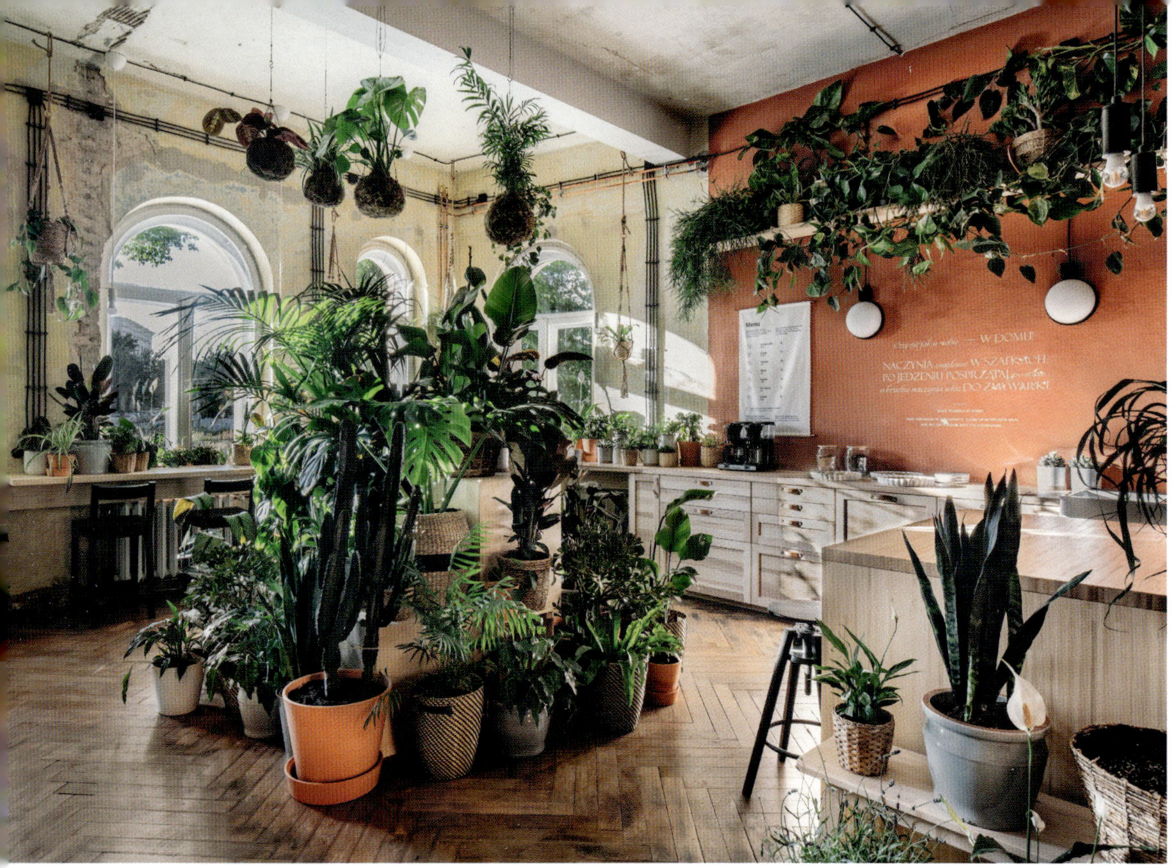

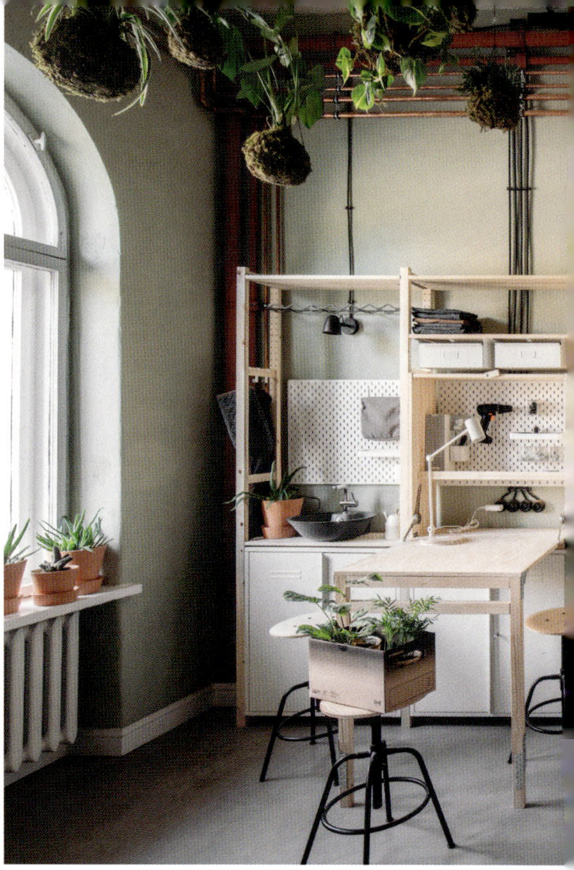

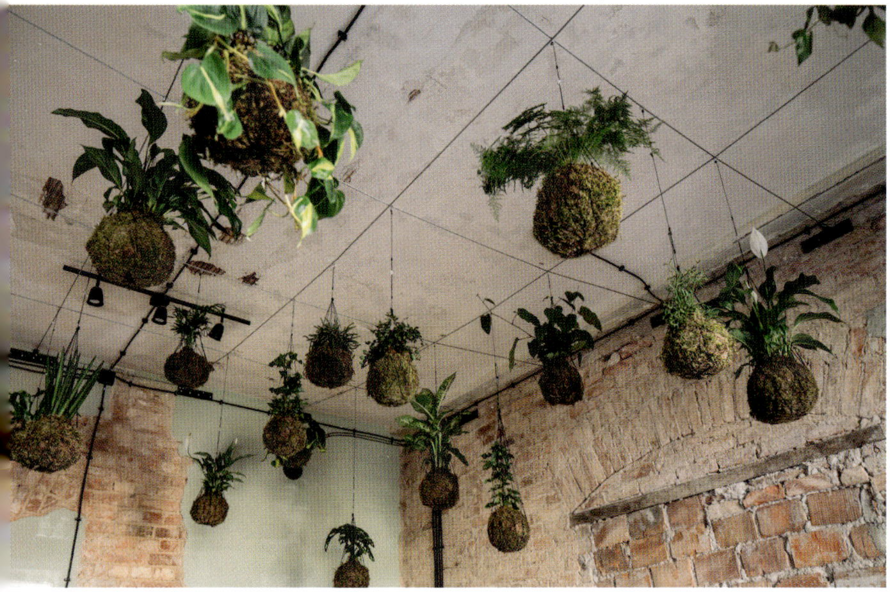

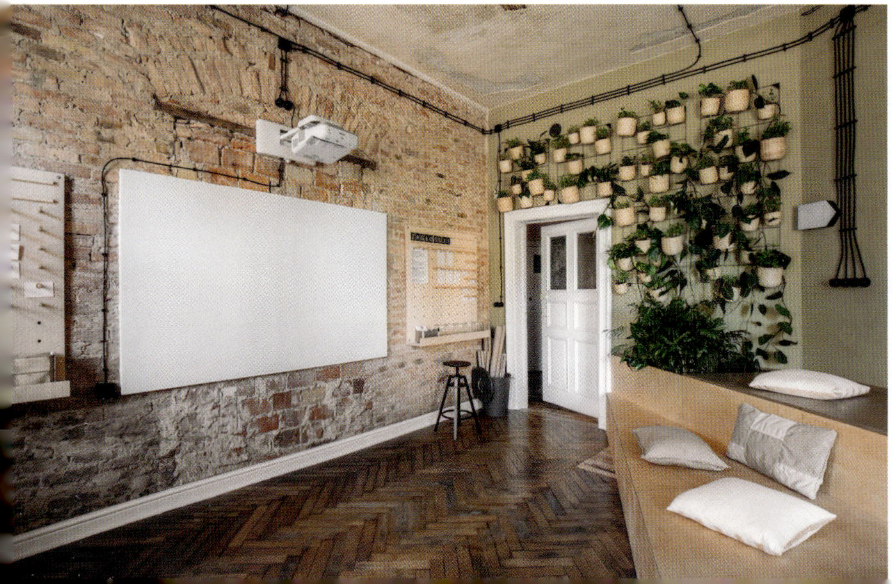

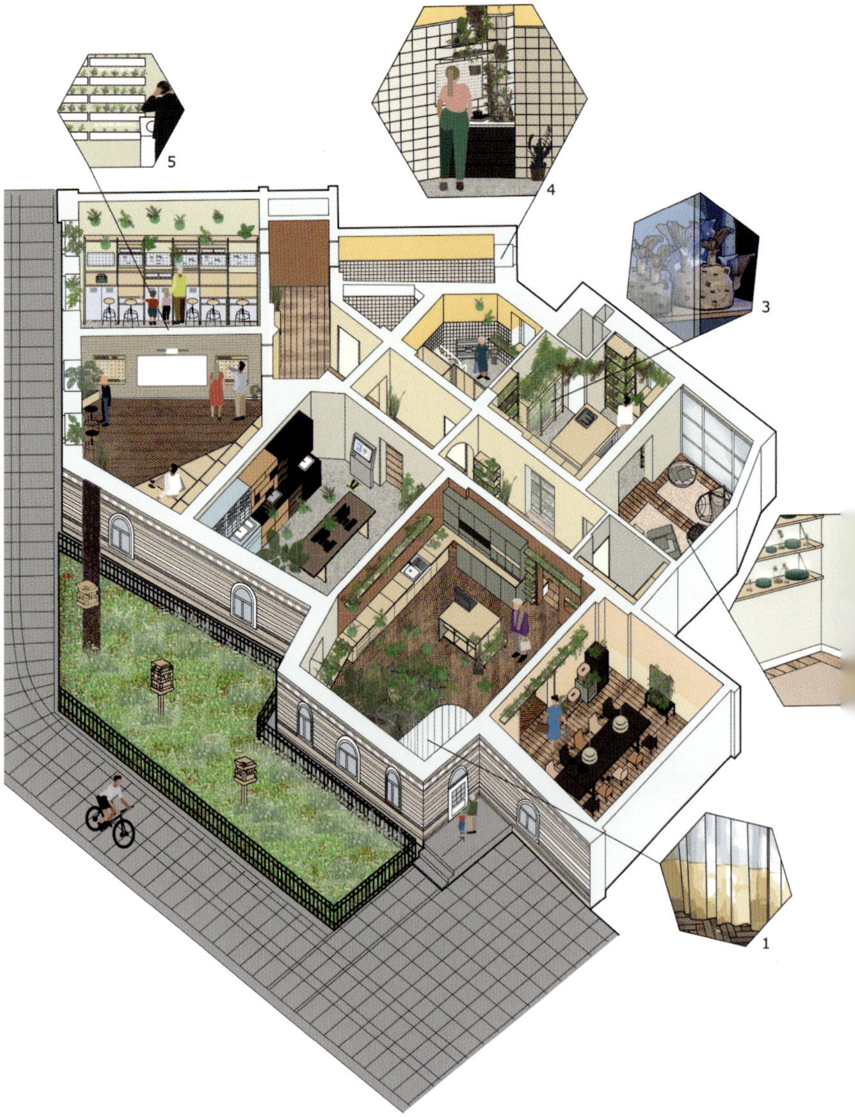
5
4
3
1

IKEA HOME OF TOMORROW — SZCZECIN

Der schwedische Möbelkonzern kehrt mit diesem Pilotprojekt zu seinen Wurzeln zurück. Die Schlichtheit unbehandelter Kiefer, ein auf das Minimum reduzierter Einsatz von Kunststoffen und unzählige Grünpflanzen rufen Erinnerungen an die alternativen Wohnkonzepte der ersten Öko-Generation wach. Zugleich kehrt Ikea auch dem Prinzip Möbelgroßmarkt den Rücken und findet zurück in die Mitte der Stadt.

Projektpartner

Store Design	Must be Loud
Planung	Justyna Puchalska und Paulina Grabowska
Fotografie	Hanna Polczynska

Diese 600 Pflanzen hätten sich keinen geschützteren Ort für ihr Werden und Vergehen suchen können. Während draußen die Wetterextreme zunehmen, Feinstaub und Erdversiegelung das natürliche Wachstum hemmen, sprießen Gartenkresse und Farne, Gummibaum und Bambus in einer 250-Quadratmeter-Altbauwohnung in Szczecin nach Herzenslust. Im „Home of Tomorrow" lebt der Mensch mit der Natur im Einklang und kann seinen Lebensraum unmittelbar selbst gestalten. Es bedarf nur etwas Wasser und einer raffinierten Beleuchtung, und schon garantiert die Photosynthese saubere Atemluft und gesundes Raumklima. Ach, wenn es nur so einfach wäre. Doch Ikea, immer ganz vorn, wenn es um das Aufspüren neuer Megatrends geht, zeigt mit diesem Pilotprojekt, dass die Wohnkultur der Zukunft sich nicht allein auf plastikfreies Hygge-Feeling beschränkt, sondern aus der Bereitschaft zur Beschränkung auf das Einfache, Zeitlose wächst und den Mangel an Grün, vor allem in der Stadt, über Zimmerpflanzen kompensiert. Die Einrichtung ist unverkennbar an der Leichtigkeit und Klarheit der japanischen Wohnkultur geschult; Holz, Naturtöne und Weiß dominieren. Inmitten dieser neuen Generation nachhaltig produzierter Ikea-Möbel, die für Jedermann erschwinglich sind, blühen Menschen und Pflanzen auf. Großstadt-Singles, die auf dem Stuhl Odger sitzen, werden hier wie von selbst mit dem Orangenbäumchen im Regal Ivar reden – und schon fühlen sie sich weniger allein. Mehr noch: Mit ihrer Zuwendung sorgen sie erwiesenermaßen für mehr Blüten und größere Früchte. Um sich in diesem ehrwürdigen, aber sympathisch gealterten Domizil wohl zu fühlen, bedarf es keiner unbezahlbaren Generalsanierung. Mit nur etwas Improvisationsgeschick und mit einfachsten Mitteln lassen sich gedeihliche Wohn- und Arbeitsbedingungen schaffen. Im Raum herrscht das Prinzip der perfekten Unvollkommenheit, das Schöne wird mit dem Nützlichen verbunden. Wer sich auf die Gegebenheiten und das abgewetzte Fischgrätenparkett einlässt, hat auch keine Angst vor Wasserspritzern oder Blumenerde auf dem Boden. Die unverputzten Oberflächen, die offen liegenden Rohre und Überputzleitungen gewinnen durch die kuriosen Arrangements aus Hängetöpfen, Blumenampeln und exotischem Grünzeug sogar einen Reiz. Kreativität – das macht diese effektvolle Inszenierung den Kunden des schwedischen Möbelhauses deutlich – ist in jeder Lebenslage Trumpf. Das Interieur ist weitestgehend organisch und Teil eines ewigen Naturkreislaufes. Wer mit der Natur auf Du und Du lebt, dem blühen zur Belohnung Amaryllis und Zimmerlinde auch im Schlafzimmer.

SLOWEAR
VENEZIA

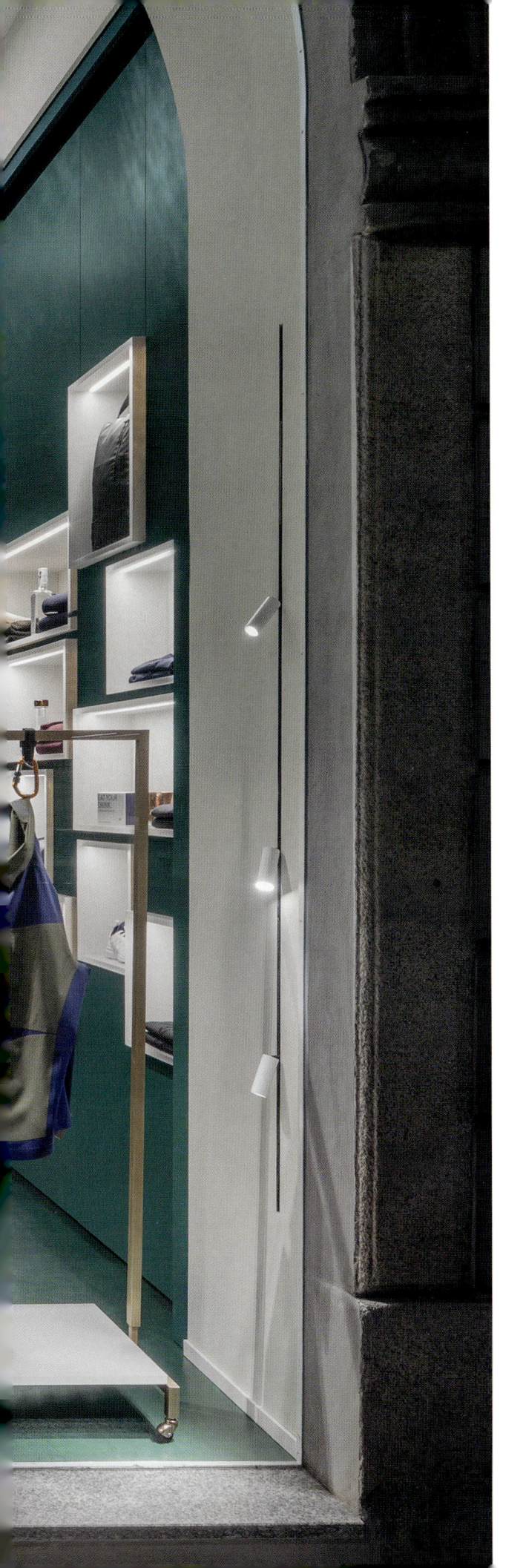

SLOWEAR18 — MAILAND

Das Grün der Lagune

Wenn sich Minimalismus in Opulenz verwandelt, darf von Alchemie in der Innenarchitektur die Rede sein. So ein Fall ist die Mailänder Dependance eines Modehändlers aus Venedig. Er hat mit seinem neuen Geschäft den Ton einer von Schönheit und Reichtum verwöhnten Großstadt getroffen.

Projektdaten

Standort	Via Solferino 18 20121 Mailand, Italien
Eröffnung	6. Dezember 2019
Verkaufsfläche (m²/Etagen)	95/1

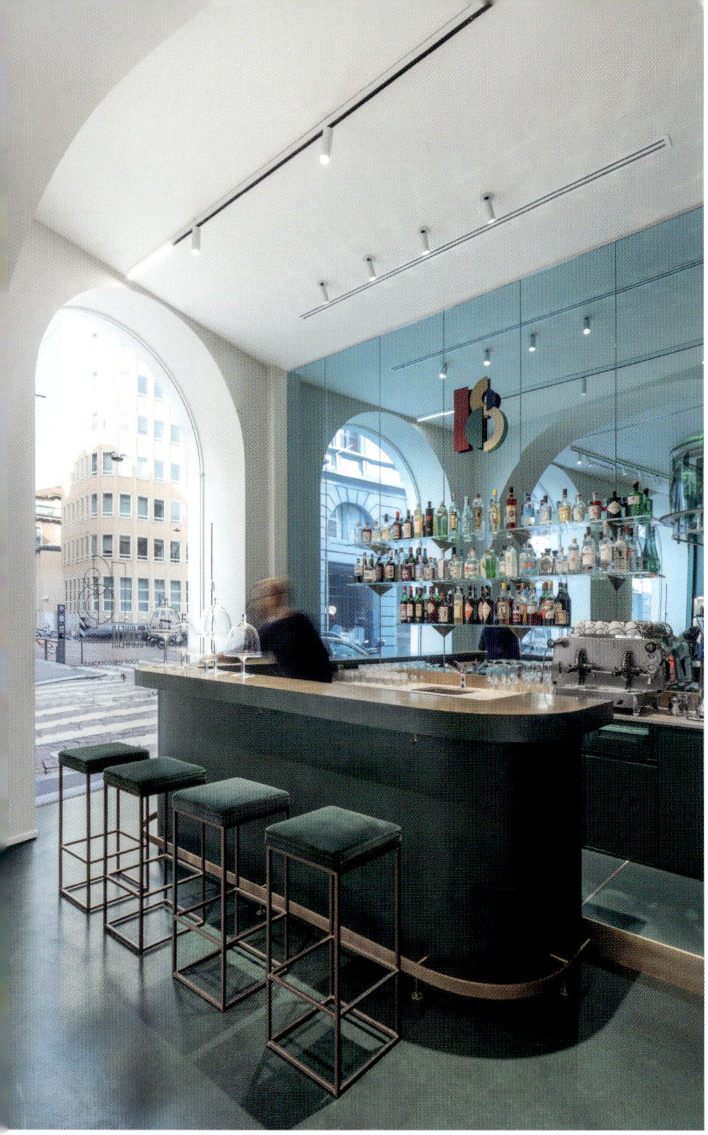
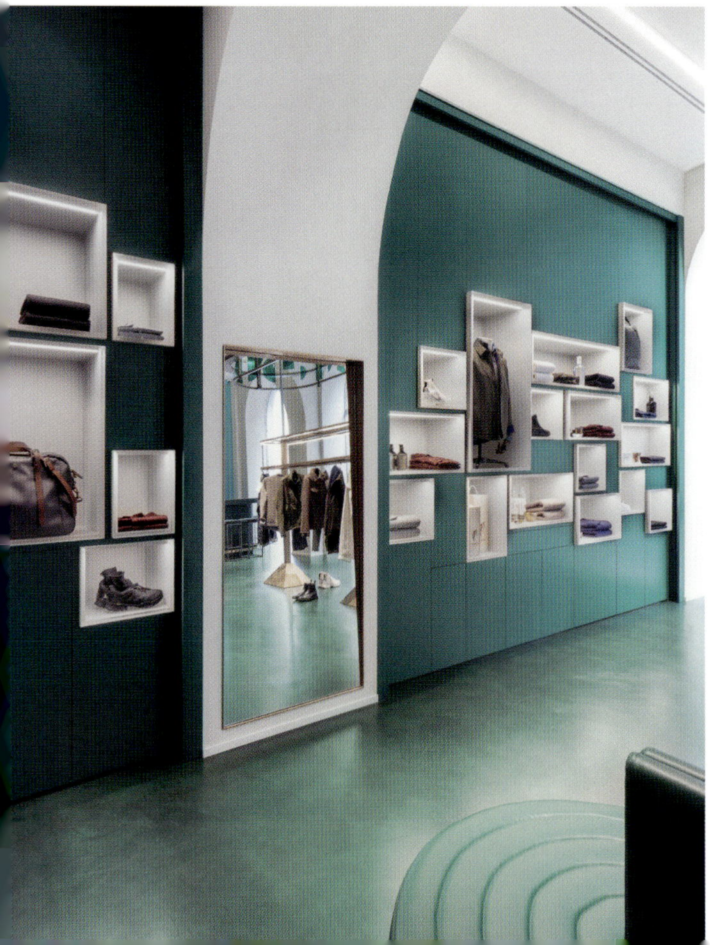
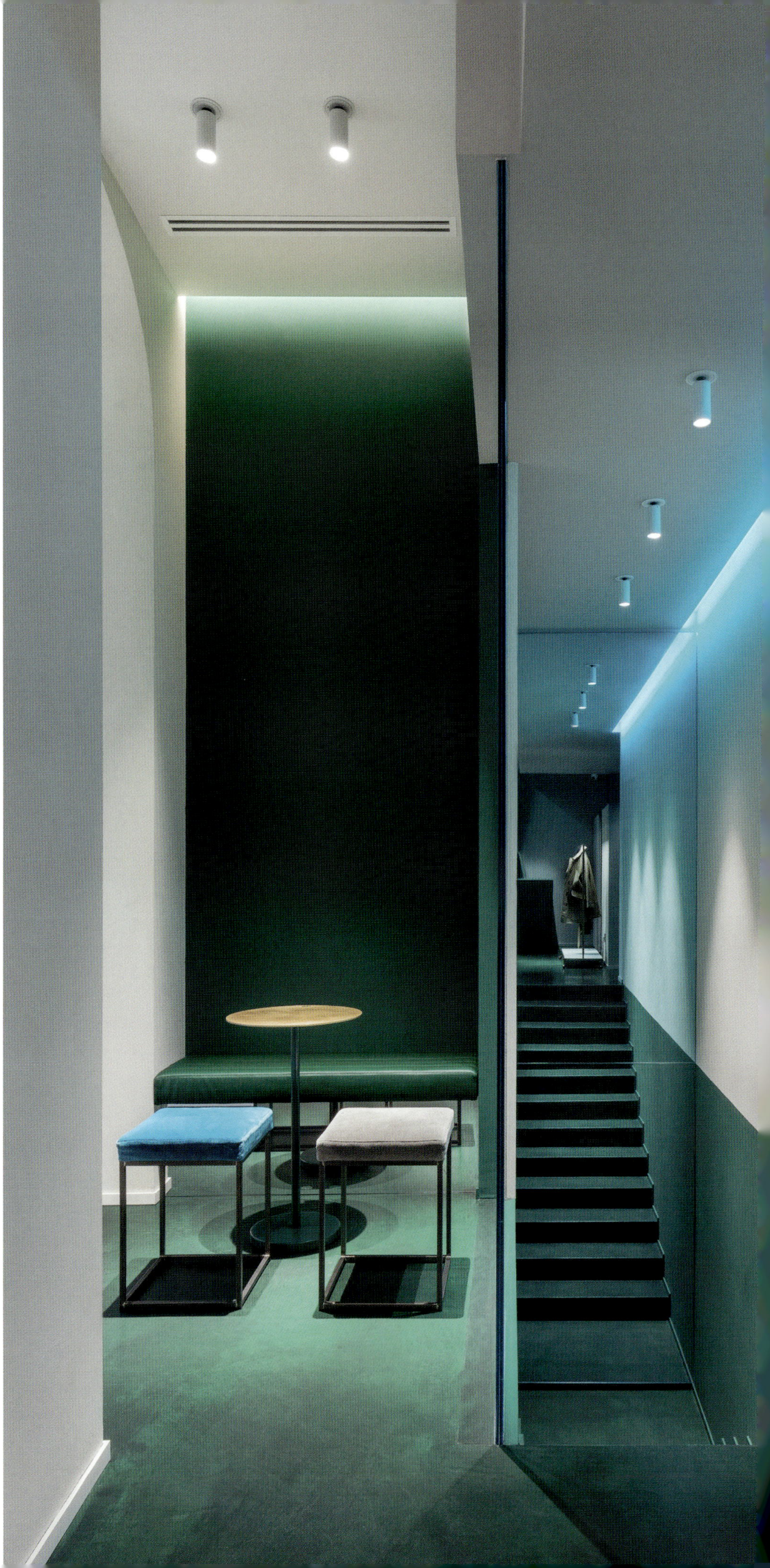

SLOWEAR18 — MAILAND

Empfindliche Luxusmode und leicht enthemmtes Bar-Getümmel schließen sich eigentlich aus. Ob die „Bitte nicht anfassen"-Routinen einer Fashionboutique mit dem Ausschank von Negroni versöhnt werden können, ist eine Frage der Planung. Sämtliche Details des Ladens lassen sich sowohl für den Verkaufs- als auch für den Barbetrieb nutzen. Sogar der Leuchter (Seite 160) wird abends zum geselligen Stehtisch.

Projektpartner

Planung	Visual Display S.r.l.
Ladenbau	Camagni Arredamenti S.r.l.
Lichtplanung	Flos
Fotografie	Alessandro Saletta

In Mailand, einer an extravaganten Boutiquen nicht armen Stadt, geben drei raumhohe Bogenfenster nördlich des historischen Zentrums den Blick auf einen exquisiten Raum frei, der von Galerie über Design-Studio bis hin zum Mode-Atelier alles Mögliche sein könnte. Und er ist sogar noch mehr. In der Via Solferino 18 hat ein Concept-Store eröffnet, der gleich mehrere Bestimmungen erfüllt. Tagsüber eine exklusive Modeboutique, in der auch Kaffee ausgeschenkt wird, verwandelt sich die gute Adresse abends ab 19 Uhr in eine Cocktailbar. Entsprechend hoch her geht es auf den nicht einmal 100 Quadratmetern. Der Raum ist klar gegliedert und hell ausgeleuchtet. Die plastischen Aussparungen in den edel verputzten Wänden wirken wie große Passepartouts, die jedes Produkt in ein Artefakt verwandeln. In diesem Rahmen, so die Botschaft, gibt es nur Spektakuläres und Preziosen, sei es das maßgefertigte Interieur oder die handverlesene Ware. Der Hausherr, ein in Venedig beheimateter, experimentierfreudiger Premiumhändler, hat für die Modemetropole Mailand den richtigen Ton getroffen und beweist sowohl in Sachen Store-Konzept als auch Sortiment Gespür für Ort und Zeit. Die ausgesuchten Damen- und Herrenkollektionen sowie Accessoires sind sich, so scheint es, in dieser Umgebung auf wundersame Weise selbst genug. Das Zeug zur Sehenswürdigkeit hat ein ovaler Kronleuchter, der mehr ein Kunstwerk ist. Das ovale Op-Art-Objekt aus Messing, Holz und grünem Murano-Glas, das tagsüber unter der Decke schwebt, senkt sich nach Ladenschluss herab und verwandelt sich in eine Vitrine, in der die ausgestellten Kleidungsstücke verschwinden und die außen umlaufende Holzleiste zur Abstellfläche für das Negroni-Glas wird. Der gläserne Korpus korrespondiert über Reflexionen mit den großflächigen Fenstern und Spiegeln. In ihm bricht sich auch das Kunstlicht feiner LED-Schläuche und Punktstrahler. Eine gewisse Magie geht auch von den satten Farben im Raum aus. Die reinen Töne entfalten dank des warmen Weißgraus an Decke und Wänden eine unglaubliche Strahlkraft. Das Grün des Kunstharzbodens trifft auf türkisfarbene Wandflächen und hochwertig verarbeitete Messingdetails. Einen so aufregenden wie mysteriösen Akzent setzt ein voluminöser Stoffvorhang in Königsblau. Er hängt zwar nur vor der Umkleidekabine, doch sein ausgeleuchteter Faltenwurf könnte auch von einem gotischen Mariengewand stammen. Ein Bartresen mit Hockern, in Flaschengrün gehalten, vervollständigt den Raum. Spätestens zur blauen Stunde beginnen die Flaschen mit den feinen Spirituosen zu funkeln wie Edelsteine. Vergesst die Mode, was bleibt, ist Genuss.

TÜRKISCHES TEEKANNEN-SET
WILLKOMMEN
KOCHE, GRILLE UND BACKE
MAL ANDERS

SALLYS WELT FLAGSHIPSTORE — MANNHEIM

Alles echt

Wie wird aus einem Youtube-Star ein erfolgreiches Handelsformat? Vor dieser Frage könnte die Branche in Zukunft öfter stehen. Denn Berühmtheit in den Sozialen Medien lässt sich mit dem richtigen Konzept auch in Umsätze vor Ort konvertieren.

Projektdaten

Standort	Q6/Q7 1 68161 Mannheim, Deutschland
Eröffnung	15. Mai 2020
Verkaufsfläche (m²/Etagen)	230/1

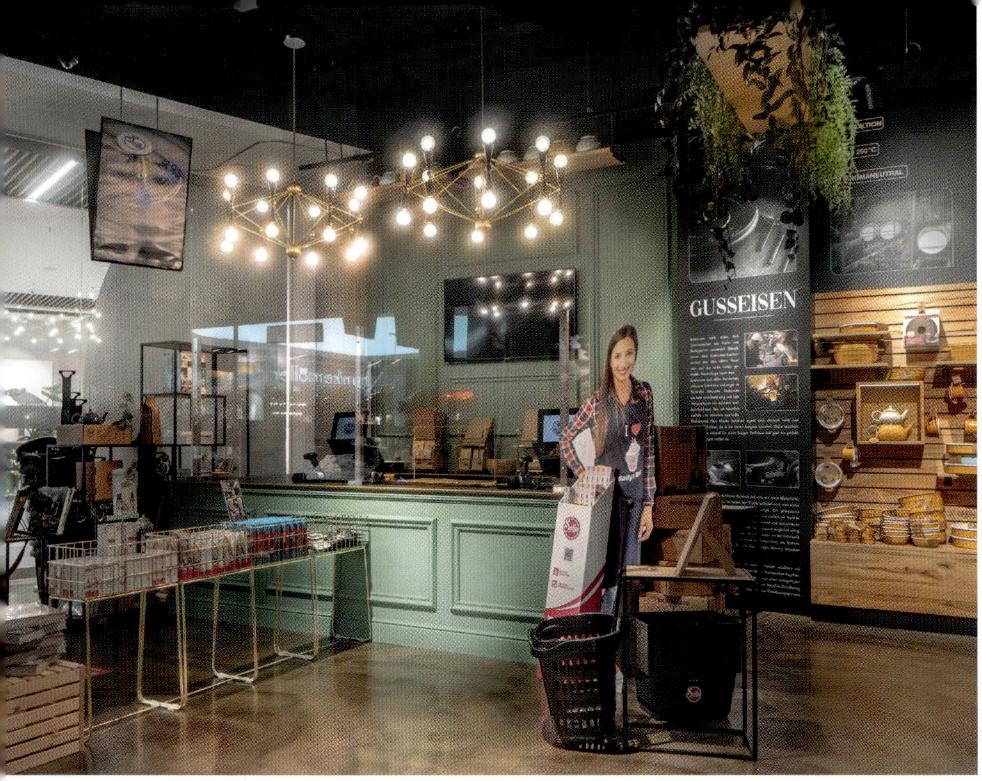
GUSSEISEN

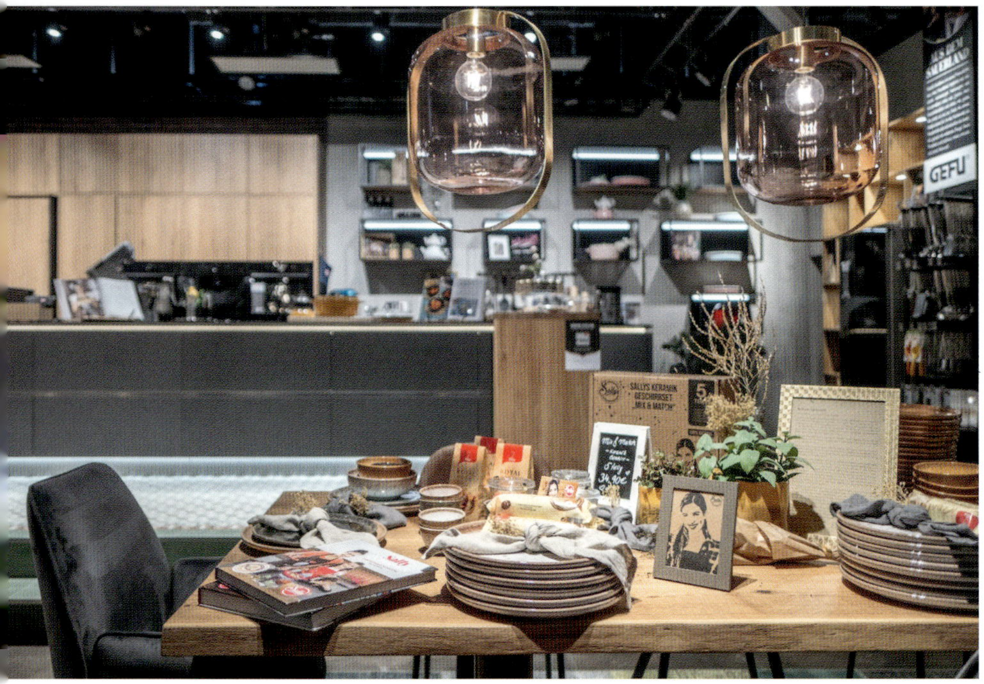
GEFU

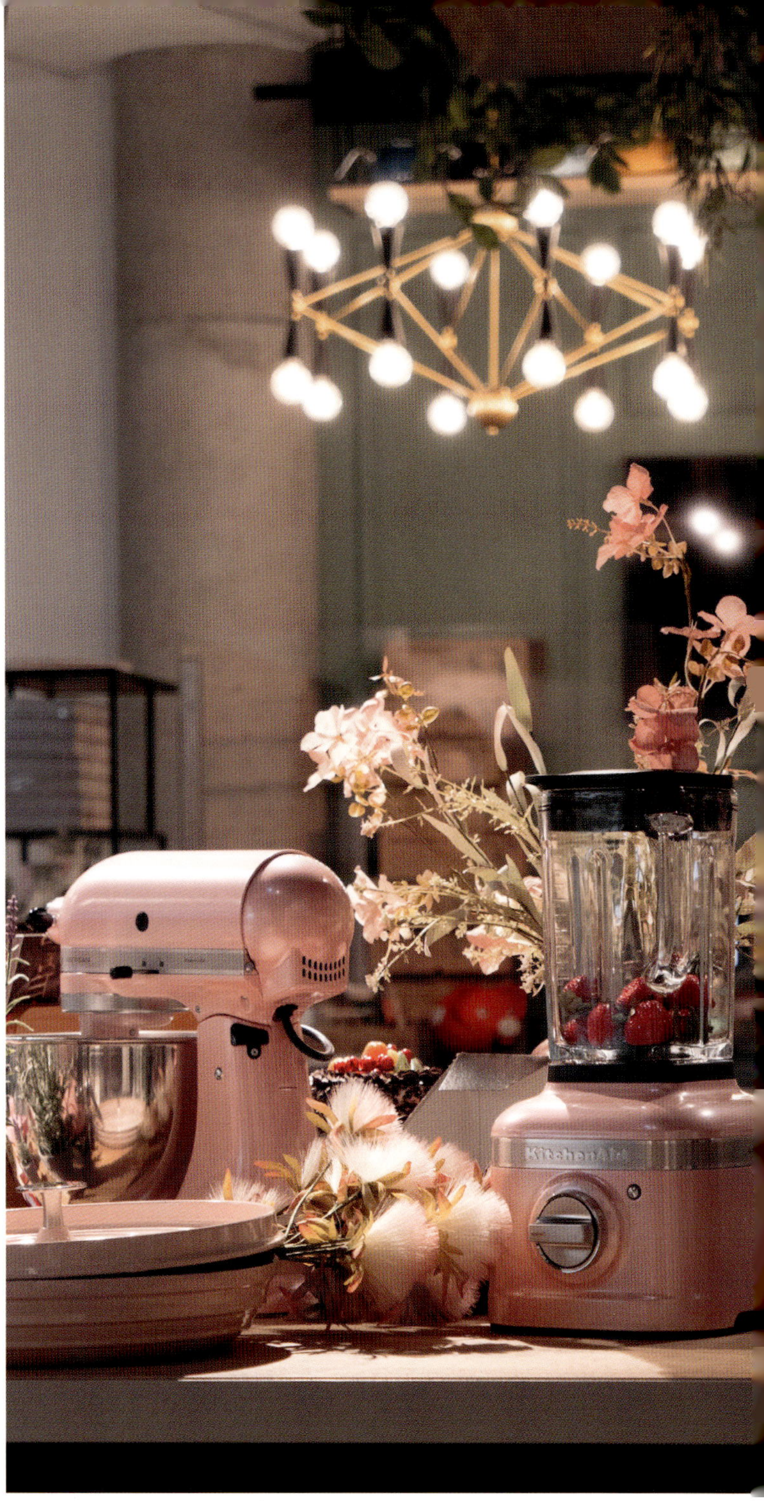

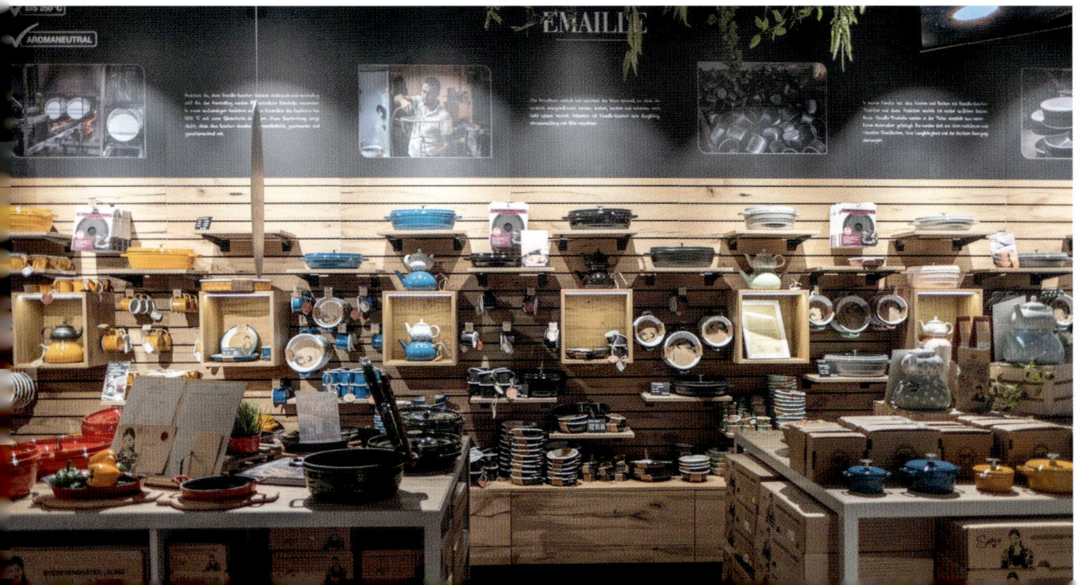
AROMANEUTRAL
EMAILLE

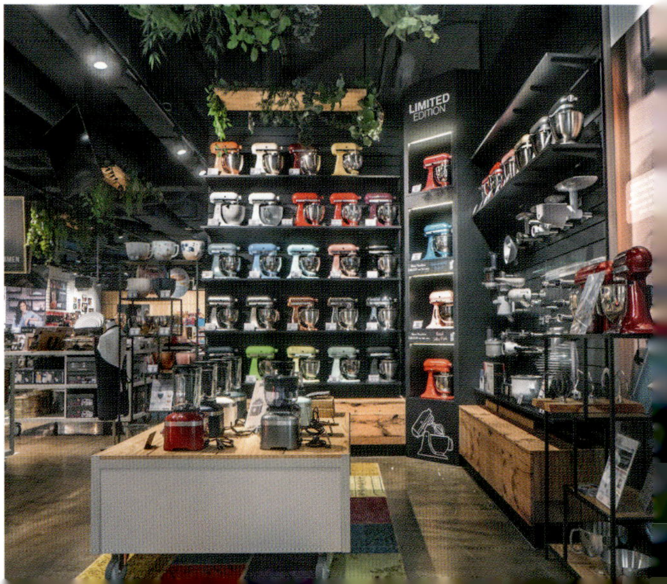
LIMITED EDITION

SALLYS WELT FLAGSHIPSTORE — MANNHEIM

Sallys Küche ist den gut 1,8 Millionen Followern von Saliha Özcan aus dem Internet schon lange vertraut. Der Nachbau in einem Mannheimer Shopping-Center steht dem Original in nichts nach und hat zudem einen angeschlossenen Verkaufsraum, der alles führt, was die Influencerin in ihren Videos nutzt. On- und Offline-Wirklichkeiten amalgamieren zu einer Art Hyperrealität, die endgültig belegt, dass die Trennung zwischen Internet und stationärem Handel obsolet ist.

Nachdem das Schisma zwischen On- und Offline, stationär und digital sich aufgelöst hatte, dauerte es nicht lange, bis die ersten Online-Händler in die Fläche strebten. Die nächste Stufe zündeten die sogenannten Influencer, die sich als reine Digitalgeschöpfe zunächst nur zögerlich ins echte Leben wagten. Saliha Özcan, genannt Sally, ist Jahrgang 1988 und mit dem Internet groß und größer geworden. Auf Basis ihres Youtube-Kanals schuf sie binnen weniger Jahre ein beachtliches Medienimperium mit angeschlossenem Online-Shop. Jetzt hat „Sallys Welt" mit 100 Angestellten auch in der realen Welt Wurzeln geschlagen. Im Februar 2020 eröffnete die Tochter türkischer Einwanderer mit ihrem Mann Murat einen Flagshipstore im ersten Geschoss des Mannheimer Einkaufszentrums Q 6 Q 7. Bei der Einrichtung des Ladens ging es vor allem darum, das auf allen Social-Media-Kanälen gepflegte Image der Selfmade-Frau in handfeste und nahbare Strukturen zu übersetzen. Allein bei Youtube folgen der Influencerin 1,8 Millionen Abonnenten und natürlich ist Sally auch als Bloggerin bei Facebook, auf Instagram und Pinterest aktiv. Sie wird bewundert, weil sie Hobby und Geschäftssinn, Selbstdarstellung und soziale Kompetenz, traditionelle, kaum gebrochene Rollenmuster und modernes Auftreten selbstbewusst und charismatisch verbindet. Im Shop sollte auch der Spaß zum Ausdruck kommen, den die junge Unternehmerin beim Kochen, Backen und Einrichten hat. Etwa 200 Verkaufsartikel werden unter dem Markennamen „Sallys Welt" in Eigenregie produziert und angeboten. Komplettiert wird dieses Angebot von den Erzeugnissen etablierter, großer Küchengeräte-Hersteller. So entstand eine Mischung aus Fanshop, Haushaltswarenladen und Geschenkboutique. Um die Authentizität von „Sallys Welt" zu untermauern, wurde die millionenfach bekannte und vertraute Videokulisse, ihre private Küche im Heimatort Waghäusel, detailgetreu nachgebaut. Die dunklen Unterschränke mit Arbeitsplatte sowie ein liebevoll eingedeckter Esstisch stehen an der Stirnseite des 14 mal 16 Meter großen fensterlosen Verkaufsraums. Der Store wird auch für Live-Events und Studioaufnahmen genutzt. Präzise ausgeleuchtete modulare Regalsysteme mit viel Naturholz sorgen für eine heimelige Atmosphäre und zahlen auf das ein, was die analoge Welt jetzt nachträglich erlebt: das authentische „Sally"-Markenfeeling.

Projektpartner

Planung	Brust+Partner
Ladenbau	Brust+Partner
Lichtplanung	Brust+Partner
Beleuchtung	Ruco Licht GmbH
Fotografie	Maximilian Heinsch, Elisabeth Samura

MURO*EXE*

For work.

For travel.

For life.

Outfitting the new generation of creatives, entrepreneurs and professionals since 2013.

#dothefuture

MUROEXE — AMSTERDAM

Mit leichtem Gepäck

Wie ein überschaubares Sortiment in einem relativ kleinen Laden gut zur Geltung kommen kann, zeigt die erste niederländische Filiale eines aus Spanien stammenden Labels, das sich Nachhaltigkeit und soziale Verantwortung auf die Fahnen geschrieben hat.

Projektdaten

Standort	Kalverstraat 163 1012 XB Amsterdam, Niederlande
Eröffnung	5. Dezember 2019
Verkaufsfläche (m²/Etagen)	125/2

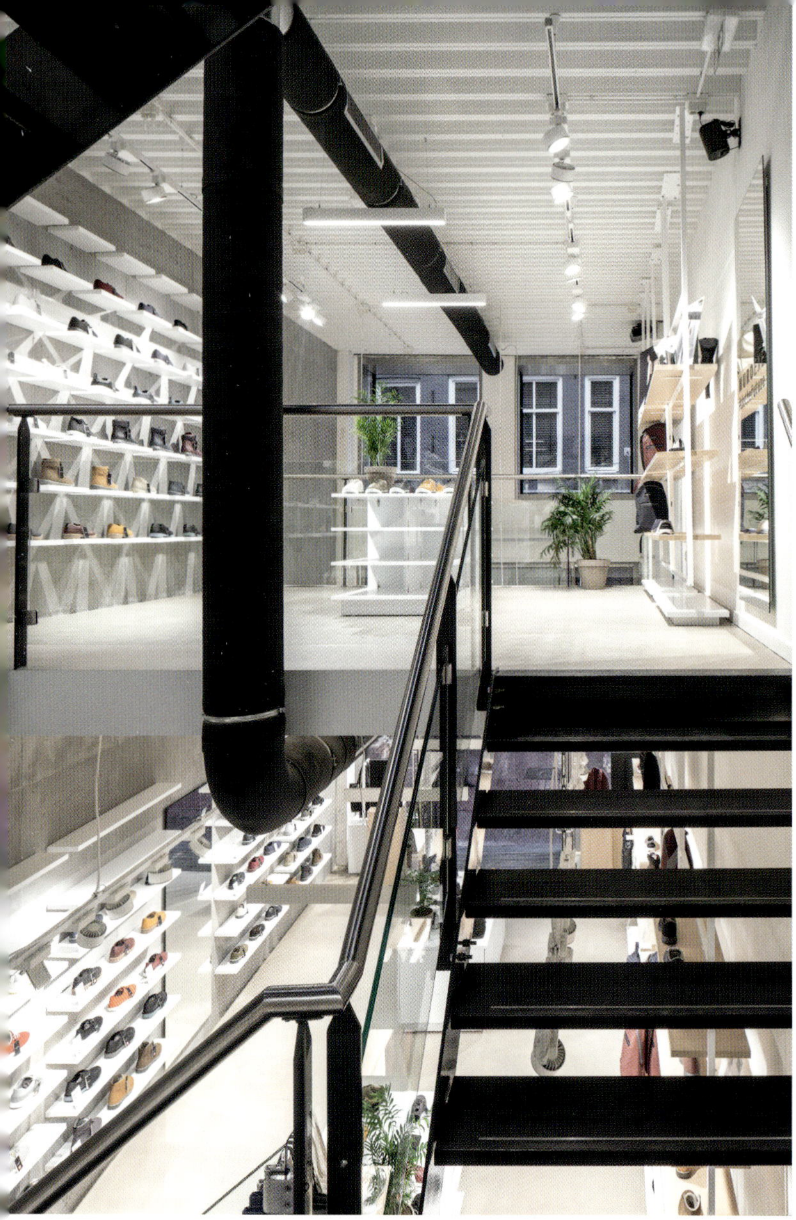
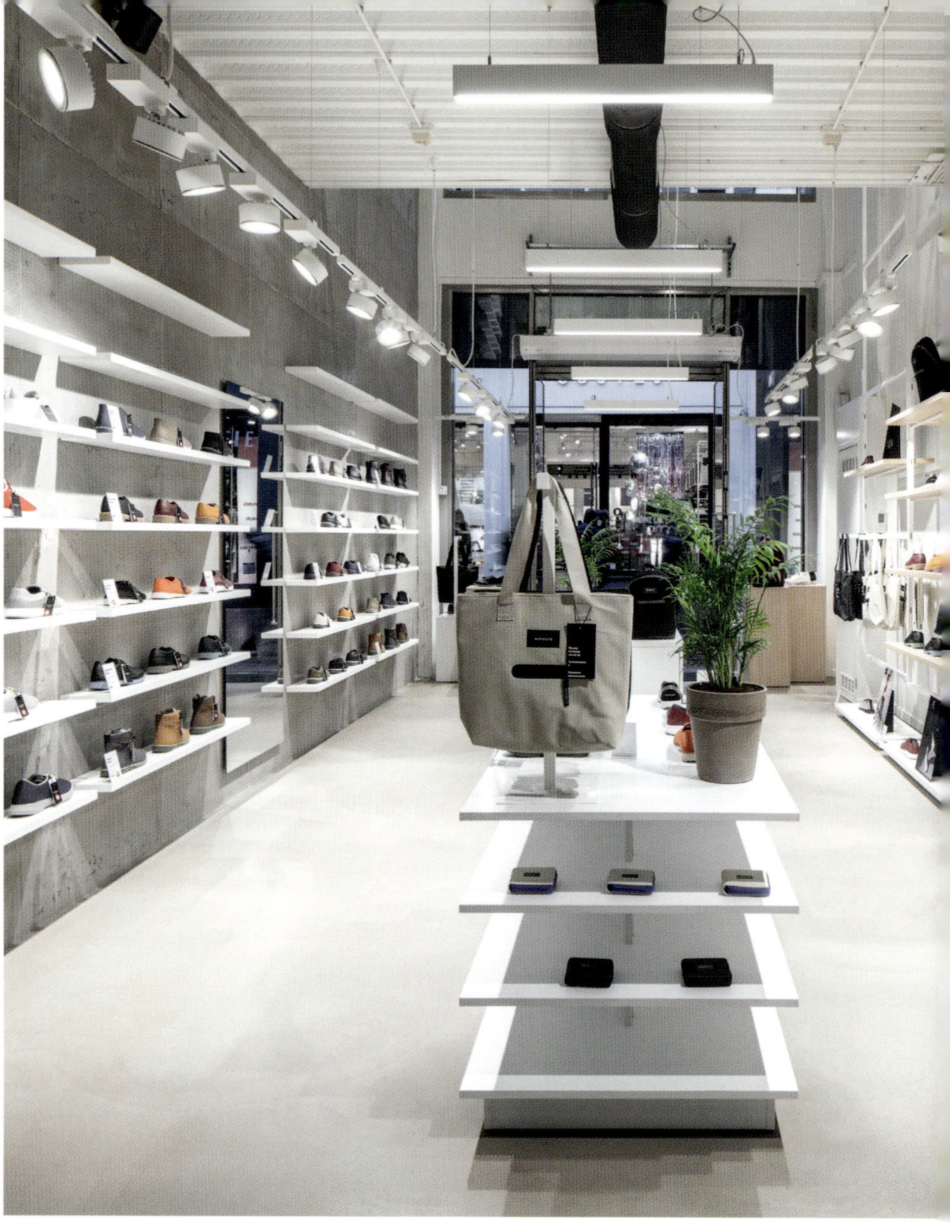
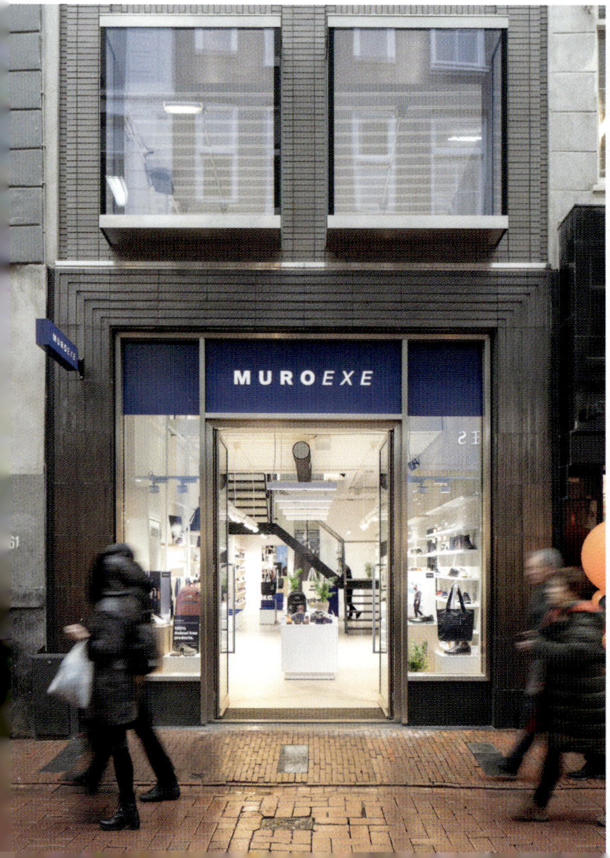
MUROEXE
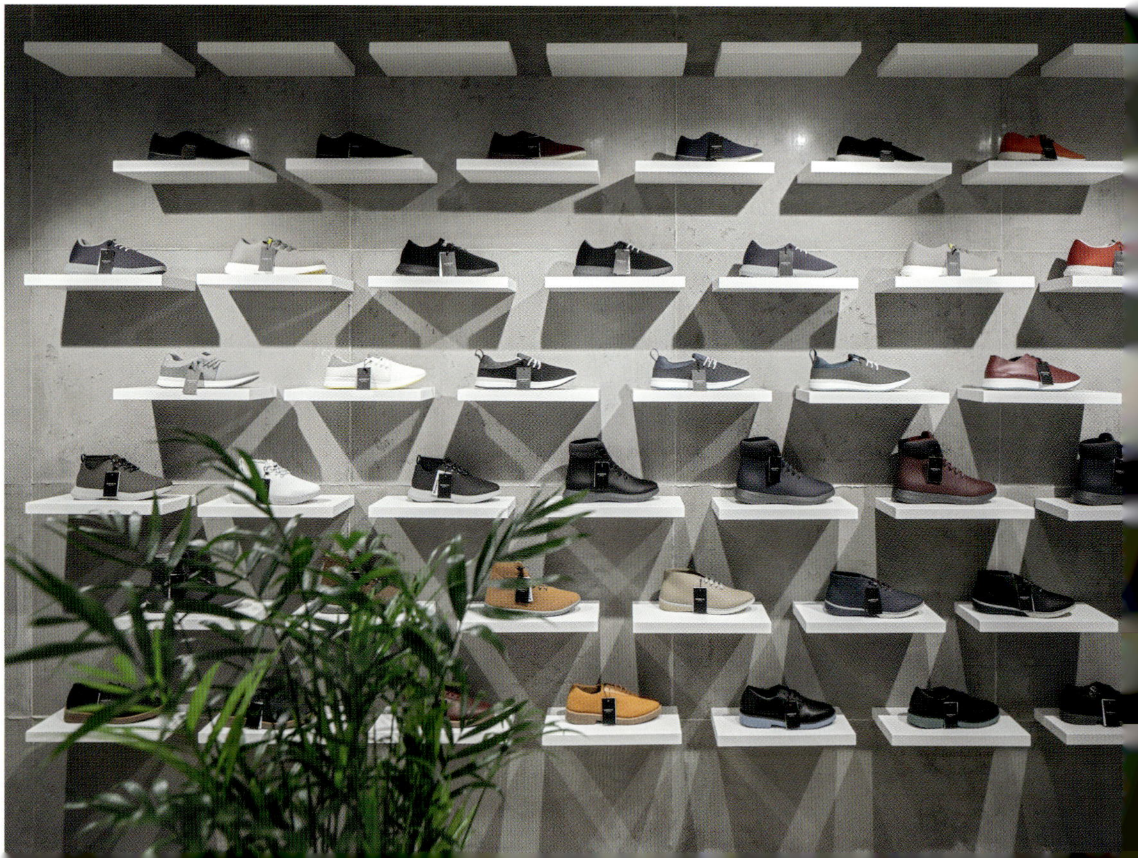

MUROEXE — AMSTERDAM

Die kühle Inszenierung der überschaubaren Kollektion spiegelt den Lebensstil der jungen, auf herkömmliche Statussymbole verzichtenden Zielgruppe wider. Zugleich erlaubt der Zuschnitt der Räumlichkeiten keine ausgreifenden Experimente, sondern verlangt auch dem Ladenbau Disziplin ab. Die betonte Vertikale räumt den Produkten viel Platz ein und zieht die Kundschaft in die Tiefe des Raums. Bemerkenswert ist der detailversessene Umgang mit den Einbauten, die dank des durchdachten Einsatzes mit Licht und Schatten spielen.

Das 21. Jahrhundert hat eine Bevölkerungsgruppe hervorgebracht, die ausschließlich in Großstädten anzutreffen ist, wo im Urban Farming gearbeitet wird, Kunstwerke und Social-Media-Kampagnen entstehen oder ein Masterstudiengang abzuschließen ist. Die Kennzeichen dieser Szene: kosmopolitisch und jung, heute hier, morgen dort. Für diesen Lebensstil ist leichtes Gepäck vonnöten. Kein Wunder, dass es auch die passende Mode gibt, entwickelt unter anderem von jungen Produktdesignern aus Madrid. Vegan, umweltfreundlich und unter fairen Bedingungen produziert von glücklichen Mitarbeitern – die Kollektionen von Muroexe entsprechen in jeder Hinsicht den Ansprüchen der Zielgruppe an einen nachhaltigen Konsumstil. Der Schwerpunkt des Angebots liegt auf Schuhen und Sneakers, eine kleine Auswahl an Textilien und Accessoires ergänzt das Sortiment.

Nach der Gründung des Unternehmens im Jahr 2013 eröffneten neben dem Online-Geschäft zunächst vier Filialen in Spanien, jüngst folgte die erste Niederlassung in Amsterdam. In der Kalverstraat, einer der meistfrequentierten Einkaufslagen der Niederlande, galt es, die räumlichen Gegebenheiten eines sehr schmalen und tiefen Geschäftshauses für den Flagshipstore einer dynamischen, vom schnelllebigen Zeitgeist getriebenen Marke zu rüsten. Der räumlich begrenzten Kleinteiligkeit des Kontexts setzt die Gestaltung klare Linien, Licht und Übersichtlichkeit entgegen. Helle Farben, kantige geometrische Formen und eine fast nüchterne Atmosphäre prägen beide Verkaufsebenen, die über eine markante Stahl-Glas-Treppe verbunden sind. Die zurückhaltende Farbigkeit der Produkte kommt auf schlichten weißen Regalen vor hellgrauem Sichtbeton perfekt zur Geltung. Das insgesamt sehr zurückhaltende Store-Design trägt auch dazu bei, die Waren in ihrer Vielfalt sichtbar werden zu lassen. Auch wenn es sich eigentlich nur um relativ ähnliche Schuhe in vielen Farben handelt, entsteht der Eindruck von Fülle. Die Unternehmensfarbe, ein kräftiges Blau, kam nur punktuell zum Einsatz. Dadurch wirken die farbigen Akzente, gesetzt mithilfe einzelner Sitzhocker und des quaderförmigen Verkaufstresens, umso belebender.

Projektpartner

Planung	Destudio Arquitectura
Ladenbau	Destudio Arquitectura
Lichtplanung	Destudio Arquitectura
Beleuchtung	micra
Fotografie	Germán Cabo

FLORISTERÍA COLVIN — BARCELONA

Das Vanitas-Motiv

Die Reduktion auf das Wesentliche fördert manchmal ungeahnte Qualitäten zutage. So auch der Umbau einer ehemaligen Bankfiliale zu einer Blumenhandlung. Der von allen Einbauten befreite Raum erweist sich als perfekte Kulisse für die Feier vergänglicher Schönheit.

Projektdaten + Projektpartner

Standort	Carrer de Pau Claris 113 08009 Barcelona, Spanien
Eröffnung	24. November 2019
Verkaufsfläche (m²/Etagen)	123/1
Planung	Roman Izquierdo Bouldstridge
Beleuchtung	Simon
Boden	Mapei Spain, S.A.
Fotografie	Adrià Goula

FLORISTERÍA COLVIN — BARCELONA

Die bunten Gestecke und Bouquets in ihrer Vergänglichkeit einerseits, die jahrhundertealte Stützpfeiler und gemauerten Wände andererseits: Schöner lässt sich das Werden und Vergehen allen Lebens kaum inszenieren.

Barcelona hat schon an vielen Orten auf vorbildhafte Weise gezeigt, wie sich die Hinterlassenschaften der Gründerzeit für die postindustrielle Ära und smarte Zwecke herrichten lassen. So wurden im einstigen Arbeiterviertel Poblenou alte Fabrikgebäude mit ihren stadtbildprägenden hohen roten Schornsteinen während der letzten Jahre mit viel Geschick, Phantasie und Gründereuphorie der urbanen Textur des 21. Jahrhunderts einverleibt. Gleich nebenan im Stadtteil Eixample eröffnete im November 2019 die Blumenhandlung Colvin – ein Laden, der in Sachen Gestaltungsfreiheit und Atmosphäre für diese experimentierfreudige Transformation steht. Kaum zu glauben, dass die Räumlichkeiten früher von einer nüchternen Bank genutzt wurden. Mutig entschlossen wurden alle Zwischendecken entfernt, der Putz von den Wänden geschlagen und so das Skelett des Gebäudes freigelegt. Und siehe da: Die einstige Bankfiliale ist anatomisch vom gleichen Adel wie eine sakrale Halle. Die Querbalken unter der Kappendecke werden von gusseisernen Säulen und gemauerten Pfeilern gestützt. Zivilisation und Natur werden an diesem Ort als Parallelen inszeniert, wachsen doch die herbeigeschafften Bäume ebenfalls in die Höhe. Ihr weiches, frisches Blattwerk stemmt sich gegen die Kräfte der Gravitation. Der Besucher kann Konstruktion, Statik und Geschichte des Raums als offenes Geheimnis erleben. Aus Brandschutzgründen musste auf die Backsteinmauern eine feuerfeste Mörtelschicht aufgetragen werden, die freilich rau genug ist, um den neugierigen Blicken Halt zu geben. Alle raumbildenden Elemente, Wände, Fußboden und Decke, wurden weiß gestrichen. Die Hauptrolle in der Floristería gebührt zweifellos den Pflanzen. Das helle, gleißende Licht scheint vor allem für sie. Vor dem neutralen Hintergrund kommen die von Menschenhand zusammengestellten Kreationen in ihrer Farbenpracht besonders dramatisch zur Geltung. Die Sträuße und Gebinde in schlichten Vasen stehen auf edlen, unterschiedlich hohen Holzpodesten, die wiederum in choreografischer Anmut den Raum bespielen und jedem Strauß zu einem kleinen Solo-Auftritt verhelfen. Von der Verkaufsfläche durch hohe Schiebetüren getrennt, bietet eine Werkstatt mit angeschlossenen Funktionsräumen die Möglichkeit, in Ruhe zu arbeiten oder die Arbeit der Blumenbinder mit dem Kommen, Gehen und Staunen der Kunden zu verknüpfen.

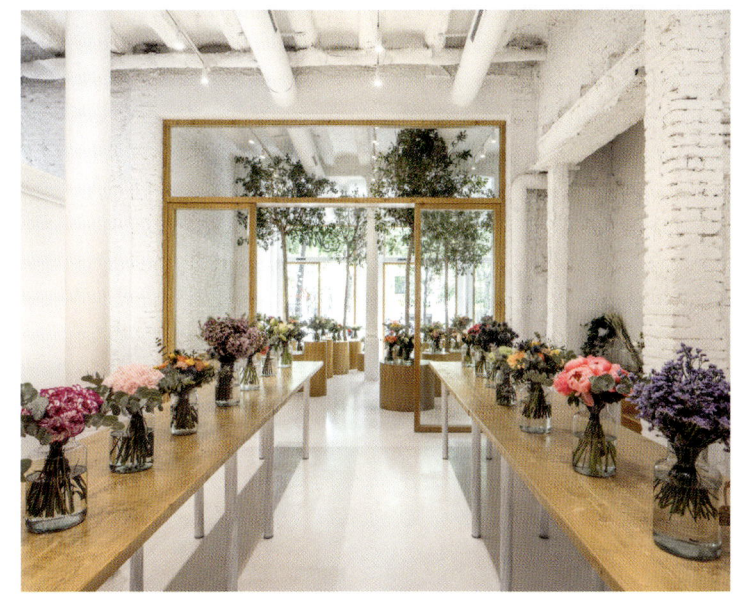

SOUVENIR SHOP PLAZA MAYOR — MADRID

Viva España

Ein Andenkenladen im touristischen Hotspot der spanischen Hauptstadt bietet neben Souvenirs auch noch ein bisschen Heimatkunde an. Dafür war eigentlich nur der liebevolle Blick auf die Traditionen der Stadt und ihrer Bewohner nötig.

Projektdaten + Projektpartner

Standort	Casa de la Panadería, Plaza Mayor 27 28012 Madrid, Spanien
Eröffnung	17. Februar 2020
Verkaufsfläche (m²/Etagen)	152/1
Planung	Izaskun Chinchilla Moreno
Ladenbau	estudio atrium s.l.
Fotografie	David Frutos

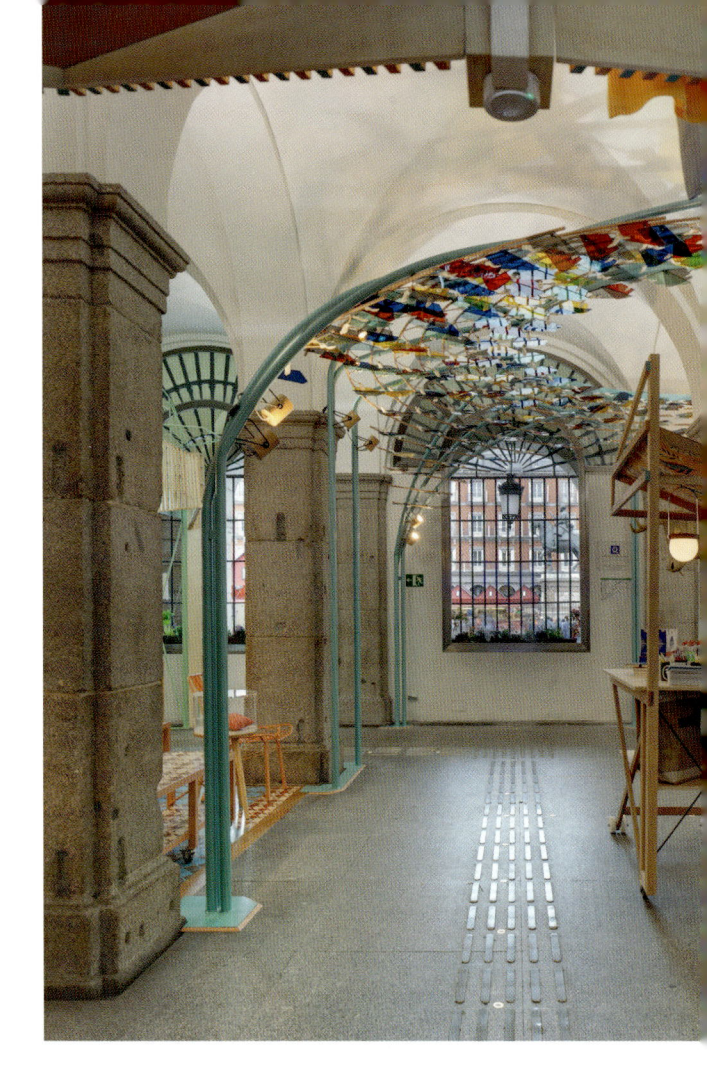

SOUVENIR SHOP PLAZA MAYOR — MADRID

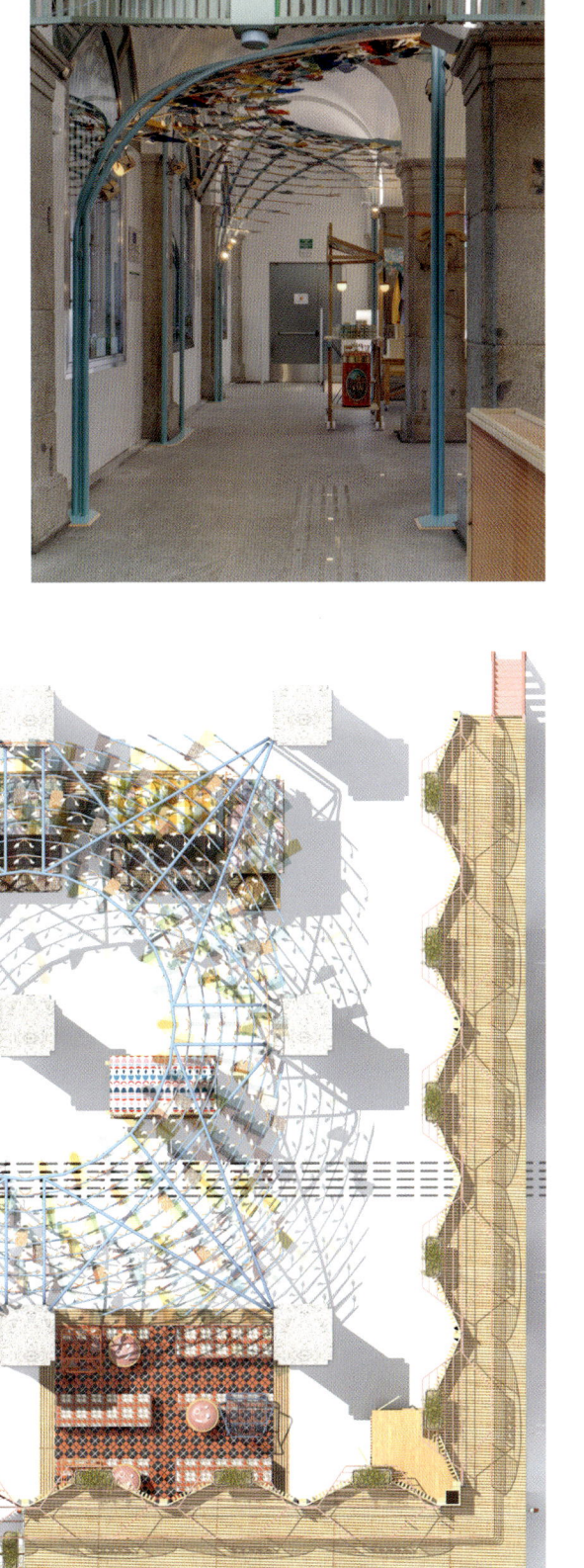

In einem historischen Gewölbe wurde mit den Mitteln des Store-Design eine traditionelle Szenerie nachempfunden, in der Marktstände und Hauskorridore unter einer filigranen Kristallkuppel an den städtischen Alltag jenseits touristischer Trampelpfade erinnern.

Die Plaza Mayor in Spaniens Hauptstadt Madrid gehört zu den berühmtesten Sehenswürdigkeiten des Landes. Gesäumt von erhabenen Gebäuden aus dem 19. Jahrhundert, ist der 129 mal 94 Meter große Platz als Austragungsort von Volksfesten, Konzerten, Spektakeln und Märkten aller Art bis heute eine zentrale Anlaufstelle sowohl für die einheimische Bevölkerung als auch die unzähligen Touristen geblieben. Dass hier vormals das lokale Handwerk Hof hielt, belegen die Namen der Gebäude. In der Casa de la Panaderia, dem Haus des Bäckereihandwerks, empfängt inzwischen der erfolgreichste Wirtschaftszweig der Neuzeit seine Kunden: der Städtetourismus. Der Laden „Made in Madrid" richtet sich mit seinem Angebot – Souvenirs, Kunsthandwerk, Bücher, Postkarten und Accessoires – an die Gäste der Stadt. Im Zuge seiner Neugestaltung wurde die 152 Quadratmeter umfassende Verkaufsfläche unter einem wuchtigen Gewölbe zu einem Raum umgestaltet, in dem der Verkauf von Reiseandenken mit der unterschwelligen Vermittlung lokaltypischer architektonischer und kultureller Charakteristika Madrids einhergeht. Kurzum: Wer den Souvenirshop betritt, bekommt automatisch eine Gratisprobe madrilenischer Lebensart und Kulturgeschichte. Dem ehrwürdigen Gemäuer wurde dafür eine Inhouse-Kristallkuppel implantiert, die als filigraner Pavillon eine Raum-in-Raum-Situation erzeugt und auf die zahlreichen Glaskuppeln anspielt, die das architektonische Weichbild rund um die Gran Via mit ihren erhabenen Großstadtpalästen prägen. Die farbenfrohe Gestaltung dieser Glas-Stahl-Struktur entspricht der bunten Vielfalt der präsentierten Waren, die auf schlichten Holztischen und in nostalgisch anmutenden Vitrinen ausgestellt sind. Die an Marktstände erinnernden hölzernen Displays sind eine Reminiszenz an die Waffelbuden, die auf den Promenaden und Plätzen der Stadt zu einem kleinen Glücksspiel einladen und frische Waffeln im Angebot haben. Die Zonierung der Fläche erfolgt über sogenannte Corralas, eine für Madrid typische Eigenheit. Es handelt sich dabei um einen Zugangskorridor, der die Apartments eines städtischen Wohnhauses miteinander verbindet und als sozialer Raum von großer Bedeutung ist. Hier wird getratscht, ein Aperitif getrunken, das Neueste vom Tage besprochen oder nach den Sorgen von gestern gefragt. Es ist nicht übertrieben, den gemeinschaftlichen Zusammenhalt einer Nachbarschaft auf die Corralas zurückzuführen.

KINO LUX — BAAR

Leinwandhelden

Wie alle Innenstadtadressen hat auch das Kino in den letzten Jahren an Anziehungskraft und Besuchern eingebüßt. Die Cineasten einer kleinen Gemeinde in der Schweiz haben nicht auf Wunder gehofft, sondern das Schicksal ihres Kinos in die eigenen Hände genommen.

Projektdaten + Projektpartner

Standort	Dorfstrasse 29b 6340 Baar, Schweiz
Eröffnung	1. September 2020
Verkaufsfläche (m²/Etagen)	90/2
Planung	Ladenmacher AG
Ladenbau	Ladenmacher AG
Lichtplanung	Ladenmacher AG
Beleuchtung	RD Leuchten AG
Fotografie	Jeronimo Vilaplana

KINO LUX — BAAR

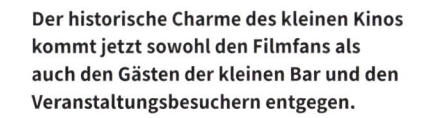

Der historische Charme des kleinen Kinos kommt jetzt sowohl den Filmfans als auch den Gästen der kleinen Bar und den Veranstaltungsbesuchern entgegen.

Auch wenn dem guten alten Kino, das nach dem Siegeszug des Fernsehens durch Videotheken und zuletzt die Streamingdienste schwer in Bedrängnis geraten war, nun noch die Corona-Pandemie übel zusetzt: Wo Cineasten sind, besteht Hoffnung auch für kleine Lichtspieltheater. Zugegeben, unter rein privatwirtschaftlichen Vorzeichen hätte das Kino Lux in der Kleinstadt Baar im Schweizer Kanton Zug längst aufgeben müssen. Denn Geld verdienen lässt sich mit dem Verkauf von Kinokarten nur noch schwer, zumal in einer kleinen Gemeinde. Doch zum Glück fanden sich engagierte Einwohner, die den Betrieb des Kinos ehrenamtlich übernahmen und als Verein und Bauherr in Personalunion den Traditionsort in einen kulturellen Treffpunkt verwandeln ließen. Dafür wurde der wenig einladende Ticketschalter zunächst aus dem Eingangsbereich verbannt und durch eine kleine, lauschige Bar mit charmanten, retroseligen Tütenlampen ersetzt. Das überschaubare Foyer weitet sich zu einem gemütlichen Café, das auch für Veranstaltungen jenseits der Leinwand genutzt werden kann. Einrichtung und Mobiliar versprühen den schwingenden Charme der 1950er-Jahre: Der elegante Hollywood-Stil mit Cocktailsesseln und kleinen Beistelltischen erinnert an eine Ära, in der auch das Kino Lux seine Blütezeit erlebte. Die alten Messingleuchter, die Tresenoberfläche aus Marmor und die Fußbodenkacheln mit ihrem cremeweiß-braunen Tarnmuster stammen wirklich aus der Anfangszeit des Hauses und wurden liebevoll restauriert. Das Mobiliar ist eine Neuanfertigung nach Maß, die eine lokale Schreinerei übernommen hat. Dem Kino wird mit vielen Details der Dekoration gehuldigt: auf den tapezierten Wänden sind gerahmte Filmplakate und ein Arrangement aus alten Filmrollen zu sehen; und nur der großformatige Bildschirm gibt sich als Neuzugang aus der digitalen Gegenwart zu erkennen. Der dahinterliegende Kinosaal heißt den Besucher in einer vom Dekor befreiten modernen Welt willkommen. Die mit blauem Veloursstoff bezogenen und von vertikalen Leuchtstäben gegliederten Seitenwände bilden mit dem kräftigen Rot der 140 Kinosessel einen zeitgemäßen Rahmen für neue und alte Filme, aber auch für andere Veranstaltungsformate. Denn neben dem Filmprojektor wurde Digitaltechnik installiert, die allen möglichen audiovisuellen Zwecken dienen kann, falls das Filmprogramm mal nichts hergibt. Irgendwas läuft hier immer.

BÄRO
Clean Air Technologies

„Besser ist das neue gut" – höherer Effekt bei weniger Kosten im stationären Einzelhandel

Die Erfahrungen mit COVID-19 werden unseren Umgang mit Luft- und Raumhygiene auf Dauer verändern. Als anerkannt wirksames Mittel zur Luftentkeimung hat UVC-Licht ein großes Anwendungspotential in allen Innenräumen, in denen sich viele Personen aufhalten oder das Publikum ständig wechselt – wie beispielsweise auf den Verkaufsflächen, in Umkleiden oder vor Kassenzonen der Stores und Shops.

Die Infektionsgefahr entsteht dort vor allem durch Tröpfchen und Aerosole in der Raumluft, die mit Viren, Bakterien oder anderen Erregern belastet sind.

Lufthygiene mit UVC-Technologie von BÄRO hat sich in professionellen UVC-Entkeimungssystemen, z. B. integriert in Klima- und Lüftungsanlagen, seit vielen Jahren als effektive und wirtschaftliche Hygienemaßnahme bewährt. Dabei zerstört die UVC-Strahlung mit 254 nm Wellenlänge das Erbgut der Erreger und macht sie so unschädlich.

Jetzt wird mit AirCom Pro diese Erfahrung in einem UVC-Gerät verfügbar, das der Luftentkeimung viele neue Anwendungsbereiche eröffnet – 25 Jahre Erfahrung von BÄRO Clean Air Technologies treffen auf Lighting Designkompetenz. Denn AirCom Pro fügt sich mit seinem aktuell zeitlosen Design in jede Raumsituation ein und ist einfach zu installieren. Das kompakte Gerät kann direkt an der Decke, an variablen Pendelseilen oder mittels entsprechender Adapter auch an Stromschienensystemen montiert werden.

AirCom Pro ist mit einem Wirkungsgrad von 99,9% ein ebenso leistungsfähiges wie geräuscharmes UVC-Produkt zur Entkeimung der durch Mikroorganismen und Viren wie insbesondere SARS-CoV-2 belasteten Raumluft. Die außergewöhnlich wirksame Luftentkeimung durch AirCom Pro wurde durch ein unabhängiges Hygieneinstitut bestätigt.

AirCom Pro: saubere Luft, sicheres Atmen.

BÄRO GmbH & Co. KG
Wolfstall 54-56   D-42799 Leichlingen
info@baero.com   www.baero.com

prinz

Prinz bietet LED-Sockelleisten mit direkter und indirekter Beleuchtung. Die Aluminium-Sockelleiste 357 besitzt einen LED-Kanal mit horizontaler Lichtabstrahlung, bei der Aluminium-Sockelleiste 358 wird das LED-Licht indirekt abgestrahlt und wirkt dadurch angenehm zurückhaltend. Dieses LED-Profil kann auch im Wand- oder Deckenbereich montiert werden.

LED-Treppenkanten

Bei der LED-Treppenkante 219 wird der Dryback-Belag auf der Trittstufe in das Profil eingeklebt, so dass von oben betrachtet lediglich eine 2 mm schmale Anschlagkante zu sehen ist.

Auf Blockstufen kann der vertikale Profilschenkel wahlweise mit Designboden belegt werden. Dann reduziert sich die horizontale Sichtfläche des Profils auf nur 17 mm. So erstrahlt die Treppe im Licht und setzt den Bodenbelag perfekt in Szene.

Für den universellen Einsatz auf allen Belagsarten hat Prinz das LED-Treppenkantenprofil 218 konzipiert, das sich gerade erst bei der Renovierung der Laeiszhalle in Hamburg, einem ehrwürdigen Konzerthaus aus dem Jahre 1908, in gebogener Ausführung bewährt hat.

Aluminium- und LED-Sockelleisten

Je nach Wandkonstruktion können Aluminium-Sockelleisten aufgesetzt oder flächenbündig montiert werden. Die aufgesetzte Montage eignet sich insbesondere bei Massivwänden in der Kombination mit umfassenden Türzargen als seitlichem Abschluss, die flächenbündige in Verbindung mit Trockenbauplatten.

Dadurch bauen die Sockelleisten nicht mehr auf, und massive Möbelstücke lassen sich problemlos bis an die Wand schieben.

Die rechteckigen, robusten und in reduziertem Design gehaltenen Alu-Sockelleisten haben eine optionale Nut für Dichtkeder und sind in den Tiefen 10 und 13 mm und den Höhen 60, 80 und 100 mm erhältlich und decken mannigfaltige Design- und Funktionsansprüche ab.

Bei LED-Sockelleisten kommt zum Design-Aspekt noch die Sicherheit hinzu – als Not- und Fluchtwegbeleuchtung weisen Sie im Ernstfall den sicheren Weg nach draußen.

Carl Prinz GmbH & Co. KG
Von-Monschaw-Straße 5   D-47574 Goch
www.carlprinz.de

INSPIRATION ASIEN

Eine Tour durch die berühmtesten Einkaufsstraßen der Welt kann durchaus ernüchternd sein. Denn von der 5th Avenue in New York über Ginza in Tokyo bis hin zu den neuesten Shopping-Hotspots zwischen Meyedong in Seoul und der Nanjing Street in Shanghai: Die Flagship-Stores der großen internationalen Brands sehen überall gleich aus. Und es sind häufig auch die immer gleichen Fashion- und Kosmetik-Stores, die in den prominenten Lagen dominieren. Zwar sind die Verkaufsflächen in Asien größer als hierzulande, die Fassaden aufregender, die Werbung schriller und alles ein bisschen „bigger than life". Doch viel spannender zeigt sich das Geschehen jenseits der bekannten High Streets. Wolf Jochen Schulte-Hillen, Deutschlands wohl bekanntester und entdeckungsfreudigster Weltreisender in Sachen Retail, berichtet von spannenden Store-Konzepten und aufregenden Läden aus der weiten Welt.

Wolf Jochen Schulte-Hillen,
CEO und Founder SH Selection
www.shselection.de

Stores around the World

Es gibt viele tolle Läden, die nicht unbedingt in den sogenannten Prime Locations der großen Metropolen liegen, sondern eher in unaufgeregten Quartieren oder Nebenlagen. Dort lassen sich nicht nur neue Store-Konzepte entdecken, sondern auch spannende neue Fassaden und Innenräume. Einer der Gründe für die innovative Dynamik in diesen Lagen dürften die vergleichsweise geringen Mieten sein, die vor allem kleine, junge und experimentierfreudige Unternehmen mit neuen, individuellen Konzepten anlocken.

Kiez statt Zentrum

Für die Städte sind diese stationären Retail-Highlights ein Gewinn, weil sie Stadtviertel, die bislang eher im Schatten der Stadtzentren lagen, in Trendquartiere verwandeln. Beispielhaft für diese Entwicklung stehen Omotesando und Harajuku in Tokyo, der Meatpacking District, Soho oder Nolita in New York. Das bezeichnende Charakteristikum für diese Viertel ist eine neue, eng verwobene Mischung aus Kultur und Retail. Der Handel nutzt

INSPIRATION ASIEN

die dort vorhandenen, eher kleineren Flächen für die Einrichtung sehr individueller Stores, setzt auf ein kuratiertes Angebot vorzugsweise regional oder lokal hergestellter Produkte, integriert Manufakturen bzw. Fertigung vor Ort und verbindet sich gezielt mit standortspezifischen komplementären Gastronomie- und Kulturangeboten. Zugleich können neue Handelsformate, wie sie B8ta und Showfields mit Retail as a Service anbieten, erprobt werden. Eine solche kleinteilige, auf verschiedene Nutzungen und Akteure setzende Struktur verheißt mehr Beständigkeit, denn sie will den Online-Handel nicht ersetzen, sondern ideal ergänzen.

Die Dynamik folgt häufig demselben Muster. Kleine Pure-Player-Labels eröffnen zunächst Pop-ups, denen dann sogenannte Experience-Stores folgen. Bestehen diese Testballons die stationäre Bewährungsprobe, wird ein umfassendes Store-Konzept realisiert. Den Erfolg dieses Ansatzes beweisen fast alle neuen „Direct to Consumer"-Brands, also Marken wie Allbirds, Everlane, Rebecca Minkhoff, Warby Parker und Away, die bereits erfolgreich im E-Commerce sind. Sie eröffnen weltweit Filialen, aber der eigenen Credibility halber eben nur in Vierteln, in denen ihre jeweilige Community lebt und unterwegs ist. Dieses Expansionsformat ist auch ein Impulsgeber des Store-Designs. Zu den herausragenden Protagonisten gehören das koreanische Optikerlabel Gentle Monster oder das US-Unternehmen Forty Five Ten aus Texas, die ihre Läden als Kunstgalerien inszenieren – die Ware ist Nebensache. Aber auch Brands wie Bathing Ape oder Supermonkey beschreiten mit ihrem innovativen neuen Design Wege, um die Präsenz ihrer Marke zu stärken.

Verkaufsraum ist out

Die Ware als Selbstzweck hat sich bei den stationären Läden erfolgreicher Handelsformate längst überholt. Wie ein Laden, der neben vielen anderen Angeboten auch Ware führt, indes aussehen kann, zeigt das japanische Unternehmen MUJI in Tokyo und Peking. Dort verschmelzen Handel, Hotel, Gastronomie und Wohnen miteinander. Stores dieser Kategorie begreifen sich als Spitze einer Bewegung, der es darum geht, Kultur, Konsum und Erlebnis zu vereinen. Das gilt auch für Shopping-Center wie das K11 Musea in Hongkong, eine „Art Mall", die Kunst und Kultur mit Happening verbindet und das eingebettete Shopping bei den

» Die Ware als Selbstzweck hat sich bei den stationären Läden erfolgreicher Handelsformate längst überholt. «

dort vertretenen internationalen Brands zu einem allumfassenden Vor-Ort-Erlebnis verschmilzt. Ein anderes Beispiel für diesen Ansatz liefern die Hudson Yards in New York. Hier verkauft der Sneaker-Papst Ronnie Fieg in seinem KITH-Laden keine Schuhe, sondern Eis. Selbstverständlich in einem coolen, seinem Selbstverständnis entsprechenden Store. Solche Läden sind Destinationen, hier trifft man sich mit Freunden, will unterhalten werden und kauft nebenbei ein. Der Begriff „Shopping" geht in diesem Konzept völlig unter; das Kaufen selbst wird zum Teil eines größeren Erlebnisses von Stadt, Architektur, Kunst oder Performance.

Die neuen Ladenformate, die während und direkt nach der ersten Welle der Corona-Pandemie in Asien entstanden sind, strotzen geradezu vor Coolness und setzen selbstbewusst neue Materialien und Oberflächen ein. Während der Umgang mit neuesten digitalen Features subtil und unaufdringlich bleibt, schwelgen die Einrichtungen in Farben. Die aufsehenerregenden Stores sollen die Marke stärken und den Communities auch jenseits der unerschöpflichen Angebote der Online-Welt eine stationäre Heimat bieten.

Auch Fast Retailing aus Japan mit seiner Hauptmarke Uniqlo, der aktuelle Weltmarktführer im Fashion-Bereich, der in diesem Jahr die spanische Inditex-Gruppe an der Spitze abgelöst hat, setzt nur wenige, dafür umso imposantere Statements. So sollen die aufwändig gestalteten Flashipstores in den großen Metropolen vor allem beeindrucken. Die deutlich kleineren Filialen an anderen Standorten geben sich weitaus bescheidener, sorgen aber für die Präsenz der Marke auch jenseits der High Street. Der Erfolg dieser Strategie beruht auf der Verbindung zwischen einer sichtbar geringeren Warenmenge auf der Fläche einerseits und einer optimalen Omnichannel-Lösung andererseits.

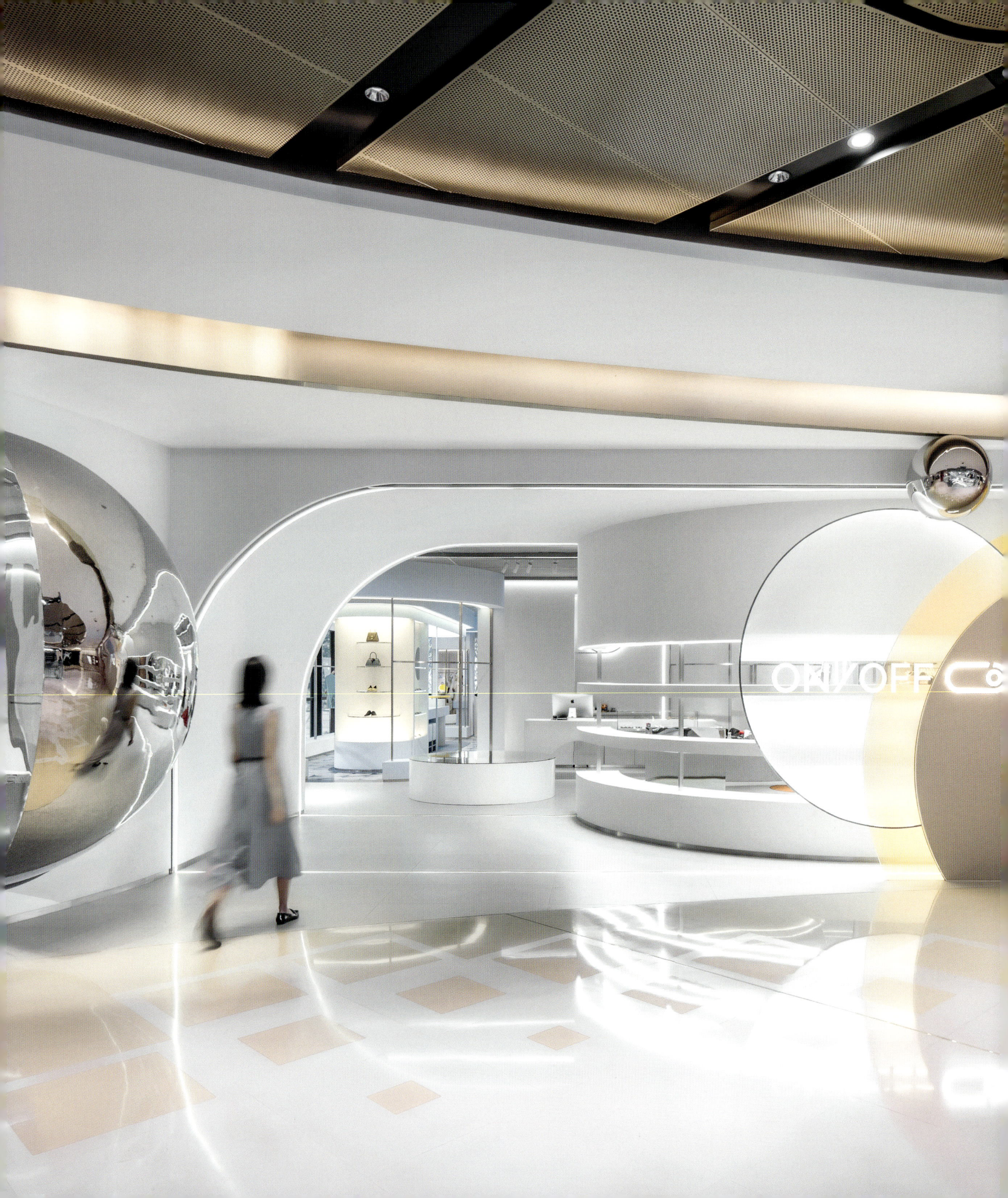
ON/OFF

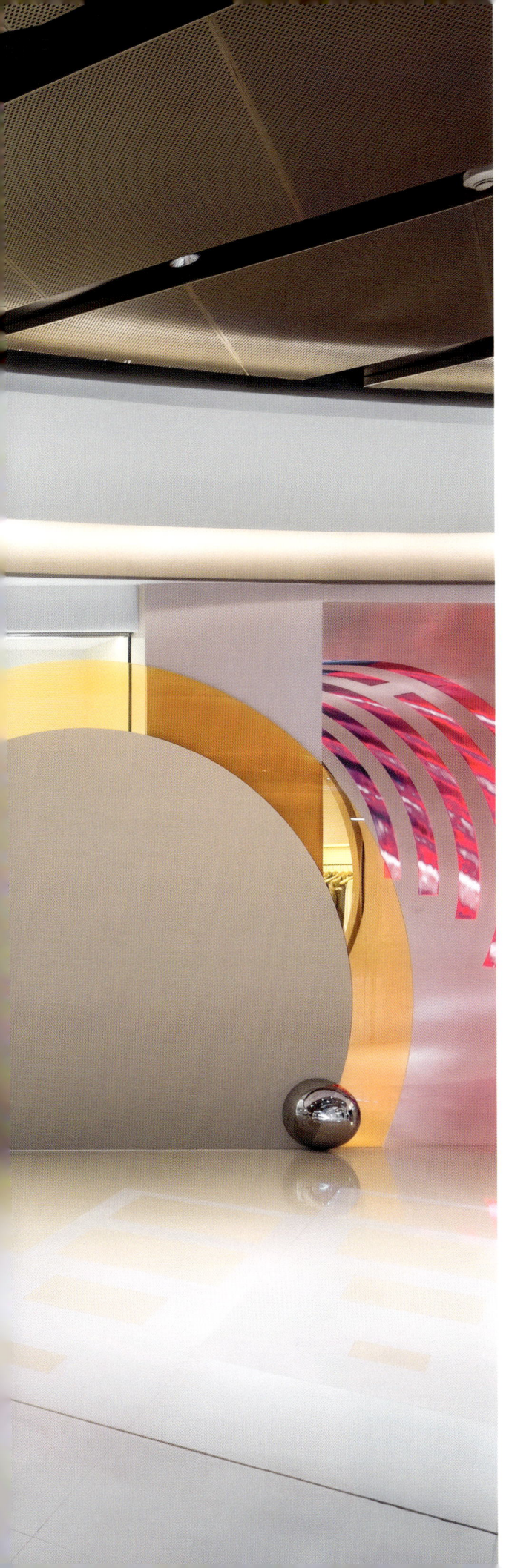

ON/OFF MULTI-BRAND
FASHION STORE — SHANGHAI

Raumpatrouille Planet Fashion

Wenn Ladenbau aus dem Vollen schöpfen kann, wird er zum Bühnenbildner und verwandelt Modedesigner und ihre Kunden gewissermaßen in bildende und darstellende Künstler. In der Multibrand-Boutique in Shanghai inszenieren sie sich als Science-Fiction-Spektakel im Retro-Stil.

Projektdaten

Standort	The Bund Financial Center 600 Zhongshan Dong Er Lu Shop 201/202 200010 Shanghai, China
Eröffnung	1. Oktober 2019
Verkaufsfläche (m²/Etagen)	370/1

ON/OFF MULTI-BRAND FASHION STORE — SHANGHAI

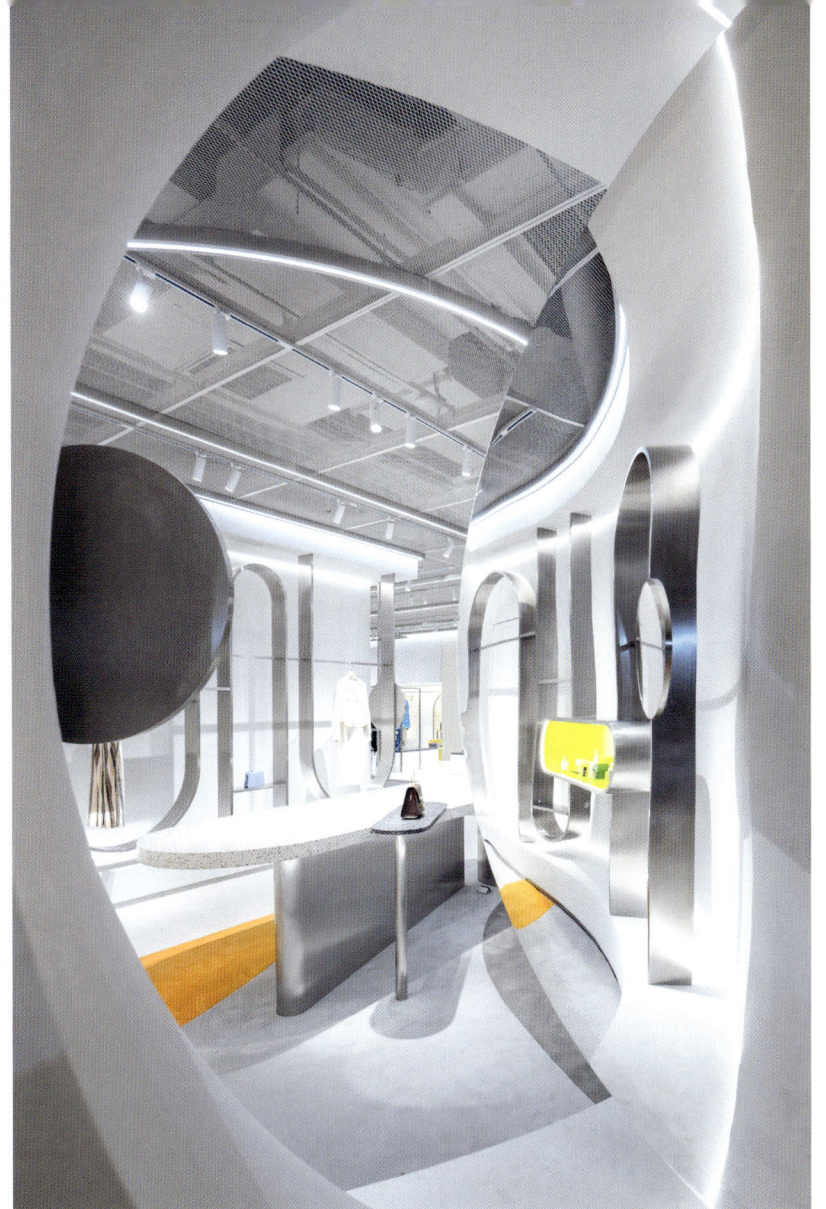

Die Innenarchitektur leiht sich die Formen und Farben der frühen Weltraumfahrer-Fiktionen. Geschwungene, technoid verfremdete Strukturen verwandeln den Raum in eine unwirkliche Sphäre, die weder Anfang noch Ende hat. Dazu tragen neben dem kühlen Licht auch die einzeln präsentierten Produkte bei, die wie Zeugnisse einer fremden, Lichtjahre entfernten Kultur wirken.

Durch die flexibel steuerbare Farb- und Lichtsituation im Eingangsbereich entsteht ein Tunnel-Effekt, der das Betreten der Boutique zu einer extraterrestrischen Erfahrung macht: Die Kunden verlassen die Normalität eines Shopping-Centers und landen in einer Wirklichkeit, die das Virtuelle eines Computerspiels in ein sinnliches Erlebnis verwandelt.

ON/OFF MULTI-BRAND FASHION STORE — SHANGHAI

Filmkulisse, Kunstinstallation oder Computerspiel? Wer bei dem 370 Quadratmeter großen, artifiziellen Raumgefüge mit seiner an H. R. Giger und Ken Adam geschulten Science-Fiction-Optik nicht gleich an eine Modeboutique denkt, liegt durchaus richtig. Denn auch wenn hier die Kollektionen junger chinesischer Designer verkauft werden, versteht sich das Geschäft als hybrider Ort, an dem sich Kunstveranstaltungen, Ausstellungen und Partys einerseits und klassischer Modehandel andererseits nicht ausschließen. Gelegen in einer Shopping-Mall im Shanghaier Bankenviertel, zieht das Angebot des Multibrand-Stores die gut situierte, stil- und zeitgeistbewusste junge Wirtschaftselite der Millionenmetropole an. Die Boutique empfängt mit einem Eingangsbereich, der keinen Zweifel an den visuellen Sensationen lässt, die im Inneren warten. Mit ihrer Formensprache nimmt die Gestaltung ganz unverhohlene Anleihen bei den futuristischen Raumerfindungen der Nachkriegszeit, als man unter Raum vor allem Weltraum verstand. Die Kurven, Rundungen und Schwünge, die sowohl das Mobiliar als auch die Flächenzuschnitte prägen, rufen Erinnerungen an den kosmisch verliebten Stil der 60er- und 70er-Jahre wach; schon allein die spiegelglatten, gleißenden Oberflächen, die schlanken Stahldetails und das kühl gleißende Licht geben die Zeitgenossenschaft des Konzepts preis. Die weitläufige Fläche wird von Möbeln und Einbauten strukturiert, die je nachdem als Sitzgelegenheit, Präsentationspodest, Tisch oder Tresen dienen. Bemerkenswert ist der Lichttunnel, der mit einer je nach Stimmung, Tageszeit oder Anlass steuerbaren Farbgebung sowohl nach innen als auch nach außen wirkt und dank seiner geschickten Platzierung direkt hinter der gläsernen Ladenfront die Kundschaft förmlich in die Boutique saugt. Die hier präsentierte Mode hat so gesehen durchaus einen schweren Stand. Um sich gegen dieses atemberaubende Store-Design zu behaupten, müssen es schon sehr gute, wenn nicht gar spektakuläre Entwürfe sein, die hier ihre Käufer finden: Ladenbau als Herausforderung.

» *Ineinander fließende Flächen ziehen sich durch den Laden, verbinden verschiedene Ebenen und erzeugen so einen räumlichen Flow.* «

Projektpartner

Planung	SLT - Studiolite Design Consultancy
Ladenbau	Jingzhu Construction
Lichtplanung	Lumia Lab
Boden	Jingzhu Construction
Fotografie	Vincent Wu

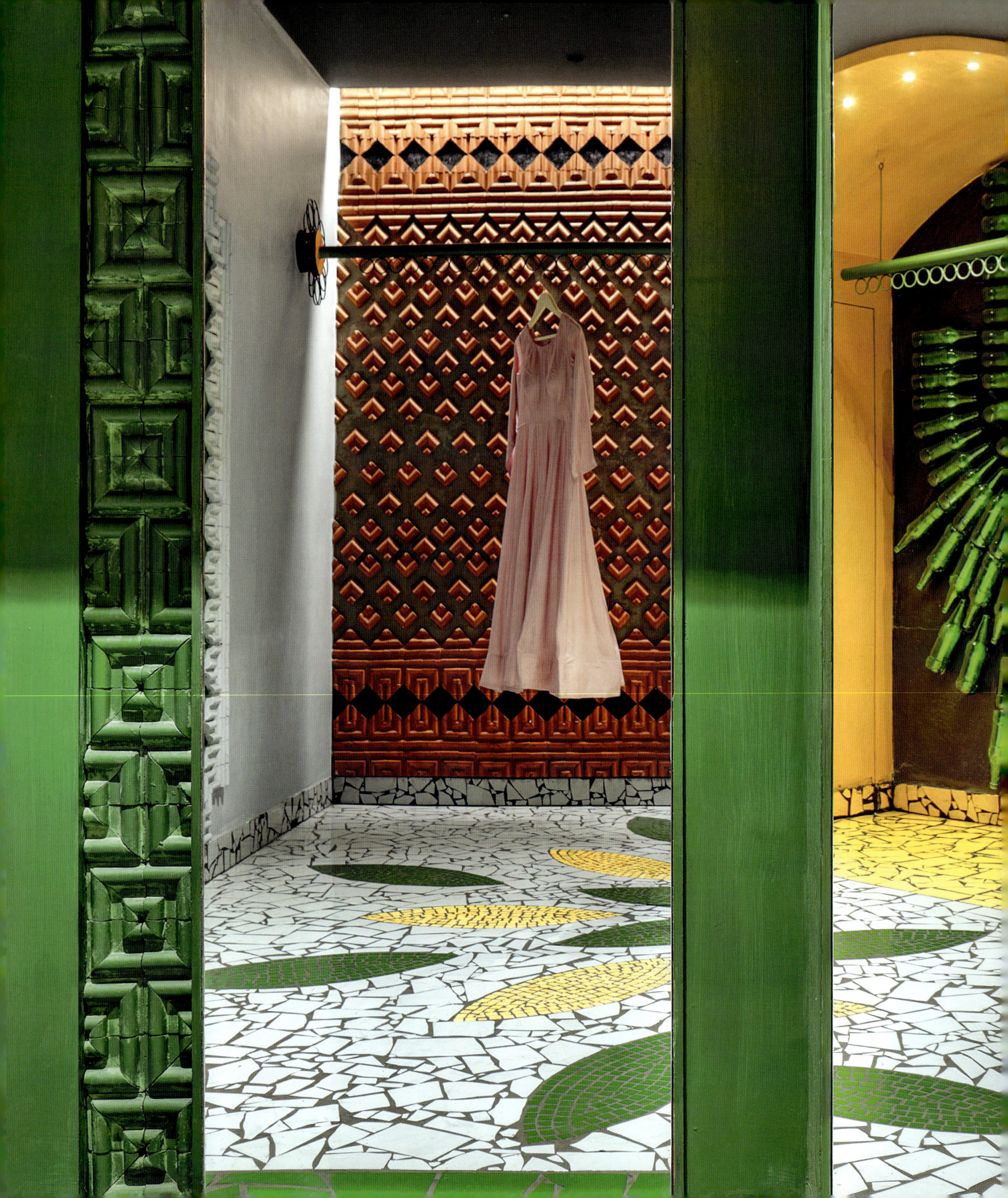

SHEFALI'S BOUTIQUE STUDIO — VADODARA

Weise Fügung

Rätselhafte Fremdheit in ihrer schönsten Form, so etwa könnte man die kleine Modeboutique aus der protestantisch ausgenüchterten Perspektive des Westens beschreiben. Dabei ist weder märchenhafte Opulenz noch Kulissenzauber à la Bollywood im Spiel. Sondern nur viel Wissen um Farbe, Raum und Harmonie.

Projektdaten

Standort	Madhav Society 4 390018 Vadodara, Indien
Eröffnung	15. Juni 2020
Verkaufsfläche (m²/Etagen)	350/1

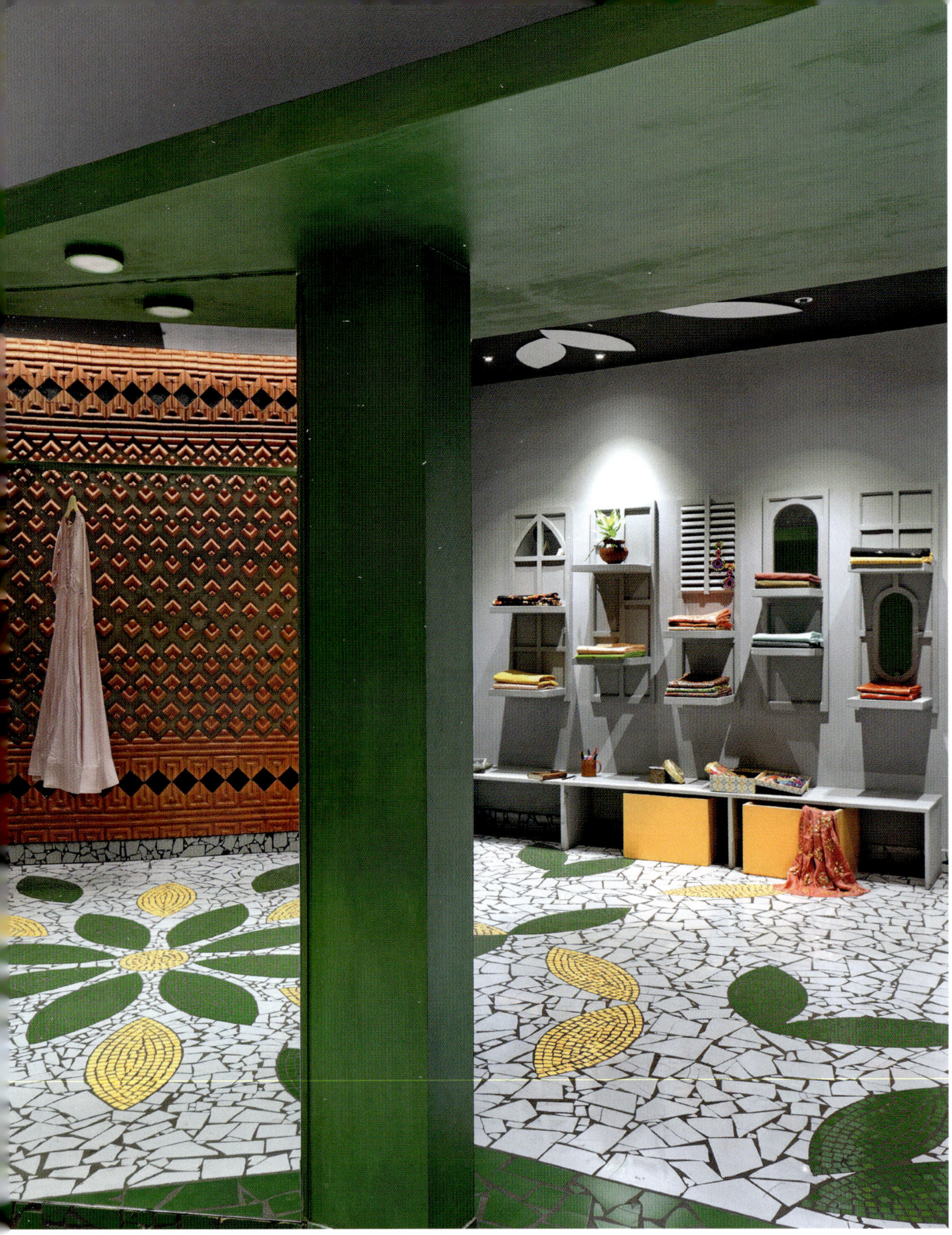
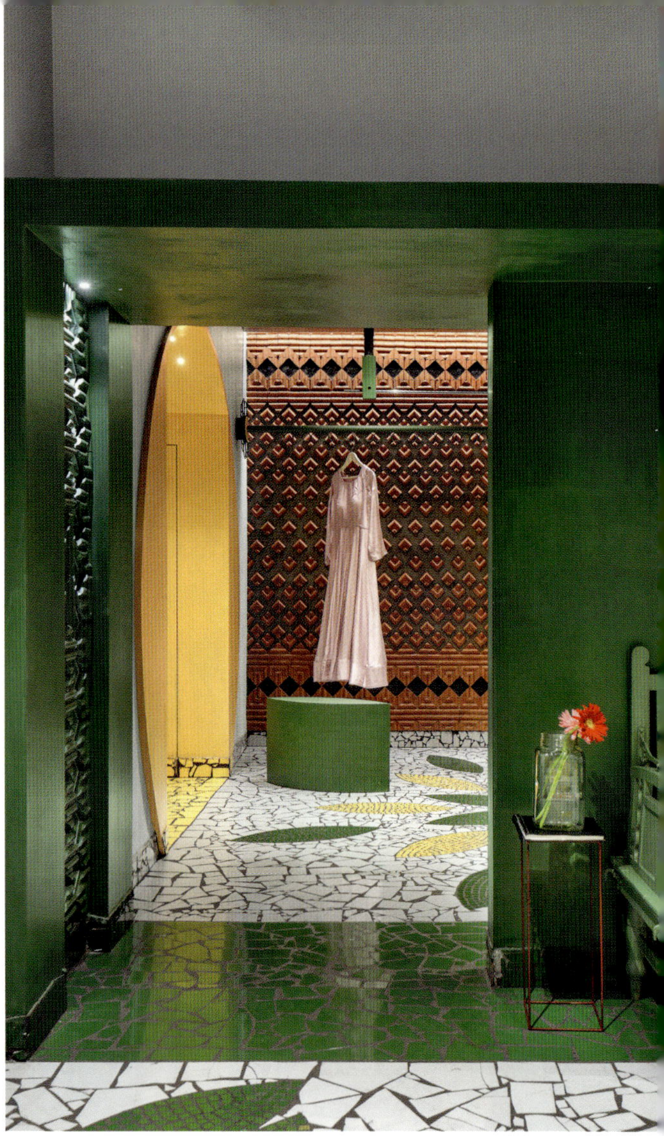
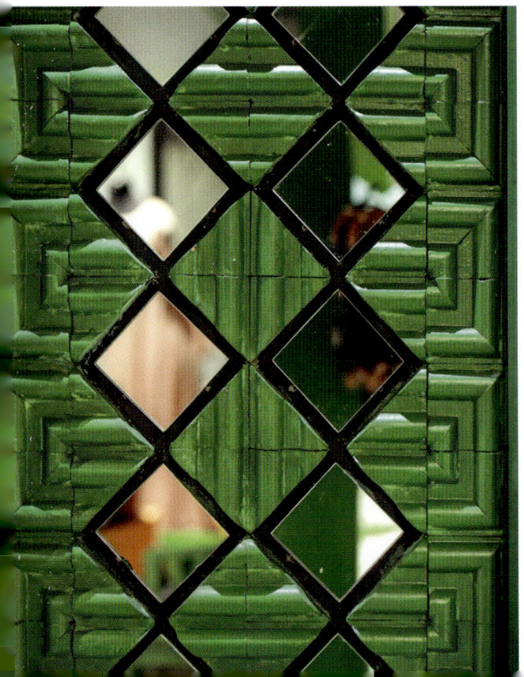
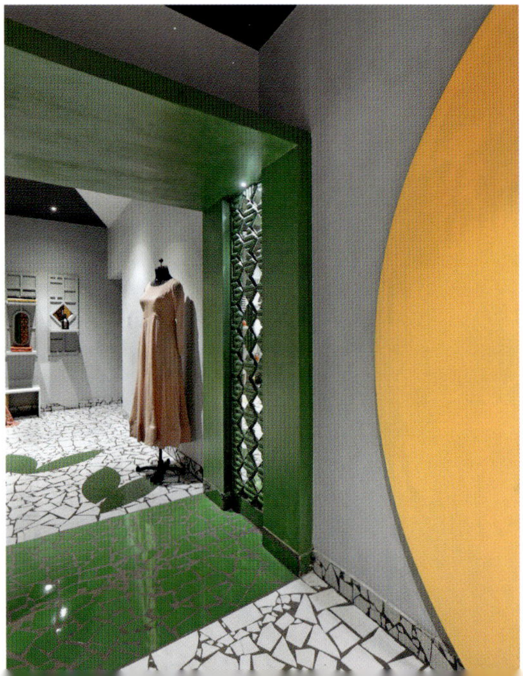
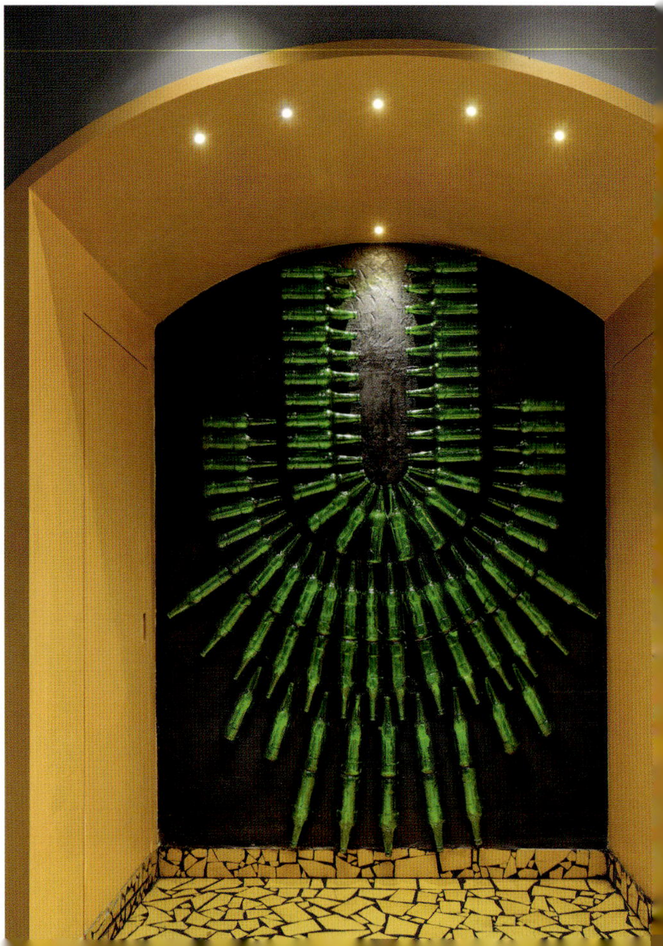

SHEFALI'S BOUTIQUE STUDIO — VADODARA

Wer mit Blick für Details diese Boutique besucht, braucht auf jeden Fall viel Zeit. Denn es gibt viel zu entdecken. Und manches erweist sich geradezu als optische Täuschung. So ist der Eindruck überbordender Farbfreude eigentlich nur den kräftigen Tönen zu verdanken, die sich auf Weiß, Grün, Gelb und Orange beschränken. Für den opulenten Sinneseindruck sorgen indes viele Kleinigkeiten, darunter der Schrein mit einem Wandbild aus grünen Glasflaschen, die zu einem flächigen Muster gefügten glasierten Keramikspolien oder der Mosaikboden. Die mit Traditionen spielende Gestaltung erweist sich bei genauerer Betrachtung als höchst moderner Zugriff auf Formen, Licht und Raum.

Projektpartner

Planung	Manoj Patel Design Studio
Fotografie	Tejas Shah

Ob es einen Zusammenhang zwischen den Entspannungstechniken wie Yoga und Ayurveda einerseits und der anstrengenden sozialen Dichte eines Landes mit 1,3 Milliarden Einwohnern andererseits gibt? Auch wenn Indien ein Land der Extreme ist und insbesondere westlichen Reisenden viel abverlangt, sind sich Letztere doch immer einig: Der Rausch der Farben auf dem Subkontinent ist einzigartig. Wer Shefali's Boutique Studio in der 1,7-Millionen-Einwohner-Stadt Vadodara im Bundesstaat Gujarat betritt, erlebt dieses Wunder in Gestalt eines zauberhaft arrangierten polychromen Kosmos, der nicht wahllos einfach das Knallbunt der Märkte, Saris, Bollywoodfilme und des hinduistischen Frühlingsfests Holi kopiert. In der Leuchtkraft und Haptik der Details dieses Ladens kommt nämlich auch die Intensität der Außenwelt unmittelbar zum Ausdruck. Für die Ausgestaltung der zwei Räume wurde aus an sich wertlosem Material, darunter Bierflaschen, ausgediente Fensterläden, Dachziegel und Tischbeine, ein höchst dekorativer Kontext für die präsentierte Mode geschaffen. Dieses programmatische Bekenntnis zu Nachhaltigkeit und handwerklich ausgereifter Improvisationskunst, das zugleich auch ein Statement gegen die Konsum- und Wegwerfgesellschaft ist, liegt auch dem Geschäft für maßgeschneiderte Damenmode zugrunde. Die leuchtenden Farben verwandeln die bescheidenen Zutaten, aus denen Mobiliar, Dekoration und Einbauten gefertigt wurden, in durchdachtes Design. Der Boden als Mosaik aus grob gefügten Bruchfliesen, die glatt verputzten Wände und Oberflächen in Grau, Grün und Gelb sowie die Wandöffnungen mit den traditionellen glasierten Formziegeln lassen viele Bezüge zu historischen Wurzeln der indischen Architektur erkennen. Ein safranfarbenes Wandraster aus keramischen Rahmeneckstücken dient als Präsentationsfläche für die überschaubare Kollektion; der sonnengelbe Zugang zu den Umkleiden erscheint wie ein Tempelschrein. Es kann, muss aber kein Zufall sein: Der Dreiklang aus Safran, Weiß und Grün zitiert die indischen Nationalfarben. Genauso könnte es sein, dass die aus Flaschen gefertigte Installation in einer altarähnlichen Nische auf die vielarmige indische Göttin Shiva anspielt.

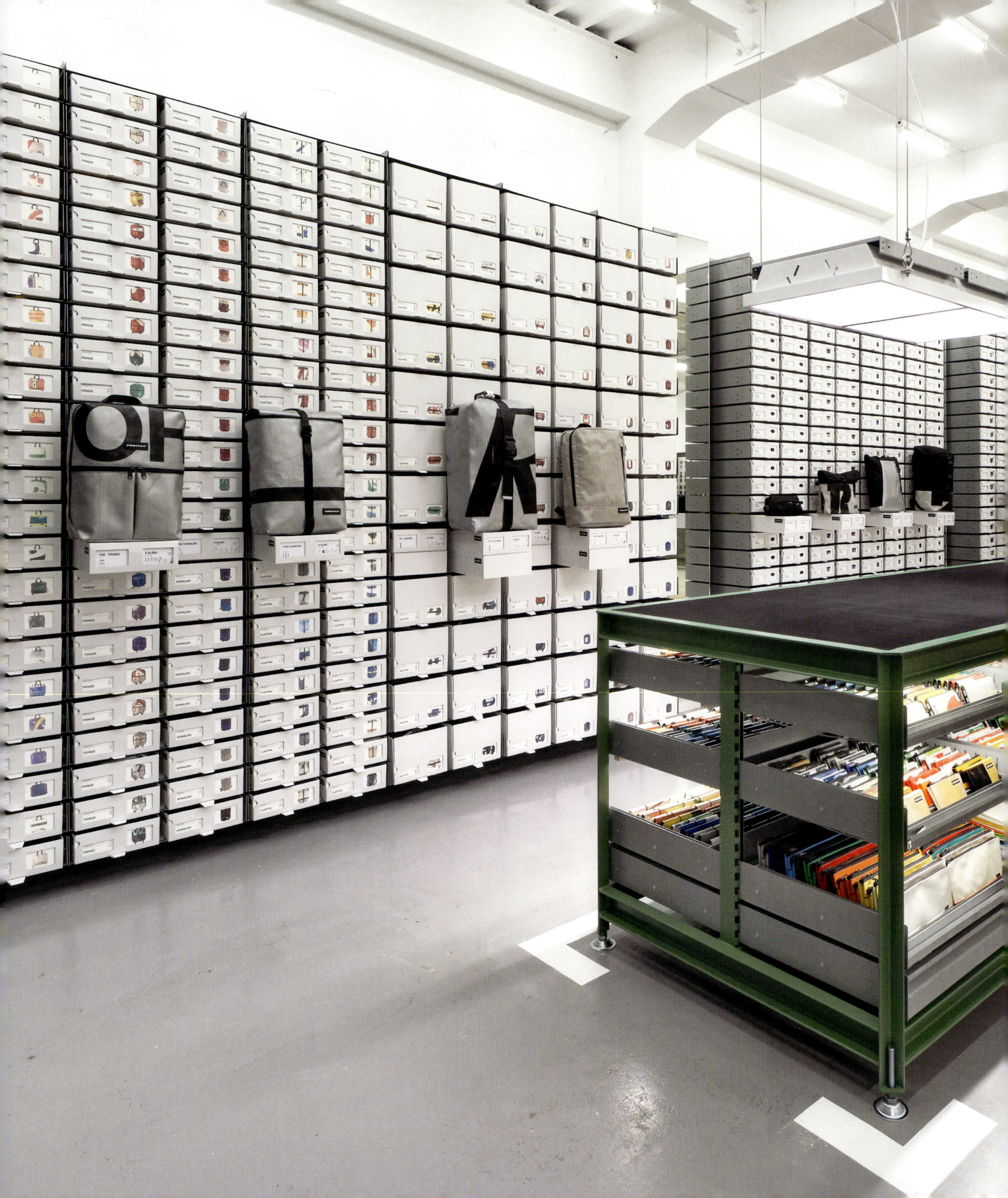

FREITAG — KYOTO

Trendwerkstatt

Ein Schweizer Taschenlabel, das im ästhetisch empfindlichen Japan seine Lifestyle-Kollektionen mit der Breitbeinigkeit einer metallverarbeitenden Fabrik verkaufen will – kann das gut gehen? Wenn man es richtig macht, dann schon.

Projektdaten

Standort	Nakagyo-ku, Kyoto-shi 604-8113 Kyoto, Japan
Eröffnung	20. Dezember 2019
Verkaufsfläche (m²/Etagen)	97/1

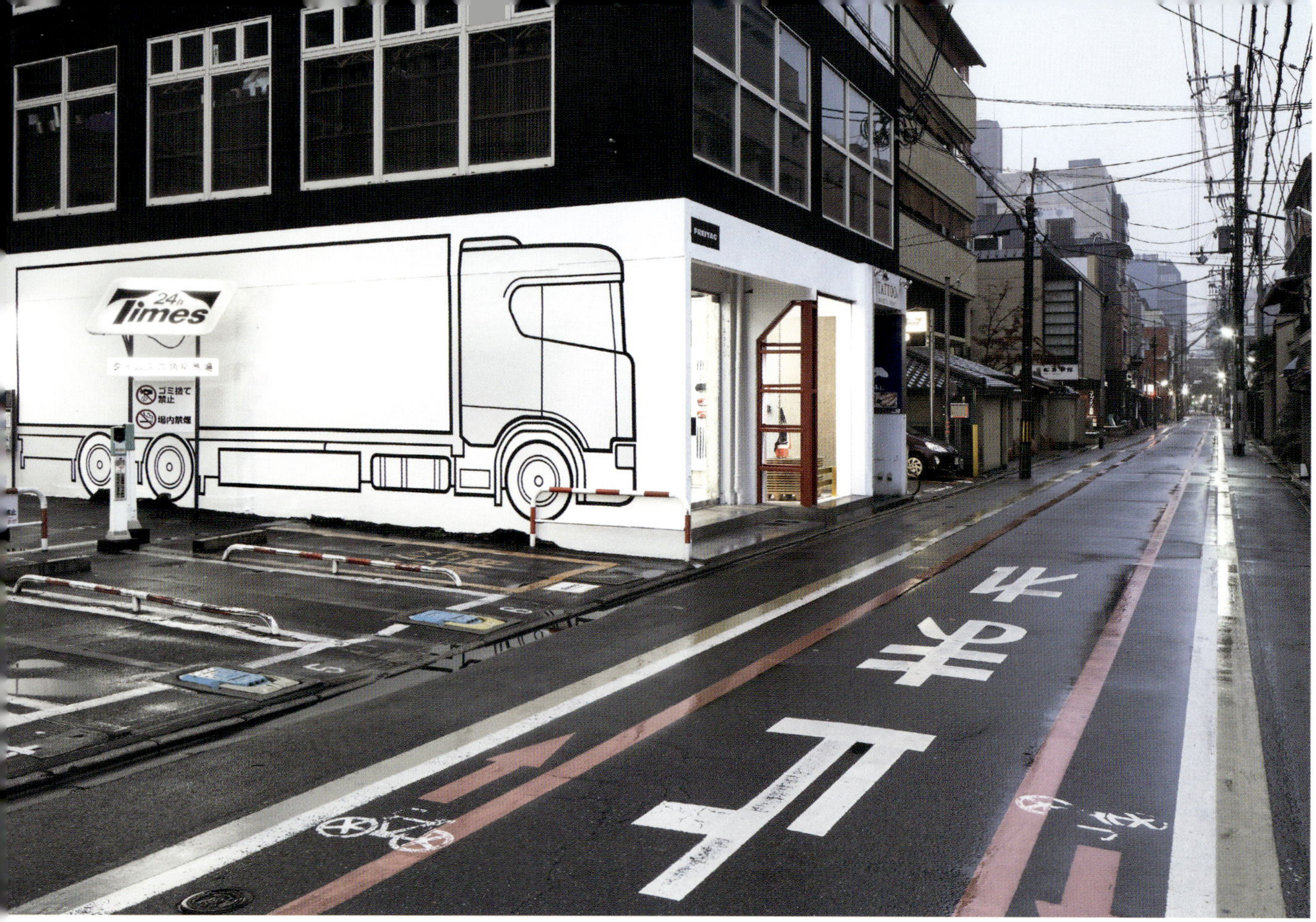
Times

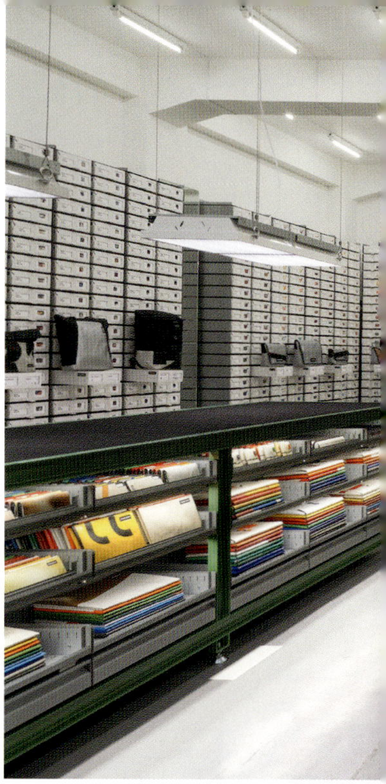

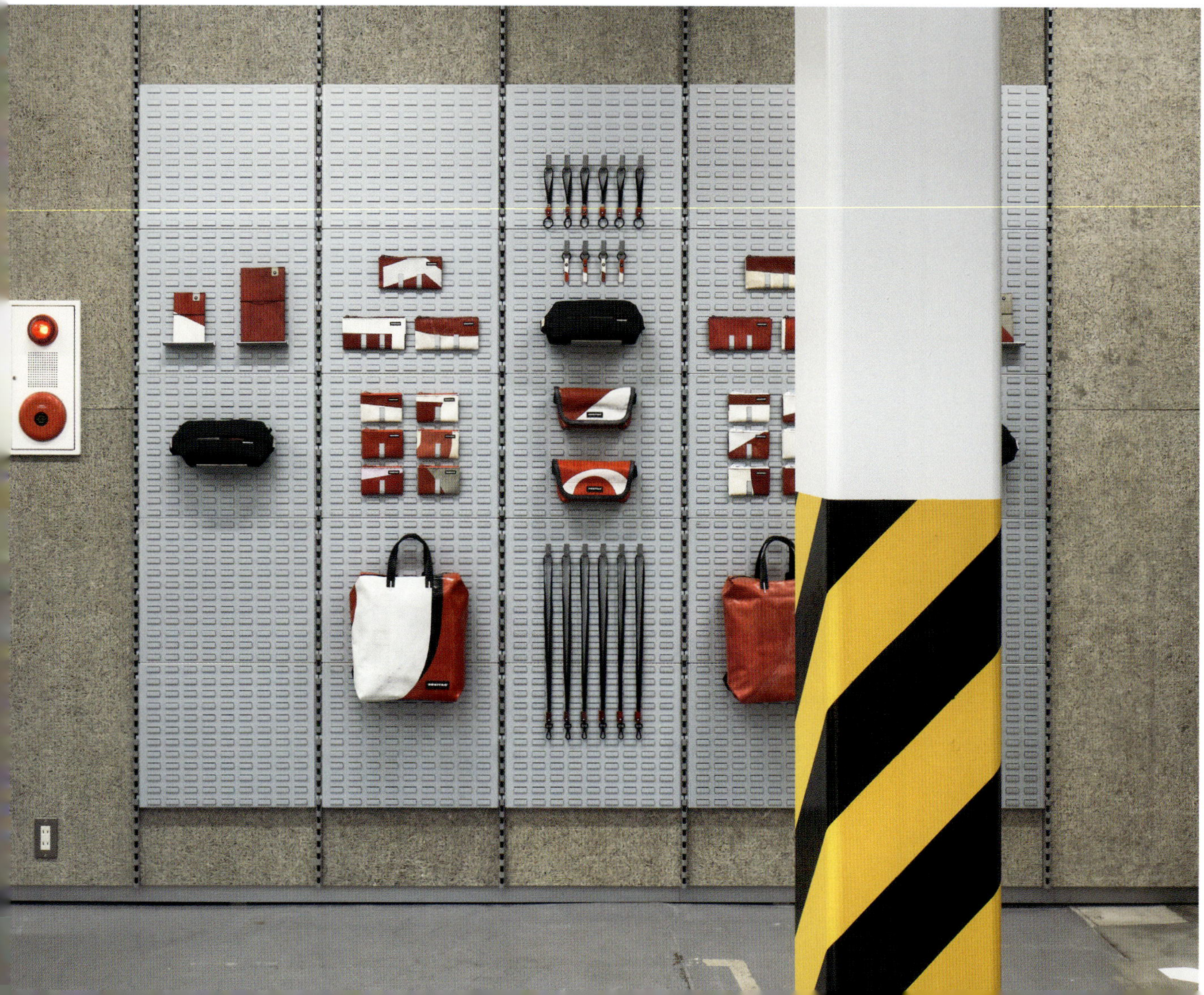

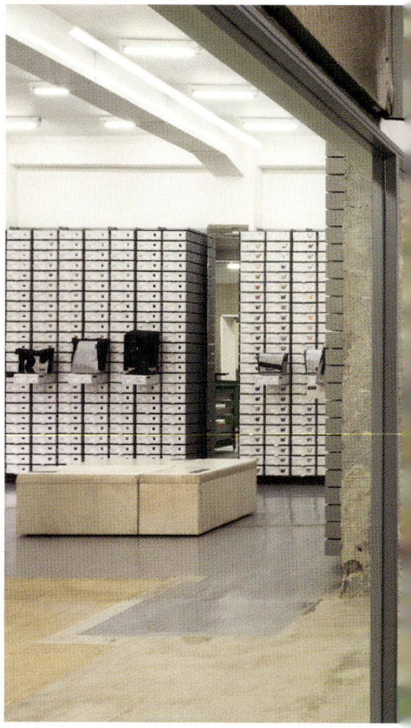

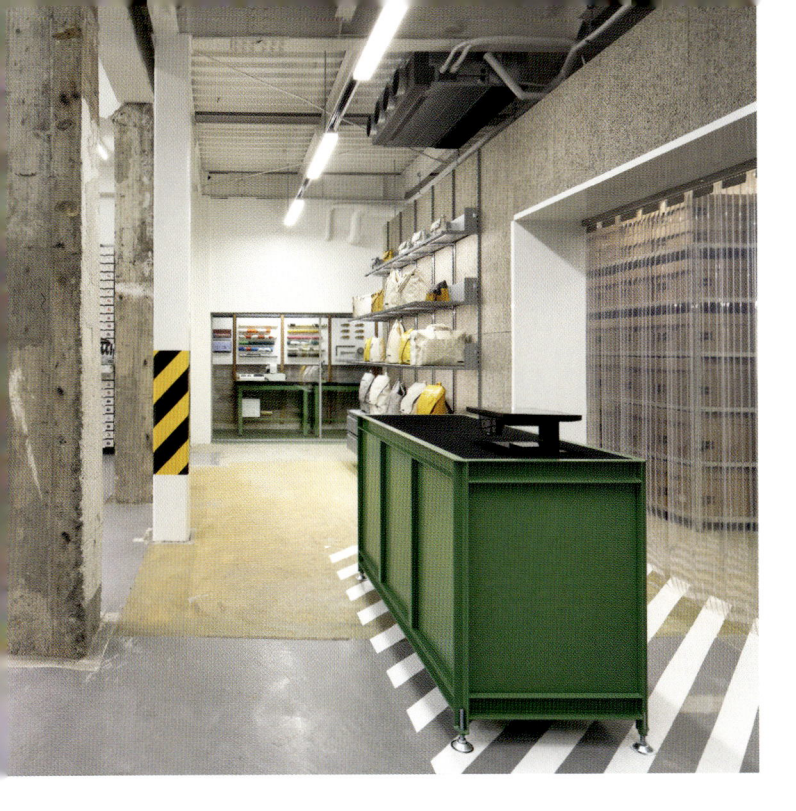

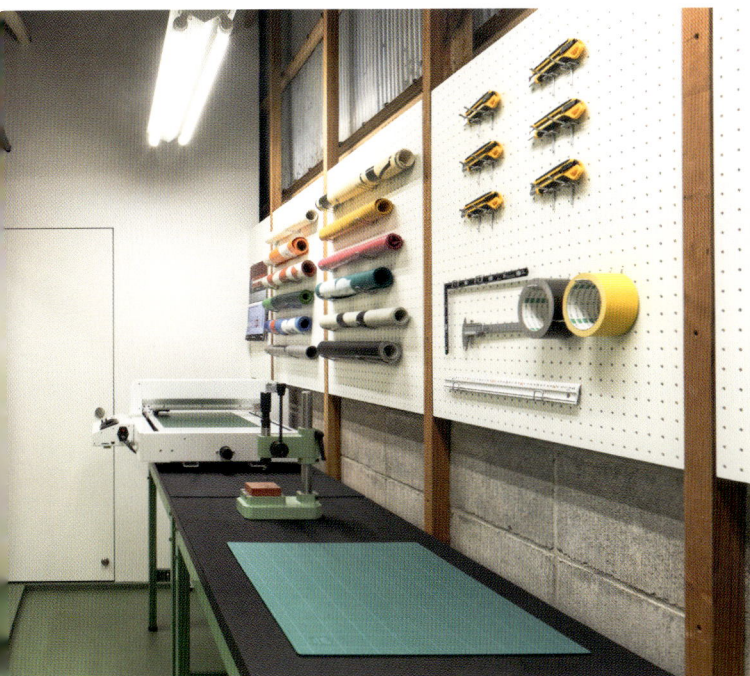

FREITAG — KYOTO

Der LKW prangt als Bezugsgröße schon an der Fassade des Stores und auch innen erinnert alles an die Routinen einer Autowerkstatt. Das konsequente Store Design passt gut zum Produkt und der Unternehmensphilosophie.

In Großstädten werden LKWs für gewöhnlich nicht als Heilsbringer begrüßt und taugen schon deshalb nur schwer als Werbemotiv. Dennoch wirbt ein Hersteller von Taschen aus LKW-Planen an der Außenfassade seines Stores in Kyoto mit einem lebensgroßen Brummi. Wie passt diese Ansprache zur alten japanischen Kaiserstadt, die berühmt ist für Holzpagoden, Kirschblütenfeste und Bambushaine? Nun, das Angebot richtet sich an eine eher junge Zielgruppe, die mit den Traditionen wenig am Hut hat und sich bei der Ausstattung ihrer Lebenswelten lieber der urbanen Codes des Westens bedient. Der Freitag-Store, der nur zwei Straßen von der traditionellen Nishiki-Markthalle entfernt liegt, möchte mit dem bestens beleumundeten Zürcher Coolness-Faktor wuchern. Die Einrichtung ist von der Atmosphäre einer namenlosen Logistikhalle inspiriert, die sich auf der 97 Quadratmeter großen Fläche gewissermaßen en miniature erzeugen ließ. Die Freitag-Kollektion, die zum Teil mit dem Slogan „Simple, powerful and ugly" beworben wird, erscheint dank der schlichten Präsentation wie eine Produktserie kurz vor dem letzten Fertigungsschritt. Und richtig: Das Customizing, also das individuelle Finish, erfolgt nach Wunsch des Kunden. Mehr noch: Sie dürfen sich hier auch selbst an die Werkbank stellen und schneiden, hämmern und nähen. Und deshalb ist der Werkstattcharakter des Geschäfts mehr als Kulisse. Der Boden und die Wände sind aus Stahlbeton, die schrundigen Stützpfeiler und Träger wurden lediglich mit Warnmarkierungen versehen, wie sie in Fabriken üblich sind. Dass für den Standort zwei vormals getrennte Ladengeschäfte zusammengelegt wurden, lässt sich sowohl an den tragenden Strukturen wie auch an den unterschiedlichen Deckenkonstruktionen ablesen. Die Werkbank als zentrales Raumelement, die metallenen Schubladenschränke an der Längs- und Stirnseite sowie die ungeschlachte Optik der unverkleideten Fronten sind so ehrlich wie die robusten Taschen des Labels und zugleich eine Reminiszenz an den Ursprungsort der Marke. Die Brüder Markus und Daniel Freitag wohnten in den 1990er-Jahren in einem Industriegebiet hinter dem Zürcher Bahnhof und suchten nach einer Kuriertasche, um ihre Designerentwürfe mit dem Fahrrad unbeschadet zur Universität zu transportieren. Der Autobahnanschluss direkt vor dem Fenster brachte sie auf die Idee, alte LKW-Planen zu zerschneiden und weiterzuverarbeiten. Dass vor dem Geschäft ein Radweg verläuft, dürfte den Firmengründern gefallen.

Projektpartner

Planung	Torafu Architects
Lichtplanung	Endo Lighting Corporation
Fotografie	Daici Ano

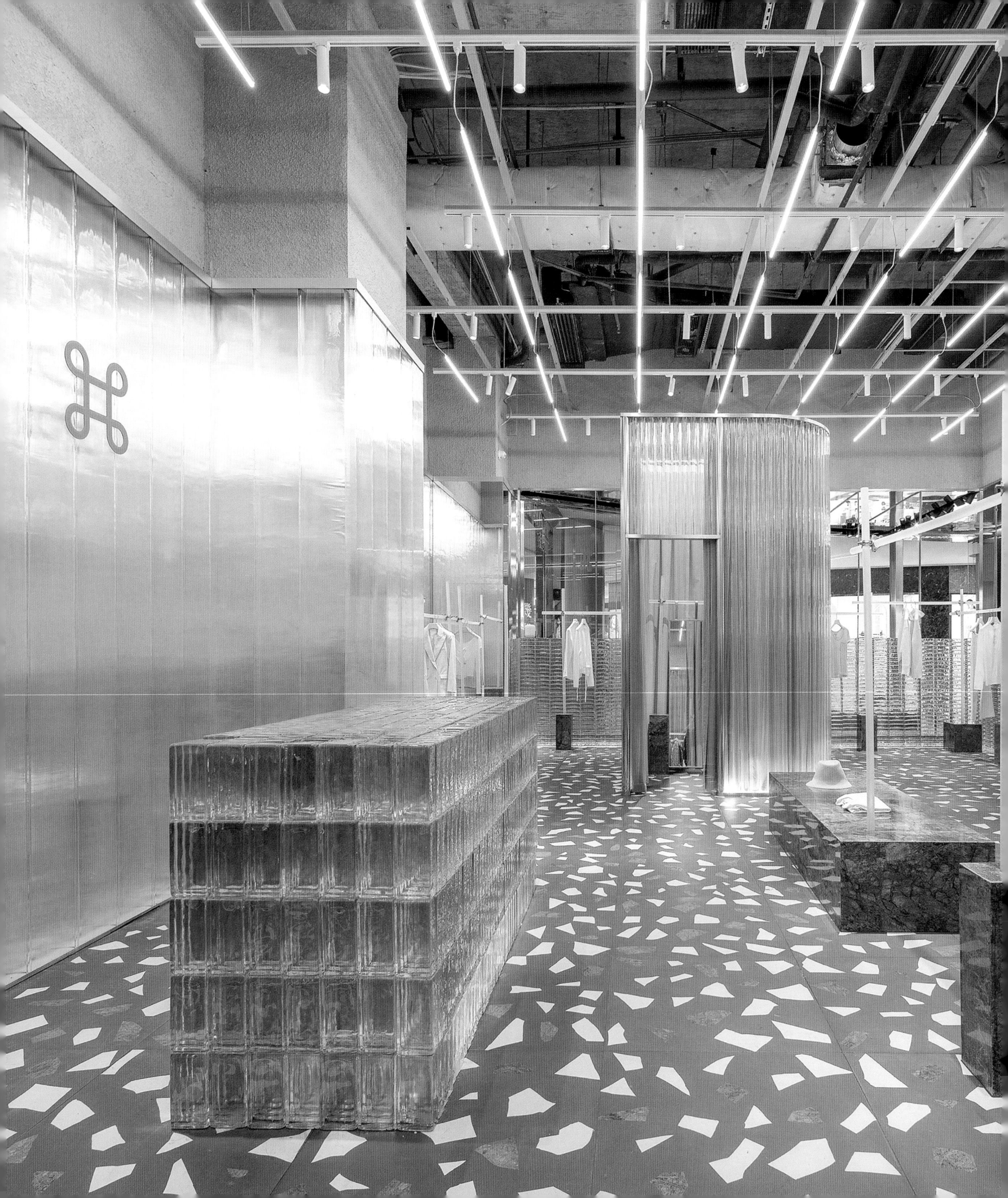

GEIJOENG CONCEPT STORE — SHENZHEN

Reizklima

So frostig wird Mode selten präsentiert: Ein Label empfängt seine Kundschaft in der chinesischen Millionenstadt in einem Eispalast und vermittelt auf nicht unbedingt subtile Weise, warum der Mensch etwas zum Anziehen braucht.

Projektdaten

Standort	The Coastal City, 2/F, Nanshan 518000 Shenzhen, China
Eröffnung	1. Oktober 2019
Verkaufsfläche (m²/Etagen)	120/1

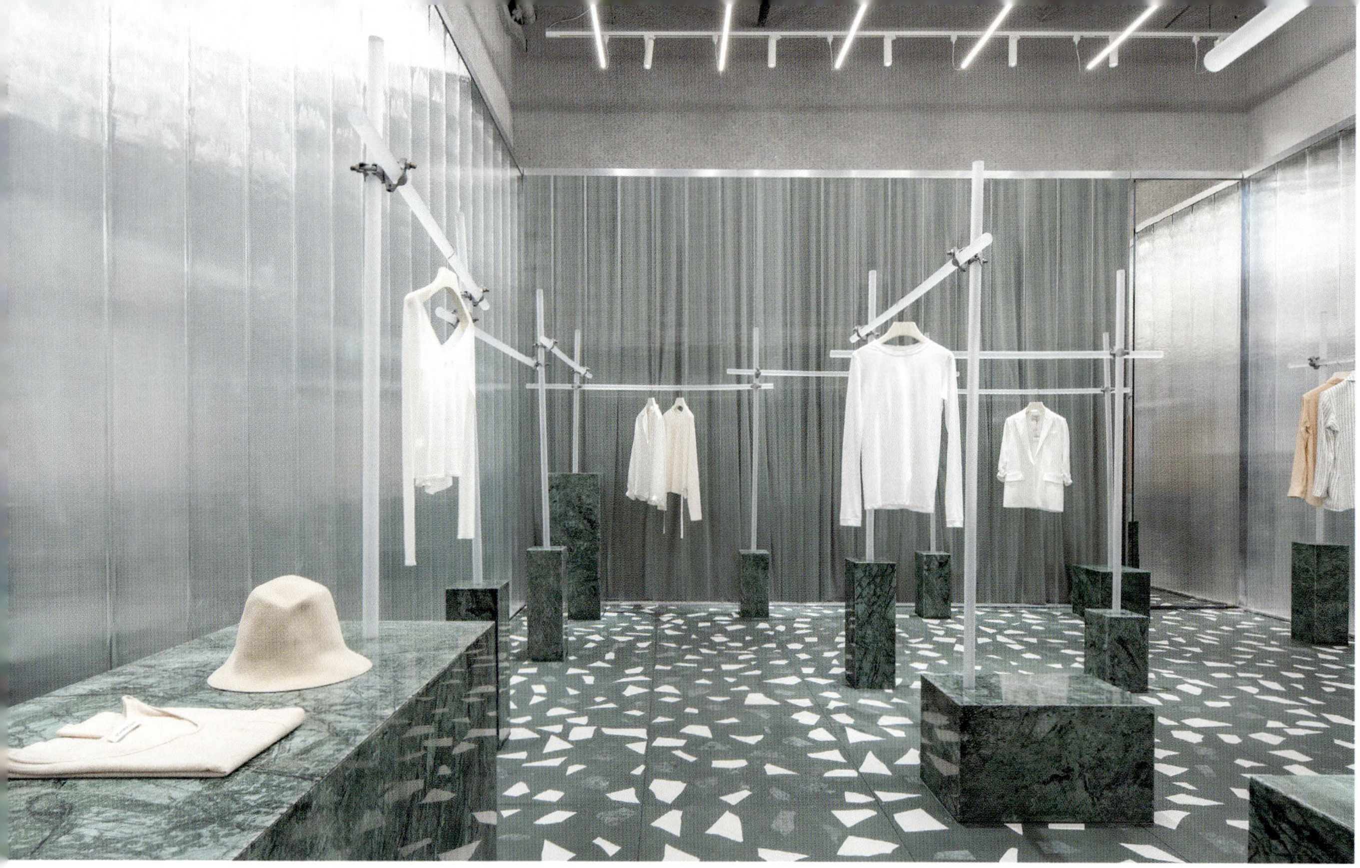
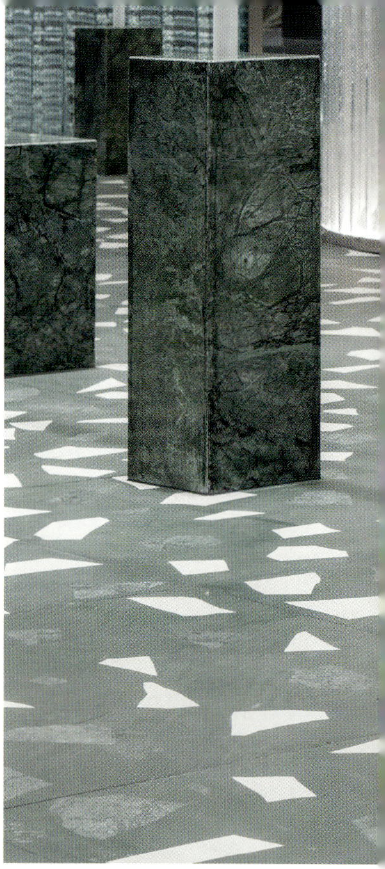
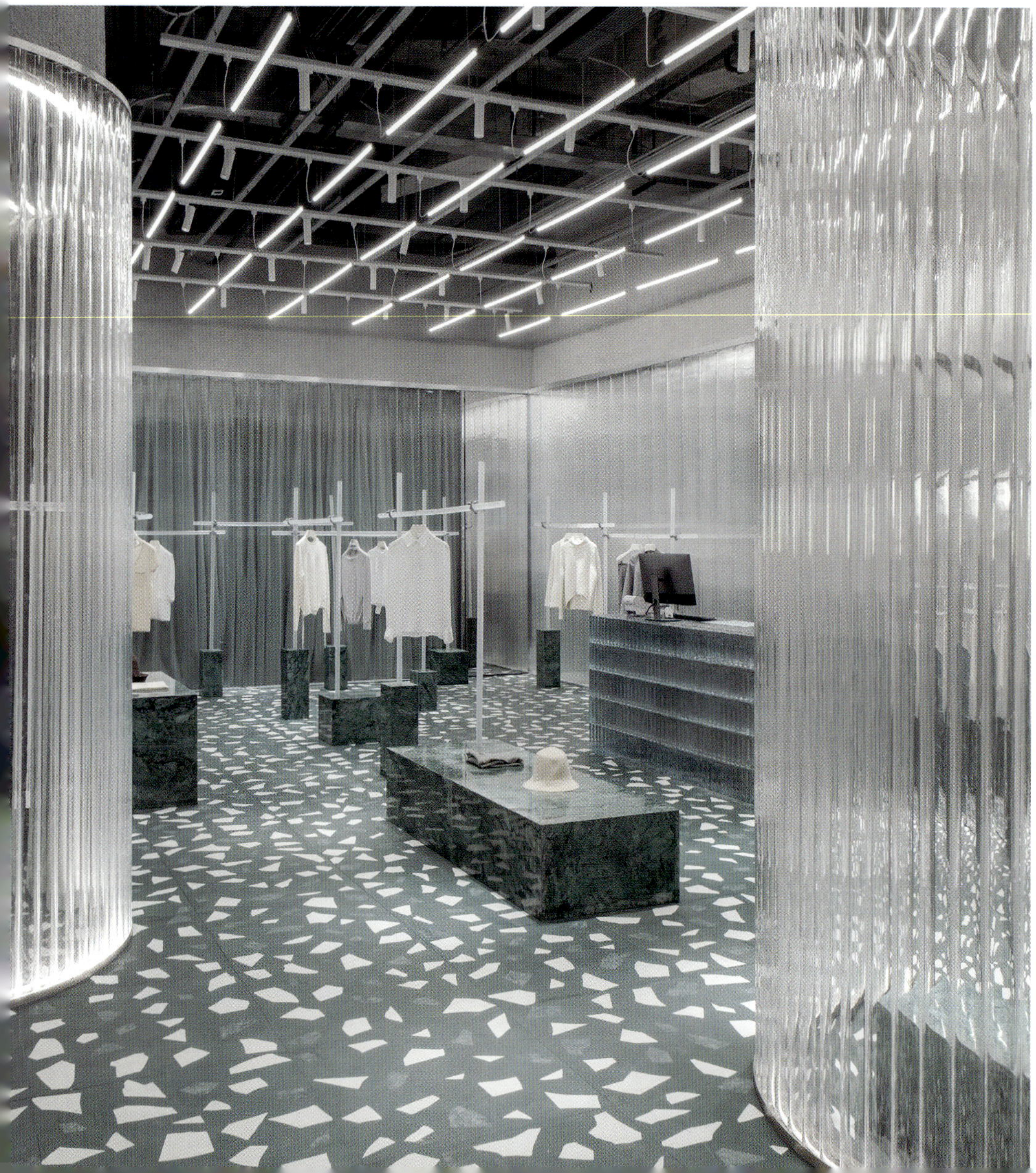
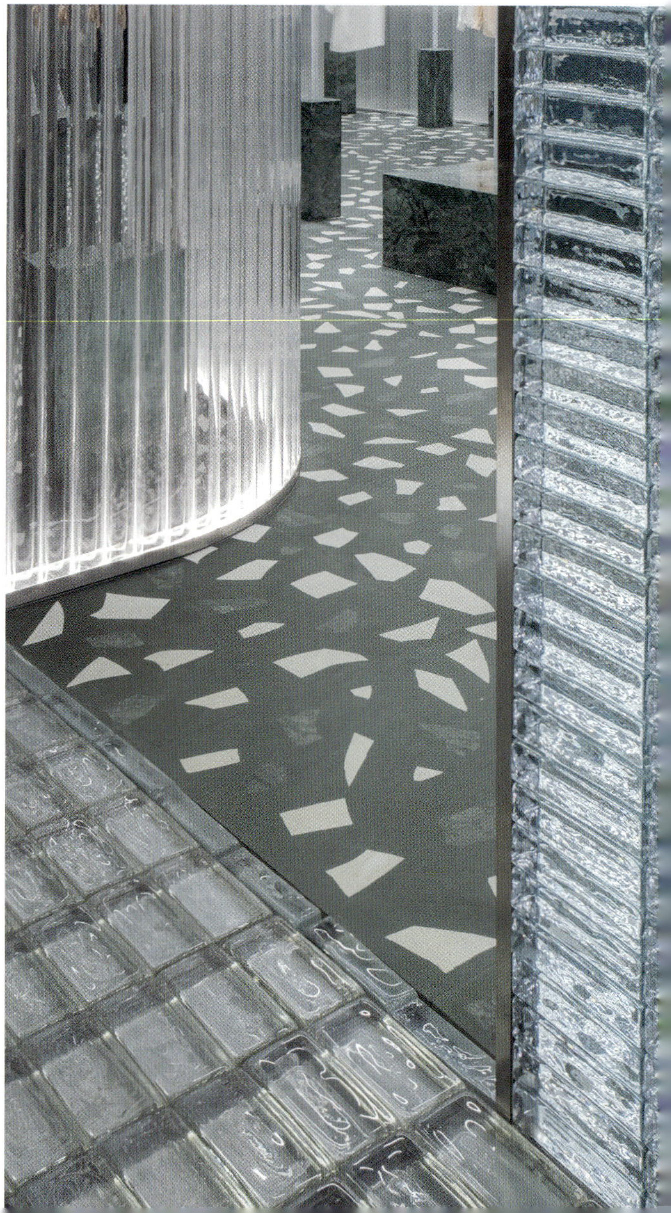

GEIJOENG CONCEPT STORE — SHENZHEN

So viel Winter kann man sich nur in einer subtropischen Stadt leisten, in der es selbst im Winter höchst selten kälter als 15 Grad Celsius wird. Vielleicht ist deshalb der Reiz so groß, mit den Attributen des Polarkreises zu arbeiten. Der Store wartet mit einer Farbpalette auf, die von Eisblau bis Permafrostgrau reicht und als einzigen Hinweis auf organisches Leben grünen Marmor erlaubt. Wie gut, dass es Kaschmirpullover und warme Kopfbedeckungen zu kaufen gibt.

Projektpartner

Planung	Studio 10
Ladenbau	Ningtuo Furnishings
Fotografie	ZC Studio, Chao Zhang

Märchenhaft mutet in der chinesischen Stadt Shenzhen vieles an. Lebten hier vor 40 Jahren gerade einmal 30.000 Menschen, zählt man heute 12,5 Millionen Einwohner. Phantastische Projekte prägen auch das Baugeschehen. So wurde am Perlfluss unweit der vielen Wolkenkratzer jüngst die Heidelberger Stadtkulisse nachgebaut. Man kann dort über eine pseudobarocke Brücke gehen und sogar das Brückentor mit den typischen Doppeltürmen passieren, um zu einer Replik des Heidelberger Schlosses zu gelangen, das am Neckar seit Jahrhunderten eine Ruine ist. Märchenhaft sind in Shenzhen auch die wirtschaftlichen Voraussetzungen, unter anderem dank Huawei, der als High-Tech-Global-Player eine finanzkräftige und konsumfreudige Elite anlockt. Sie ist auch die Zielgruppe eines Concept-Stores, der sich bei seiner Einrichtung offenbar am Reich der Schneekönigin orientiert hat. Eindrücklicher als in einem Eispalast lässt sich der Bedarf des Menschen nach wärmender und schützender Hülle, die auch kleidsam sein darf, sicher nicht vermitteln. Die 110 Quadratmeter Fläche werden von Einbauten aus Glasbausteinen und Acrylpaneelen sowie eher kühlen Details wie Marmorblöcken und Spiegeln geprägt. Die Warentische im Raum sind Eisblöcke; die plissierten Raumelemente aus Plexiglas erscheinen wie überdimensionierte Kristallzylinder, in denen einzelne Teile auf einem grünen Steinpodest präsentiert werden können. Das Kalkül: So nackt und abweisend der Raum ohne die schmeichelnden Textilien wirkt, muss sich auch der unbekleidete Kunde fühlen. Der existenzialistischen Grundstimmung kann auch der grüne Terrazzoboden nicht beikommen. Um dieses Kühlhaus zu beleben, braucht es wahrscheinlich mehr als ein paar vereinzelte Hemden und Blusen, die – obwohl aus feinster Baumwolle, Kaschmir oder Seide – wie erschlaffte Gespenster an den Kleiderstangen hängen. Sie waren wohl dem Geist der harschen Schneekönigin erlegen.

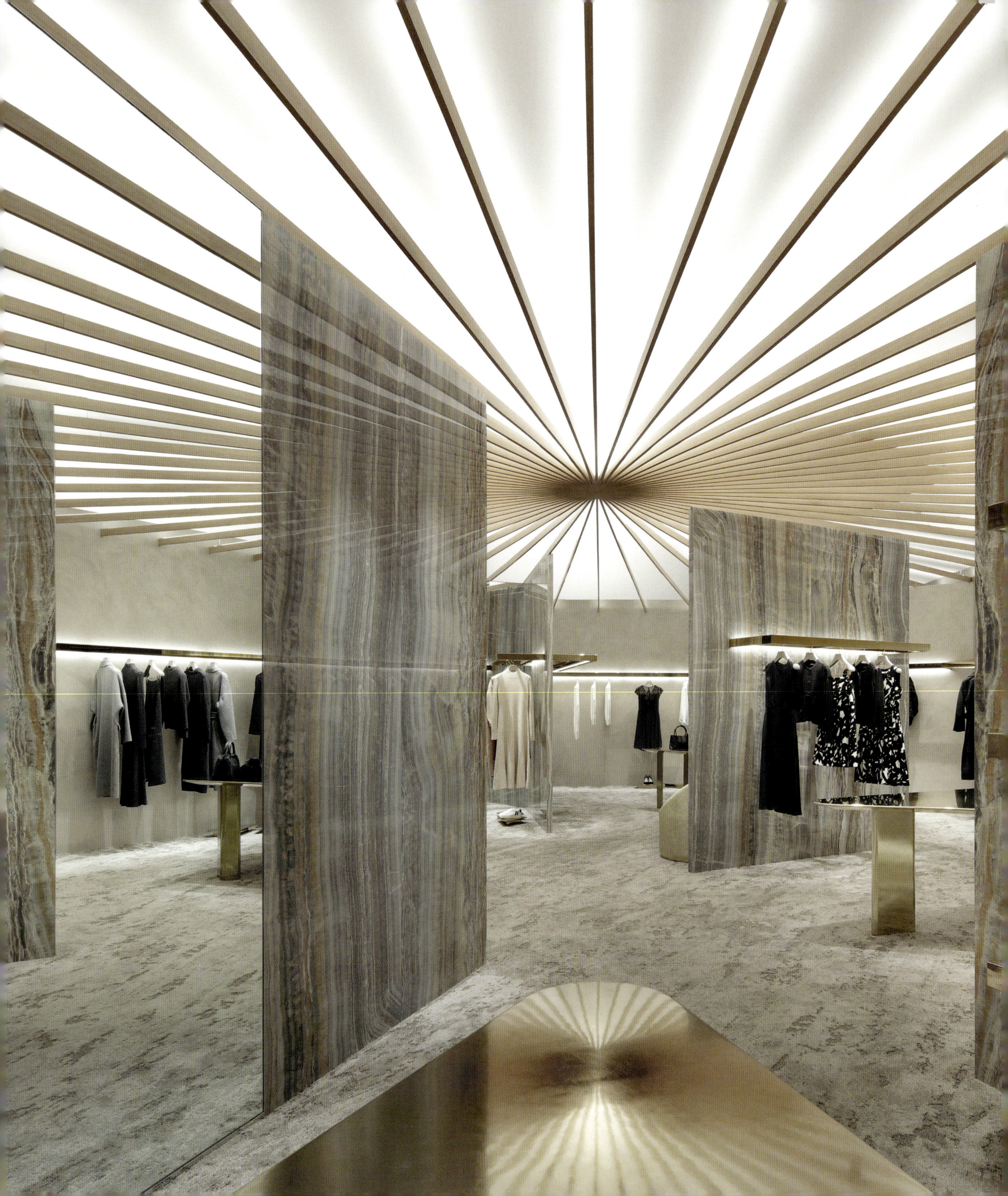

M-I-D CONCEPT STORE — OSAKA

Lichtschrein

Die hohe Schule der japanischen Architektur kommt hier einem Modelabel zugute, das den Minimalismus der Einrichtung nicht für einen vorlauten Auftritt nutzt, sondern darin aufgeht.

Projektdaten

Standort	1-7-1 Shinsaibashi-suji, Daimaru Shinsaibashimise 4th floor, Chuo-ku 542-8501 Osaka, Japan
Eröffnung	20. September 2019
Verkaufsfläche (m²/Etagen)	148/1

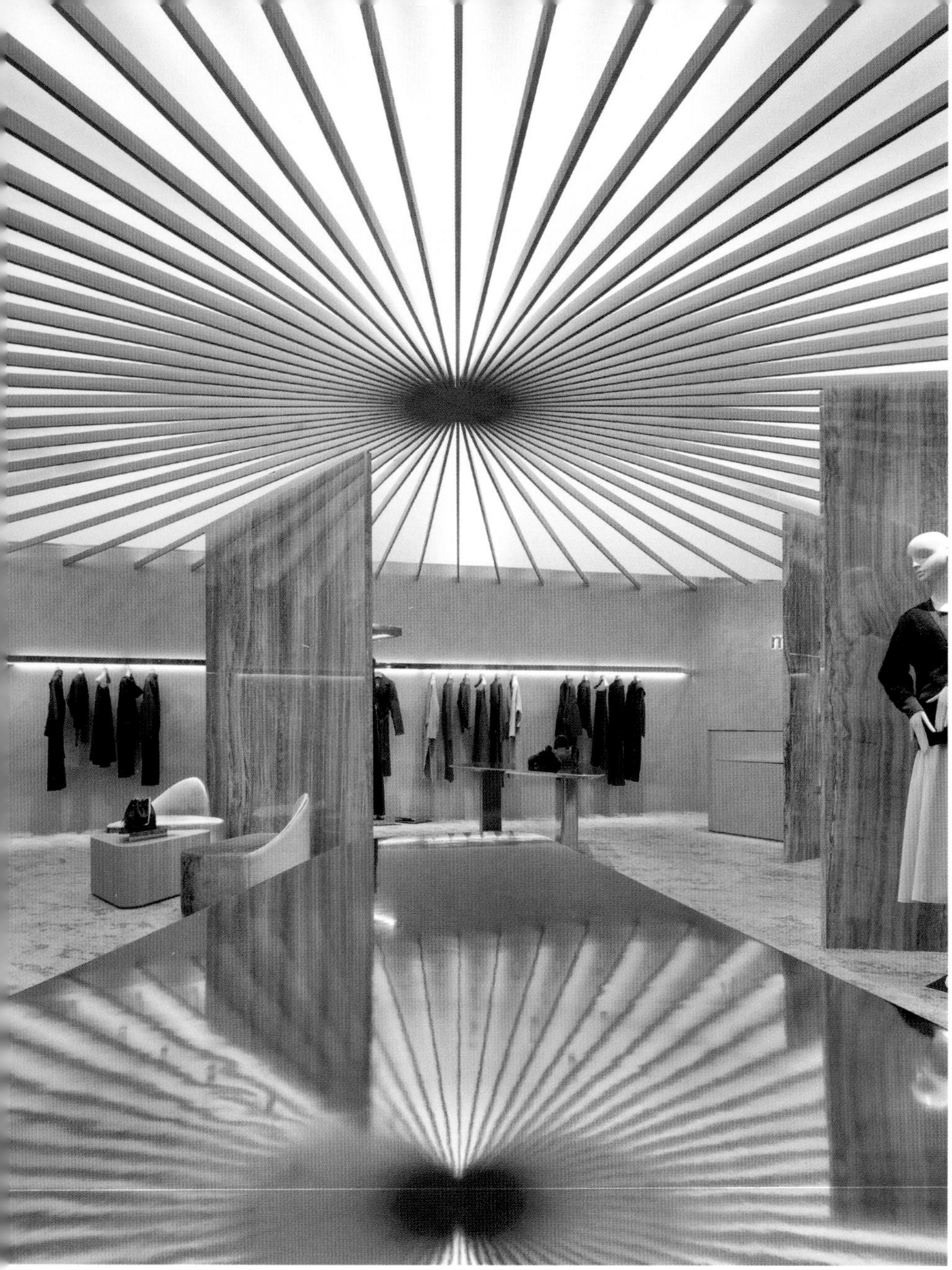
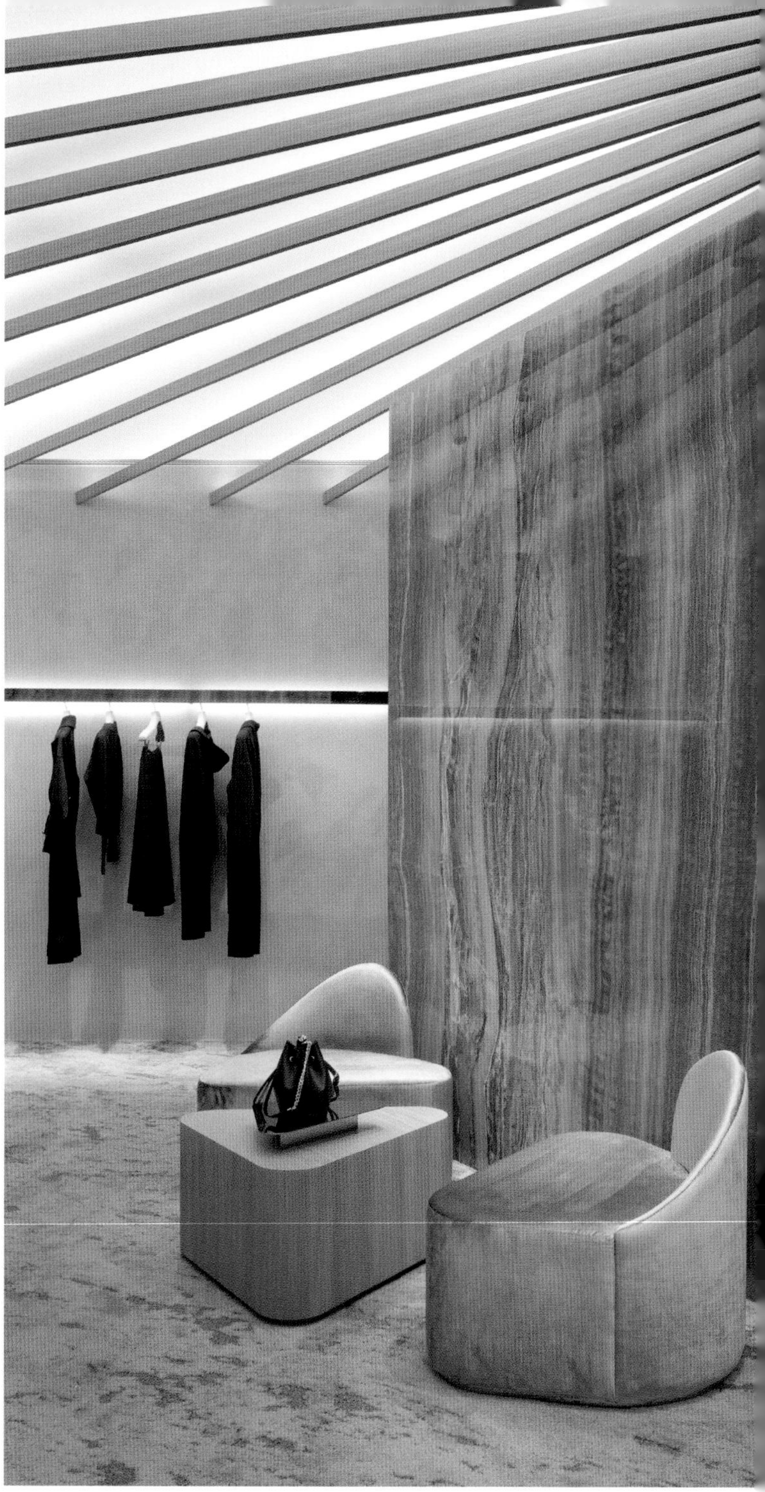
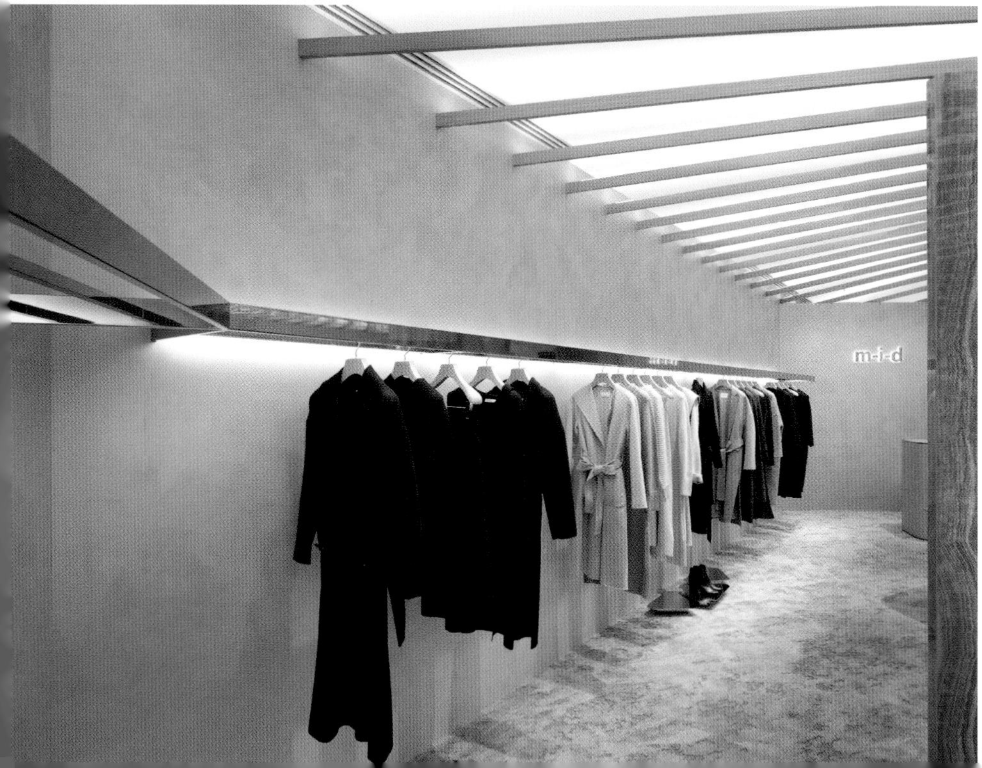
m-i-d
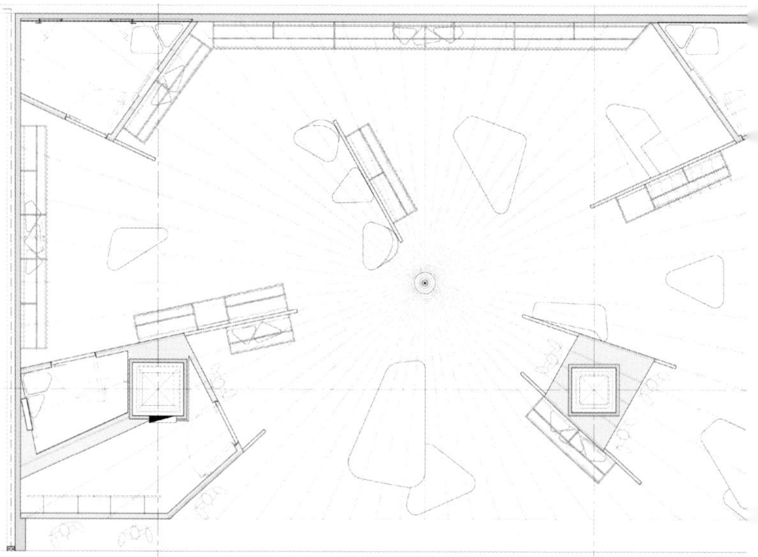

M-I-D CONCEPT STORE — OSAKA

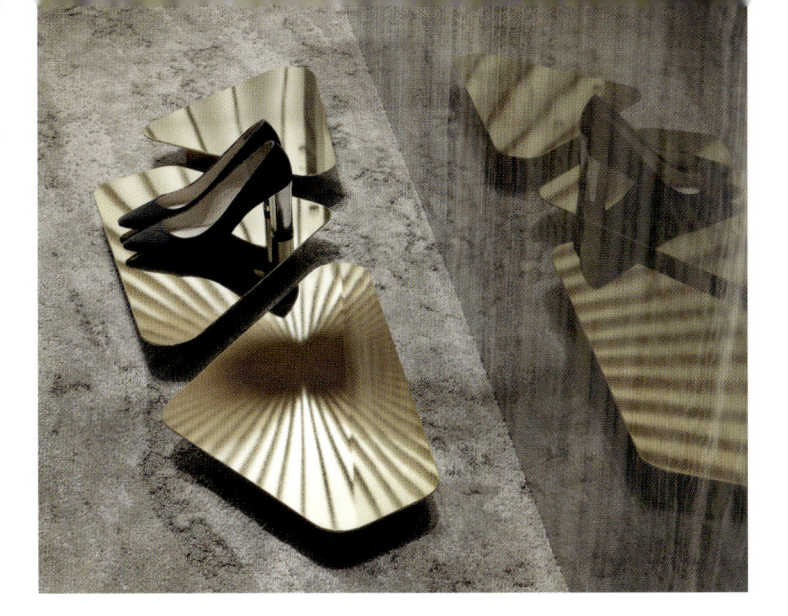

Dass echter Luxus keine Frage der Fülle ist, sondern im Erkennen und Schätzen von wahrer Schönheit liegt, wird angesichts dieser Raumkomposition einmal mehr offensichtlich. Das Zeltdach, eine Simulation aus einer hinterleuchteten, konzentrischen Struktur aus schlichten Streben, adelt die Verkaufsfläche zu einem fast sakralen Raum, in dem Grau- und Goldtöne, verteilt auf Boden, Decke, Einbauten und die markanten Steinwände, ein Ensemble der Andacht bilden. So viel Erhabenheit strahlt auch auf die Mode ab.

Die japanische Architektur hat die moderne Baukunst nicht nur durch ihren bedachten Umgang mit Raum und Material beeinflusst, sondern die westlichen Kollegen – oft genug vergeblich – gelehrt, mit den Mitteln des Verzichts ein Mehr an Konzentration und Transzendenz zu erreichen. Der sattsam bemühte Spruch „Less is more" wäre ohne die fernöstliche Kunst der Raumerzeugung nicht denkbar. In einem Concept-Store, der als Shop-in-Shop im Kaufhaus Daimaru Shinsaibashi eröffnete, gibt es zusätzlich zu den hochpreisigen Mode-Kollektionen die nahezu idealtypischen Qualitäten japanischer Innenarchitektur zu bewundern. Der von mehreren Seiten zugängliche, tempelartige Raum umfließt deckenhohe Wandelemente aus glänzend poliertem Kalkstein und hat weder Anfang noch Ende. Entlang der Wände sowie auf einzelnen Kleiderständern vor den Trennwänden ist die Ware ausgestellt, die in Schnitt und Kolorit ganz und gar dem in Japan geschätzten und gepflegten vornehmen Minimalismus entspricht. Die Boutique versteht sich als Schrein, in dem dieser Haltung gehuldigt wird.

Dieser solipsistische Effekt wird von der Decke verstärkt, die mit den leicht geneigten, auf einen Mittelpunkt zulaufenden Metallstreben an eine Zeltkuppel erinnert. Die hinterleuchtete Struktur entfaltet einen zentripetalen Sog – dem alle Bewegungen im Raum folgen. Die frei stehenden, fein geschliffenen Steinwände entwickeln in dem weichen Licht eine fast transluzente Anmutung und bringen mit ihren Reflexionen auch die präsentierte Mode zum Schimmern. Dass der Widerschein das zentrale Gestaltungsinstrument ist, lässt sich auch an den anderen Details ablesen. Polierte Kupferoberflächen, Spiegel, Glas, der zurückhaltende Betonton der Wände und ein seidig glänzender grauer Teppich – es ist ein sparsames Farbspektrum. Osaka, heißt es, sei nach Tokio das zweitteuerste Pflaster der Welt.

Projektpartner

Ladenbau	Curiosity Inc.
Beleuchtung	ModuleX Inc.
Fotografie	Satoshi Shigeta

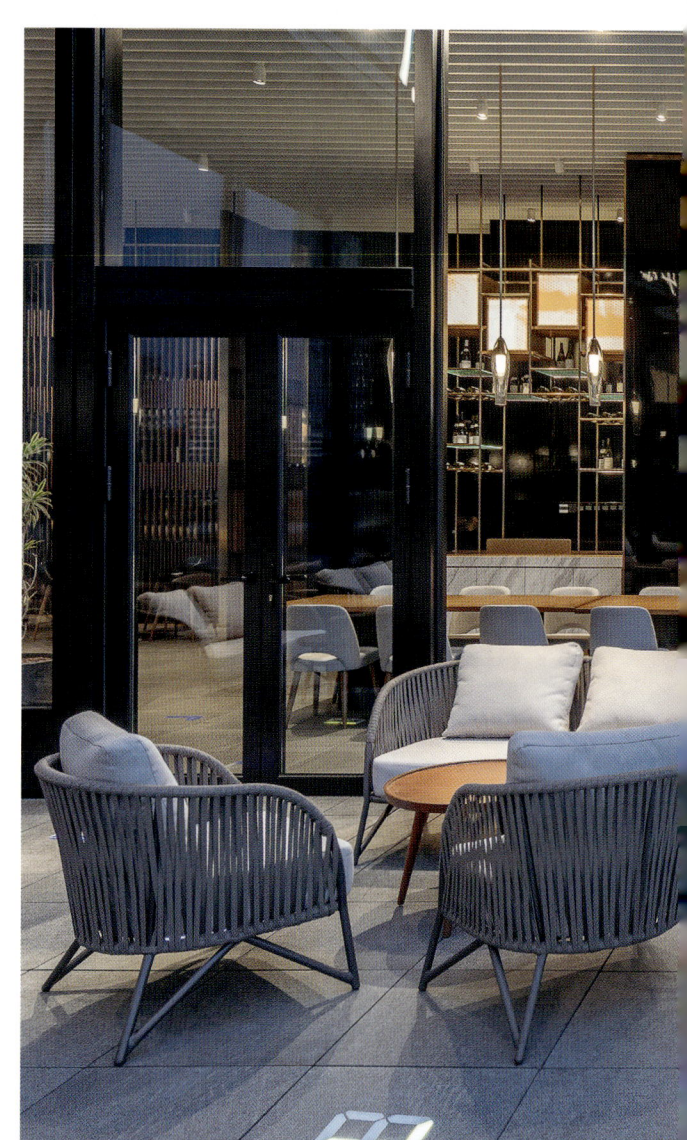

CLOUD BISTRO — SHANGHAI

Ganz oben

Ein unverstellter Ausblick in die von Hochhäusern dominierte Stadtlandschaft einer chinesischen Millionenmetropole gehört zu den Gratis-Zutaten eines Bistro-Besuchs im Bund Finance Center in Shanghai.

Projektdaten + Projektpartner

Standort	Bund Finance Center Shanghai Shanghai, China
Eröffnung	1. April 2020
Verkaufsfläche (m²/Etagen)	390/1
Planung	Kokaistudios
Fotografie	Dirk Weiblen

CLOUD BISTRO — SHANGHAI

Die Einrichtung des Bistros erscheint als Spiegelung der abendlichen Stimmung in Shanghai. Art-déco-Elemente und eine geschickte Lichtinszenierung prägen den Raum.

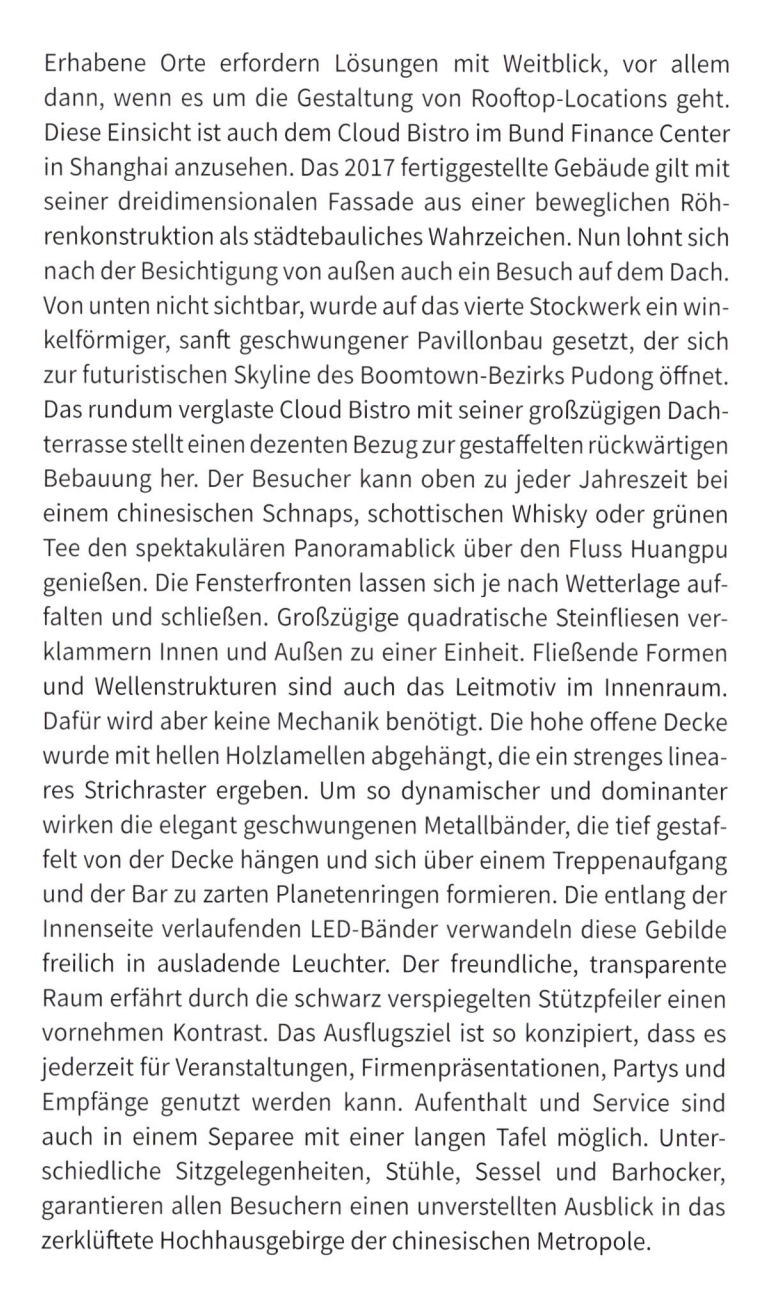

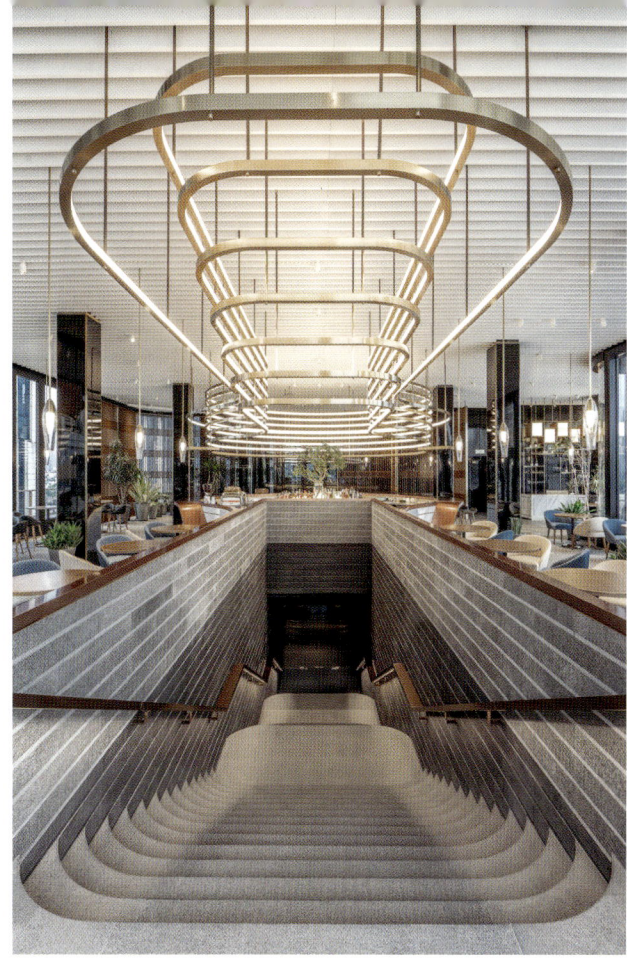

Erhabene Orte erfordern Lösungen mit Weitblick, vor allem dann, wenn es um die Gestaltung von Rooftop-Locations geht. Diese Einsicht ist auch dem Cloud Bistro im Bund Finance Center in Shanghai anzusehen. Das 2017 fertiggestellte Gebäude gilt mit seiner dreidimensionalen Fassade aus einer beweglichen Röhrenkonstruktion als städtebauliches Wahrzeichen. Nun lohnt sich nach der Besichtigung von außen auch ein Besuch auf dem Dach. Von unten nicht sichtbar, wurde auf das vierte Stockwerk ein winkelförmiger, sanft geschwungener Pavillonbau gesetzt, der sich zur futuristischen Skyline des Boomtown-Bezirks Pudong öffnet. Das rundum verglaste Cloud Bistro mit seiner großzügigen Dachterrasse stellt einen dezenten Bezug zur gestaffelten rückwärtigen Bebauung her. Der Besucher kann oben zu jeder Jahreszeit bei einem chinesischen Schnaps, schottischen Whisky oder grünen Tee den spektakulären Panoramablick über den Fluss Huangpu genießen. Die Fensterfronten lassen sich je nach Wetterlage auffalten und schließen. Großzügige quadratische Steinfliesen verklammern Innen und Außen zu einer Einheit. Fließende Formen und Wellenstrukturen sind auch das Leitmotiv im Innenraum. Dafür wird aber keine Mechanik benötigt. Die hohe offene Decke wurde mit hellen Holzlamellen abgehängt, die ein strenges lineares Strichraster ergeben. Um so dynamischer und dominanter wirken die elegant geschwungenen Metallbänder, die tief gestaffelt von der Decke hängen und sich über einem Treppenaufgang und der Bar zu zarten Planetenringen formieren. Die entlang der Innenseite verlaufenden LED-Bänder verwandeln diese Gebilde freilich in ausladende Leuchter. Der freundliche, transparente Raum erfährt durch die schwarz verspiegelten Stützpfeiler einen vornehmen Kontrast. Das Ausflugsziel ist so konzipiert, dass es jederzeit für Veranstaltungen, Firmenpräsentationen, Partys und Empfänge genutzt werden kann. Aufenthalt und Service sind auch in einem Separee mit einer langen Tafel möglich. Unterschiedliche Sitzgelegenheiten, Stühle, Sessel und Barhocker, garantieren allen Besuchern einen unverstellten Ausblick in das zerklüftete Hochhausgebirge der chinesischen Metropole.

Hera®

Was auch immer beleuchtet werden muss, Hera hat die passende Lösung!

Individuelles Licht der Firma Hera GmbH & Co. KG setzt die Ware in Szene und steigert die Konsumbereitschaft

Mit den Beleuchtungssystemen von Hera wird Qualität und Innovation garantiert!

Das mittelständische Familienunternehmen mit rund 100 Mitarbeitern liefert erstklassige Produkte und Systemlösungen u. a. für die Küchen- und Möbelindustrie, den Ladenbau sowie Projekte für das Hotelwesen in mehr als 70 Länder der Welt. Dabei reicht das Angebotsspektrum von innovativen LED- und anspruchsvollen Systemleuchten bis hin zu Lichtsteuerungen, individuellen Sonderwünschen nach Maß und vielfältigem Zubehör. Die Produkte werden kontinuierlich nach dem neuesten Technologiestand entwickelt, um bestmögliche Ergebnisse liefern zu können.

Bei Hera wird bedarfsoptimiert und schnell produziert. Dank einer hohen Warenverfügbarkeit aufgrund des elektronisch gesteuerten Hochregallagers verlassen die Produkte aus dem Standardprogramm in der Regel innerhalb von spätestens drei Tagen das Lager.

Auch für individuelle Wünsche, die dem jeweiligen Bedarf maßgeschneidert angepasst werden können, ist man bestens gerüstet. Mit Hilfe des etablierten Hera-Leuchtenkonfigurators im Hera Webshop lassen sich Sonderwünsche kinderleicht umsetzen.

Über die Abfrage von Lichtleistung, Lichtfarbe, Art des Profils bis hin zur Mattierung der Abdeckung, die Länge der Leuchten sowie Länge und Farbe der Anschlussleitungen lassen sich eine nahezu unbegrenzte Anzahl an Lösungen generieren.

Hera fertigt die Wunschleuchten nach Maß bereits ab Stückzahl 1 und das bei einer sehr kurzen Durchlaufzeit.

Im Bereich Umweltmanagement gewinnen umweltverträgliche Produktionsverfahren, Abfallvermeidung und vernünftige Recyclingkonzepte immer stärker an Bedeutung; für Hera ist es selbstverständlich, in diesem Bereich auf dem neuesten Level zu sein.

Kundenservice garantiert Hera mit persönlichen Gesprächen statt Bandansagen. Die qualifizierten Mitarbeiter haben jederzeit ein offenes Ohr für Anfragen jeglicher Art und liefern Lösungen für die Wünsche und Anforderungen der Kunden.

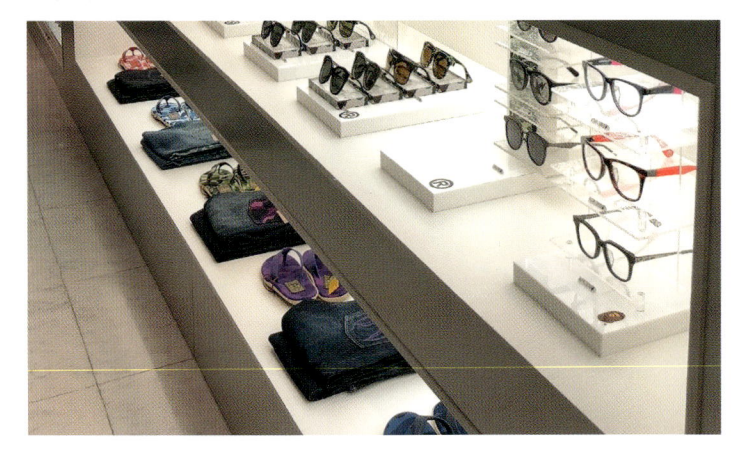

Hera GmbH & Co. KG
Dieselstraße 9   D-32130 Enger
Tel. +49 5224 911-0   mail@hera-online.de
www.hera-online.de

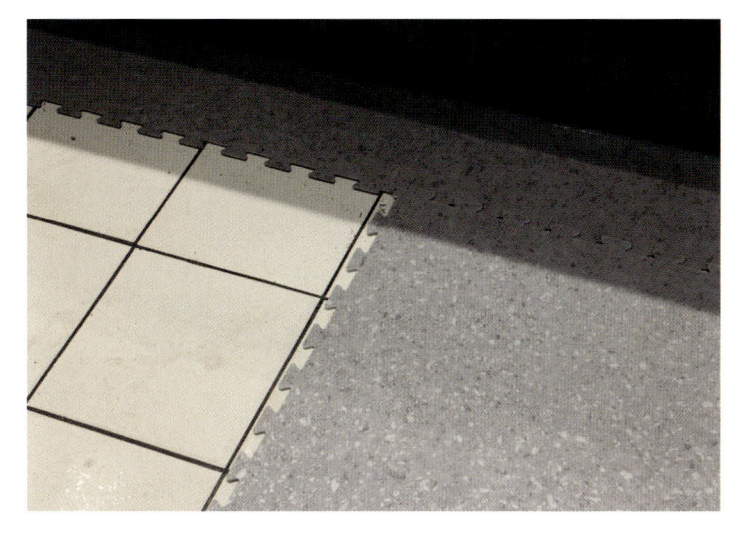

Der Boden für jeden Einkauf

Loose-Lay-Lösungen von Forbo

Der Vinylboden Allura mit der Loose-Lay-Variante Puzzle von Forbo stellt seine Design-Qualität und seine eindrucksvollen Anwendungs- und Gebrauchseigenschaften in zwei Berliner Edeka Märkten unter Beweis. Weitere Flächen sind in Planung.

Beim Storedesign der Edeka Märkte muss alles stimmen. Vom Ladenbau bis zum Lichtkonzept geht es bei Deutschlands führendem Lebensmittelhändler stets darum, die individuell beste Lösung zu finden. Das gilt auch für den Bodenbelag: Er muss Charakter zeigen und sich zugleich harmonisch ins Storedesign fügen. Zudem sollte er äußerst robust und pflegeleicht sein. Da bei Renovierungsprojekten der Edeka Gruppe auch der Zeitfaktor eine entscheidende Rolle spielt, sollte der Bodenbelag besonders schnell, sauber und geräuscharm ohne aufwendige Untergrundvorbereitung und den Einsatz von Klebstoffen direkt auf dem Bestandsboden verlegt werden können.

Allura Puzzle, die Loose-Lay-Lösung von Forbo Flooring, erfüllt dieses Anforderungsprofil perfekt. Die großformatigen Fliesen mit Schwalbenschwanzverbindung sind in 18 authentischen Beton- und Holzoptiken erhältlich und zeichnen sich durch herausragende Dimensionsstabilität aus. Kein Wunder, dass Allura Puzzle in immer mehr Edeka Märkten zum Einsatz kommt. Bei Edeka Reske in Berlin-Friedrichshain etwa war Allura Puzzle in einer homogenen Betonoptik in der Farbe Iron Cement die rettende Lösung, als das Bodenkonzept während der laufenden Renovierungsarbeiten plötzlich geändert wurde: 900 qm waren sofort verfügbar und in kürzester Zeit verlegt. Bei Edeka Safa in Berlin-Tegel war neben der schnellen und unkomplizierten Anwendung insbesondere das exzellente Preis-Leistungs-Verhältnis ausschlaggebend für die Entscheidung für Allura Puzzle in einer markanten Steinoptik in der Farbe Lead Stone. Seither bewährt sich das Produkt im täglichen Trubel der Hauptstadt-Märkte mit Bravour. Und sollte der Boden nach jahrelangem Gebrauch doch hier und da mal Blessuren zeigen, lassen sich einzelne Elemente problemlos erneuern.

Forbo Flooring GmbH
Steubenstraße 27   D-33100 Paderborn   Tel +49 5251 1803 0
info.germany@forbo.com   www.forbo-flooring.de

VORÜBERGEHEND GEÖFFNET

Pop-up-Stores sind dank ihrer Extravaganz das Salz in der Retailsuppe. Das Format verdient inzwischen eine eigene Kategorie im STORE BOOK. Besonders internationale Marken glänzen mit sehenswerten Auftritten. Der Pop-up-Store hat sich als gutes Marketinginstrument im Einzelhandel etabliert.

Der erste Pop-up-Store in Deutschland wurde vom Modelabel Comme des Garçons 2004 in einer ehemaligen Berliner Bücherei eröffnet. Möbel vom Flohmarkt und der abgenutzte Charme des alten Gebäudes schufen eine Second-Hand-Atmosphäre, in der die avantgardistische Mode des japanischen Labels auf besondere Weise zur Geltung kam. Die Gegensätze zwischen Location und Produkt hätten größer nicht sein können. Die Eröffnung des Stores wurde in bescheidenem Maße plakatiert und hauptsächlich von Mund zu Mund propagiert. Das machte das Projekt einzigartig, weil zeitlich verknappt, nur wenigen bekannt und perfekt inszeniert. Wer dabei war, konnte von einem außergewöhnlichen Shopping-Erlebnis an einem besonderen Ort erzählen. Es war die Geburtsstunde des Pop-up-Stores als innovatives Distributionsformat.

» Überraschung und Inspiration sind die Grundsäulen für den Erfolg temporärer Stores. Dazu kommt der Hauch von Exklusivität, der durch die zeitliche Begrenztheit entsteht. «

Auf Location, Ausführung und Zeitfaktor kommt es an, wenn ein Store erfolgreich „aufpoppen" soll. Warum wir in Zukunft noch mehr Pop-up-Stores sehen werden, erklärt Christoph Stelzer. Seine Agentur hat für die Kampagne „Tough As You" von Dr. Martens die Pop-Up-Inszenierung in der Schuhabteilung von Breuninger Stuttgart entwickelt und realisiert. Der Store wird auf den folgenden Seiten vorgestellt.

VORÜBERGEHEND GEÖFFNET

**Christoph Stelzer,
Managing Director DFROST
Retail Identity**

A Decade of Nomadic Retail

Pop-up-Stores haben sich längst als innovatives und profitables Verkaufsmodell im Retail etabliert und der Trend wächst weiter. In Zukunft sehen wir noch weitaus mehr temporäre, spitzer kuratierte und auch hybride Formate auf uns zu kommen. Eine neue Form des „Nomadic Retail" sozusagen, mit Platz für zielgruppengenaue Kuration und Nischen für die jeweilige Community. Wir erwarten einen großen Boom von temporären Formaten, da es mehr Raum für Brüche geben wird, die die Chance bieten, das Bild des Kunden an das gewohnte Erscheinungsbild der Marke immer wieder neu aufzuladen. Denn genau darum geht es bei einem Pop-up-Store, eine probate Maßnahme, um aus dem Gängigen und der allgegenwärtigen Innenstadt-Monotonie auszubrechen.

Einst geprägt von mutigen Einzelunternehmern mit gutem Händchen oder teils aus dem Guerilla-Marketing hervorgegangen, gehören Pop-ups längst zur Marketingstrategie etablierter Firmen und sind ein mächtiges Branding-Tool internationaler Marken, aufstrebender Newcomer und von Online-Pure-Playern. Große Unternehmen nutzen sie, um das Interesse an Produktinnovationen zu erforschen, limitierte Editionen zu lancieren oder neue Märkte und Zielgruppen zu inspizieren. Pop-ups sind nicht zuletzt deshalb so beliebt, weil sie gewissermaßen wie eine dreidimensionale Marketingkampagne in einem physischen Raum funktionieren.

Mit Pop-up-Stores oder -Flächen kann um ein Vielfaches schneller auf Kundenbedürfnisse reagiert werden. Gerade für Big Player bergen sie die Chance, ein völlig neues Mindset aufzubauen. Nicht zuletzt, weil Pop-ups erlauben, freier mit dem Selbstverständnis der Marke umzugehen. So ergibt sich auch für den Kunden mehr Spielraum, die Marke neu zu entdecken. Neben der Kommunikation und der Qualifikation der Mitarbeiter sind es vor allem Location und Design, die zum Gelingen beitragen. Einzigartig, perfekt inszeniert und limitiert – je weiter die Rahmenbedingungen des Stores oder der Fläche wie Lage, Interior und Angebot vom Gewohnten abweichen, desto besser, weil verblüffender. Auch für Multilabel-Händler bieten diese Formate ein großes Potenzial, um saisonale oder einfach modische Impulse in ihr gewohntes Sortiment einzuspielen.

Überraschung und Inspiration sind die Grundsäulen für den Erfolg temporärer Stores. Dazu kommt der Hauch von Exklusivität, der durch die zeitliche Begrenztheit entsteht. Künstliche Verknappung schafft Begehrlichkeit. Der Kunde will überrascht werden, neues Potenzial entdecken und damit immer wieder das Gefühl bekommen, Marke und Produkte sind am Puls der Zeit. Pop-ups bieten Brands die Möglichkeit sich zu inszenieren, sich erkennbar zu machen, auch unabhängig von der immer gleichen Hülle des Ortes. Für mich sind Pop-ups eins der spannendsten Formate für eine maximale Brand Experience, da dabei immer das Unerwartete, das besondere Erlebnis im Vordergrund steht.

COLE & SON POP-UP — PARIS

Blütenträume

Lasst Blumen sprechen. Selbst wenn sie nur auf Tapeten sind. Dass diese Form der Wandverkleidung den Mut zum großen Auftritt lohnt, hat ein britisches Traditionsunternehmen mit seiner temporären Dependance in Paris gezeigt.

Projektdaten + Projektpartner

Standort	Gallery Rauchfeld, 22 Rue de Seine Paris, Frankreich
Eröffnung	15. Januar 2020
Verkaufsfläche (m²/Etagen)	80/1
Planung	FormRoom
Fotografie	Images courtesy of Cole & Son

COLE & SON POP-UP — PARIS

Dass hier ein Tapetenhersteller Hof hält, ist nicht auf den ersten Blick zu sehen. Es grünt und blüht an der Fassade, in Töpfen und an den Wänden.

Die Paris Déco Off ist, wenn man so will, eine jährlich stattfindende Einrichtungsmesse. Diese nüchterne Einordnung wird dem Ereignis allerdings nur bedingt gerecht, denn das internationale Branchentreffen der Experten für Wand- und Bezugsstoffe, Wohntextilien und Tapeten ist vor allem ein mehrtägiger kollektiver Farb- und Musterrausch. Das britische Traditionsunternehmen Cole & Sons in seiner Funktion als Lordsiegelbewahrer der gehobenen Wohnkultur hat sich für die Dauer der Messe mit feinem Gespür für die feinen Unterschiede in der Galerie Rauchfeld im 6. Arrondissement eingemietet. Die Ausstellungsräume, in denen normalerweise zeitgenössische Kunst präsentiert wird, verwandelten sich für kurze Zeit in einen andalusischen Patio. Für „Sevilla", die neue Tapetenkollektion des Herstellers, wurden die 80 Quadratmeter mit Sonne, Blumenmustern, Dschungelfarben, geometrischen Dekoren und temporären Einbauten gefüllt, unter denen die kühl-minimalistische Innenarchitektur komplett verschwindet. Brunnen, Balkon, Gartenlaube, Pergola und Schaukel – die verschiedenen Raumsituationen dienen der anmutigen, freilich aus dem Vollen schöpfenden Präsentation der bunten Tapetenvielfalt. Die große visuelle Überraschung: Trotz des engen Nebeneinanders der extrem farbstarken, teilweise herausfordernden Dessins kommt jede Tapetensorte zur Geltung. Die ergänzenden Details, ob terrakottafarbene Pflanztopf-Arrangements, ein Kaminplatz, eine Arbeitsbank mit Gartengeräten, kleine Blumengefäße an der Wand oder der Orangenbaum vor der Korbschaukel, verbinden sich zu einer sommertrunkenen Phantasiekulisse. Selbst Säulen, Natursteinwände und eine Fassade mit Rundbogenfenstern fehlen nicht. Nur Tapetenrollen oder dicke Musterbücher sucht man hier vergeblich.

Um was es sich bei dieser Bespielung handelt, lässt sich allenfalls am Tresen ablesen, auf dem das Logo des Unternehmens im Immergrün prangt. Wer nicht weiß, dass es sich dabei um einen Tapetenhersteller handelt, darf die sinnliche Inszenierung für Gartenkunst oder eine Blumenperformance halten.

DR. MARTENS TOUGH AS YOU
POP-UP — STUTTGART

Work hard, play hard

Wenn sich ein Label mit dem Ruf als Punk- und Heavy-Metal-Ausrüster in der Schuhabteilung eines angesehenen Modehauses präsentiert, geht es nicht zuletzt um die Inszenierung von Gegensätzen. Und die Frage, wie man sich auch in artfremden Biotopen treu bleiben kann.

Projektdaten + Projektpartner

Standort	Breuninger Stuttgart, Marktstraße 1-3 70173 Stuttgart, Deutschland
Eröffnung	17. Februar 2020
Verkaufsfläche (m²/Etagen)	38/1
Planung	DFROST Retail Identity
Fotografie	Peter Muntanion

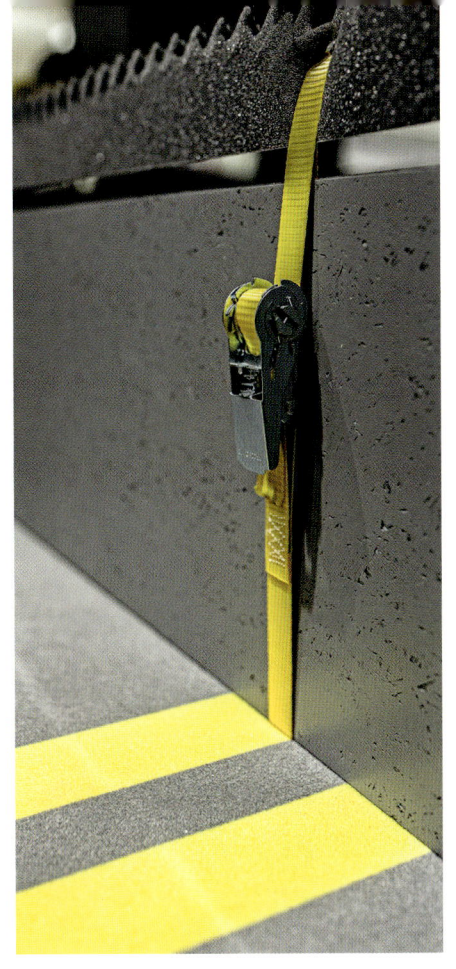

DR. MARTENS TOUGH AS YOU
POP-UP — STUTTGART

Das harte Image des Szene-Schuhwerks verlangt nach einer entsprechenden Inszenierung. Sie verleugnet nicht, dass Doc Martens eine Vergangenheit als Arbeitsbekleidung hat.

Auch wenn ein wohlerzogener Mensch, der zu Gast bei feinen Leuten ist, die schweren Schnürschuhe mit den gelben Nähten schon im Flur auszieht, taugen sie manchmal sogar für die gute Stube. Das passt zur Karriere der Produkte aus dem Hause Dr. Martens: vom robusten Arbeitsschuh zur Ikone der Popkultur. Bei Breuninger in Stuttgart bekam das Label die Gelegenheit, sich in einem Pop-up zu präsentieren, so als dürfte sich der rebellische Großneffe eine Weile bei der feinen Verwandtschaft einquartieren und zeigen, was wirklich in ihm steckt. Die Einrichtung der 38 Quadratmeter großen Verkaufsfläche beschränkt sich farblich auf Gelb und Schwarz, mithin die Farben des Corporate Designs. Der durchgehend schwarze Fußbodenbelag und eine Rückwand mit Image-Motiven bilden in der mit Eichenparkett ausgestatteten geräumigen Schuhabteilung des Warenhauses eine Inselsituation. Der Claim „Tough As You" thematisiert das beinharte Image der Marke. Von Doktor Klaus Märtens, einem Kriegsheimkehrer, in der Nähe von München entwickelt, erwies sich die Sohle des Arbeitsstiefels als besonders widerstandsfähig gegen Öl, Benzin und Säuren. Ein englischer Fabrikant entwickelte das Modell weiter und hatte in seinem Heimatland großen Erfolg. Soldaten, Polizisten, Postboten und Arbeiter wussten das schützende Schuhwerk besonders zu schätzen. In den wilden 1960er-Jahren entdeckte die rebellische Jugend die Marke für sich. Seither hat so ziemlich jede Subkultur spezielle Modelle von Dr. Martens für sich als Kult-Stiefel in Anspruch genommen - angefangen bei den Beatniks, Punks und Skinheads über Heavy Metal-Fans, New Romantics und Gruftis bis hin zu den Protagonisten der Techno- und Rapperszene. Der hohe Stellenwert lauter, identitätsstiftender Musik wird im Pop-up-Store durch Materialen veranschaulicht, die in Musikstudios gebräuchlich sind. Die Sitzgelegenheiten sind aus Equipment-Cases mit aufgelegten Akustikmatten aus Schaumstoff improvisiert. Auf ungeschlachten Gitterrosten werden die neusten Modelle präsentiert. Signalgelbe Spanngurte verbinden die flexiblen Elemente und machen eine Wiederverwendung des Pop-ups an anderer Stelle jederzeit möglich. Fazit: Der rebellische Gast hat die vornehme Verwandtschaft auf jeden Fall neugierig werden lassen.

CRASH BAGGAGE — SHANGHAI

Who cares

Wer reist, begibt sich ins Unbekannte und sollte sich den Kopf nicht über den Zustand seines Gepäcks zerbrechen. Was sind schon ein paar Beulen im Koffer gegen einen Sonnenuntergang am Mekong? Dem wohlverstandenen Leichtsinn des Travellers widmet sich der Pop-up-Store eines Kofferherstellers.

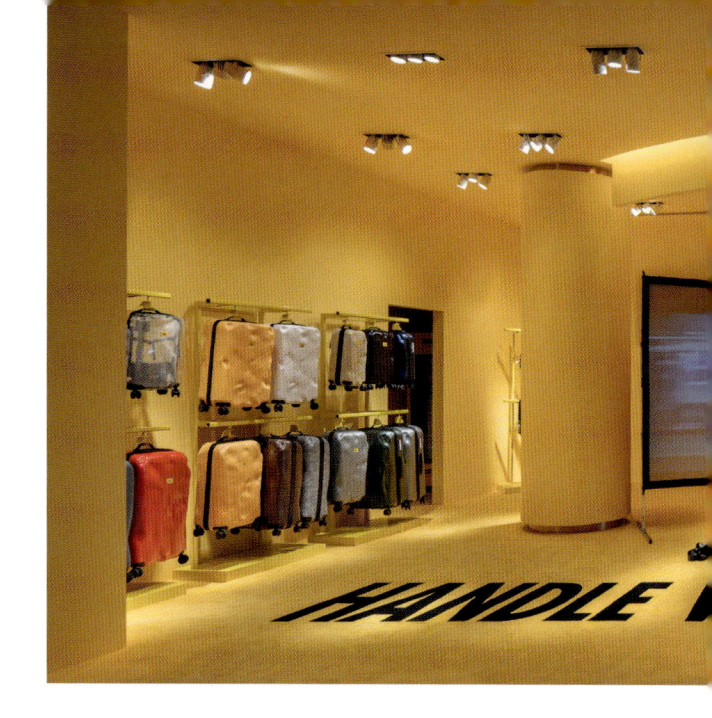

Projektdaten + Projektpartner

Standort	Galeries Lafayette 899 Pudong Nan Lu Shanghai, China
Eröffnung	April 2019
Verkaufsfläche (m²/Etagen)	110/1
Planung	Alberto Caiola Studio
Fotografie	Dirk Weiblen

CRASH BAGGAGE — SHANGHAI

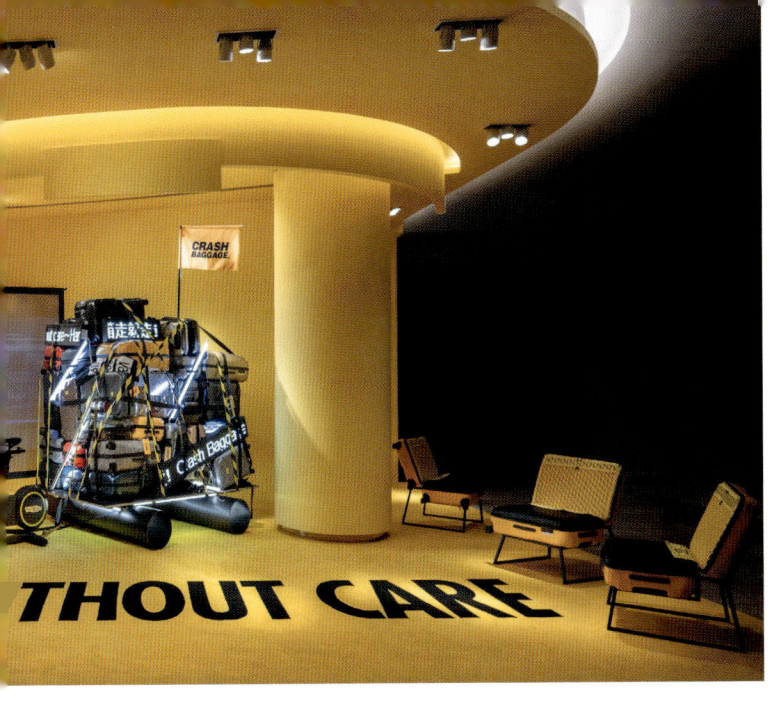

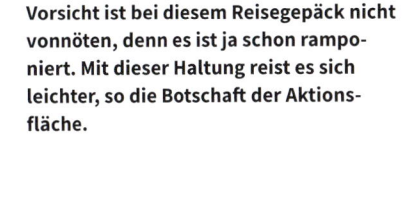

Vorsicht ist bei diesem Reisegepäck nicht vonnöten, denn es ist ja schon ramponiert. Mit dieser Haltung reist es sich leichter, so die Botschaft der Aktionsfläche.

Das italienische Reisegepäck-Label nimmt mit seinen Produkten vorweg, was Reisende auf den ersten Blick wirkungsvoller adelt als jede Platin-Vielflieger-Card einer Fluggesellschaft: sichtbare Spuren großer Abenteuer und Expeditionen ins Ungewisse. Dass die zerbeulten Koffer des Herstellers ihre Dellen und Knicke ab Werk bekommen, können die wartenden Passagiere am Gepäckband ja nicht ahnen. Die Betriebseinstellung „Risiko" stand auch Pate bei der Einrichtung eines Pop-up-Stores im Galeries-Lafayette-Warenhaus in Shanghai. Dort wurde auf einer 110 Quadratmeter großen Sonderfläche eine Gefahrenzone abgezirkelt, die schon über ein grelles Gelb – weltweit als Signalfarbe für Warnschilder im Einsatz – vermittelt, dass hier andere Regeln gelten. „Handle without care" ist die Mahnung, jede Vorsicht im Umgang mit den hier ausgestellten Produkten fahren zu lassen. Denn wer wirklich unterwegs ist, braucht Gepäck, dem weder Stürze und Kollisionen noch Hitze, Kälte oder Wasser etwas anhaben können. Teure Koffer, Rucksäcke und Reiseaccessoires erfüllen nämlich erst dann ihren Zweck, wenn man sich über ihre Unversehrtheit keinen Gedanken mehr machen muss. Das dachte sich der Gründer der Marke, nachdem er auf einem Flughafen die Klage eines Reisenden über einen beschädigten Koffer gehört hatte.

Der temporäre Store ist Produktpräsentation, Marken-Statement und Interaktionsfläche in einem. Der Schau verschieden großer Hartschalenkoffer an einem schlichten Rack steht eine Installation gegenüber, die einem Gepäcktransport vom Gate zum Frachtraum im Flugzeug nachempfunden ist. Die Koffer und Taschen in ihrer typischen Used-Optik werden von robusten Kunststoffstreifen zusammengehalten. Als Gefährt dient jedoch kein wendiges Elektro-Car, sondern ein Ergometer, das zwar auf der Stelle bleibt, doch über die animierten Sequenzen auf einem LED-Screen Fortbewegung simuliert. Als Sitzgelegenheiten dienen aufgeklappte, ausgepolsterte Koffermodelle, die auf Sesselgestellen ruhen. Und weil der abenteuererprobte Traveller aus jedem Ort auch einen Club zaubern kann, in dem Gleichgesinnte, flüchtige Bekannte und Fremde für ein paar Stunden feiern, wurde der Ladentisch zum DJ-Pult.

DETAILS IM FOKUS

Manchmal sind es die Details, die aus einem gewöhnlichen Projekt ein besonderes machen. Es gibt natürlich im Store-Design die ganz großen Würfe, die gestalterisch beeindrucken und Trends setzen. Diese Läden sind spektakulär. Es gibt die Brot- und Butter-Geschäfte, die hauptsächlich verkaufen müssen, und die, die mit einem einzigen Hingucker punkten. Allen ist gemeinsam, dass sie den Verkaufsraum attraktiv und unverwechselbar erscheinen lassen. Das kann an speziellen Materialien, einer gestalterischen Idee oder einem besonderen Einfall liegen, so wie bei Flokk in Warschau.

Der Showoom des skandinavischen Stuhllabels sollte die Produkte zeigen. Die Einrichtung spielte eine untergeordnete Rolle. Die Designer, die dort arbeiten, sollten sich aber auch inspiriert fühlen, um kreativ sein zu können. Ganz ohne Ansprüche an eine Rauminszenierung wollte man nicht auskommen. Die Planer der polnischen Agentur mode:lina hatten die gute Idee: warum nicht das Produkt, das hier ausgestellt und verkauft werden soll, als Dekorationselement verwenden. Es wurden über hundert Sitzschalen von Stühlen zu einer kunstvollen Installation verarbeitet. So entfaltet der Minimalismus mit diesem genialen Detail maximale Wirkung.

Eine ausgesprochen eindrucksvolle sowie außergewöhnliche Lichtkonstruktion befindet sich im Lago Shopping-Center in Konstanz am Bodensee. Verantwortlich für die Lichtplanung sind die jungen Stuttgarter Lichtplaner von ORB. Atelier für Lichtgestaltung. Ihre „Lichtwelle" im Lago war für den deutschen Lichtdesign-Preis 2020 nominiert. In einem Shopping-Center mit mehr als siebzig Shops, vielen Cafés und Restaurants geht das Detail Licht unter. Es sei denn, man schafft mit Licht Meetingpoints und führt damit die Kunden. Eine ganz spezielle Art der Wegeführung, die viel Know-how verlangt. Die zur Orientierung geschaffenen Lichtlinien sind kein kleines Detail, sondern eine schwierig herzustellende Konstruktion.

Beim Sneaker-Store P448 in Mailand werden Materialien, die nicht oft zusammen eingesetzt werden, verbunden. Hochwertiges Marmor trifft auf Metall und beides auf einen ordinären Gummibelag. Das wäre nicht unbedingt so spektakulär, wenn es nicht ein kleines Detail gäbe: die Farbe Kobaltblau, die den Laden sprichwörtlich zusammenhält.

FLOKK SHOWROOM — WARSCHAU

Nichts als Stühle

Das skandinavische Label Flokk produziert Stühle. Das polnische Unternehmen Profim produziert ebenfalls Stühle. Beide haben gemeinsam in Warschau einen Showroom eröffnet mit maximal funktionalem Interieur. Gezeigt werden soll nichts als Stühle. In den schlichten Ausstellungsräumen arbeiten die Mitarbeiter, werden Workshops und Seminare abgehalten und neue Designideen geboren. Bewusst haben die Planer von mode:lina auf Minimalismus in der Einrichtung gesetzt, um eine hohe Flexibilität der Fläche zu erreichen. Die Hauptrolle in diesem Szenario spielt die zentrale Installation von mehr als hundert Stühlen. Sie greift das Produkt, um das es ausschließlich geht, gekonnt auf.

Projektdaten + Projektpartner

Standort	Konstruktorska 12A Warschau (Park Rozwoju), Polen
Eröffnung	Januar 2020
Verkaufsfläche (m²/Etagen)	440/2
Planung	mode:lina
Ladenbau	Artservis Sp.z o. o.
Fotografie	Patryk Lewiński

LAGO SHOPPING CENTER — KONSTANZ

Das Licht leitet

Das innerstädtische Shopping-Center liegt in unmittelbarer Nähe zur historischen Altstadt von Konstanz. Jährlich zieht das mehrfach ausgezeichnete Center mehr als zehn Millionen Besucherinnen und Besucher an. Die bei dieser Objektgröße wichtige Orientierung bringt das Licht. Speziell angefertigte Leuchten markieren Treffpunkte und die Informationstheken. Sehr komplexe Lichtlinien weisen den Weg durch das Center und in die Shops. Dafür wurden spezielle Leuchten gefertigt. Die sehr aufwändige Lichtplanung ist zum Markenzeichen des Centers geworden.

Projektdaten + Projektpartner

Standort	Bodanstraße 1 78462 Konstanz, Deutschland
Eröffnung	September 2020
Verkaufsfläche (m²)/Etagen	15.000/3
Lichtplanung	ORB. Atelier für Lichtgestaltung
Beleuchtung	Prolicht GmbH
Fotografie	Armin Kuprian

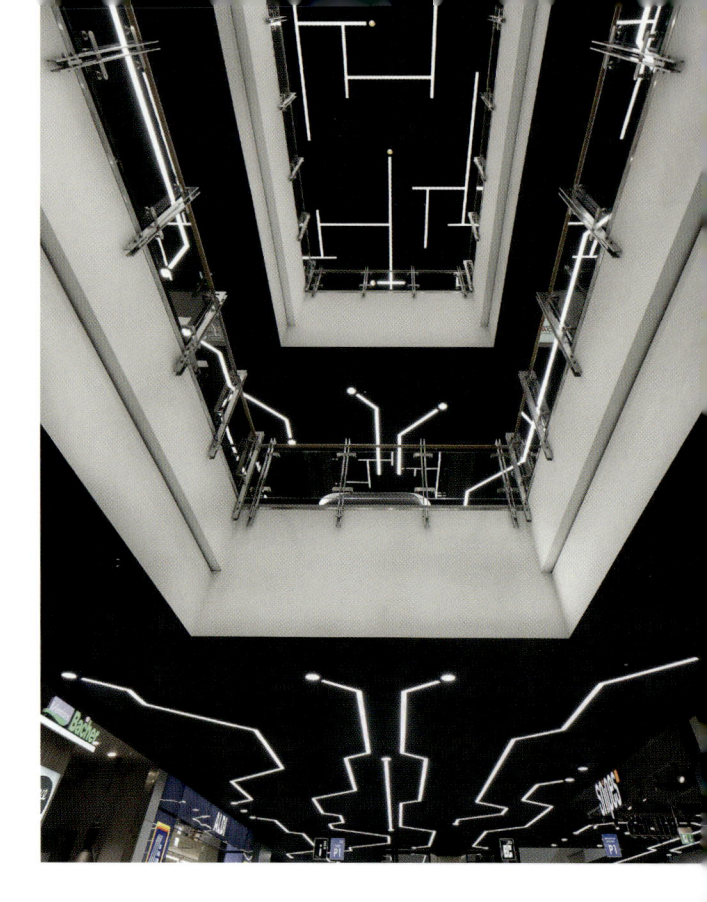

P448 FLAGSHIP STORE — MAILAND

Die blaue Stunde

Das italienische Sneakerlabel P448 hat in seinem ersten Store im Szeneviertel Brera in Mailand auf eine Farbe gesetzt: Blau. Der intensive Farbton wird durch die eingesetzten Spiegel noch verstärkt. Den Rahmen geben neutral grau-weißer Marmor, Metall und ein Gummibelag, ähnlich dem von Sportböden. Ein besonderes blaues Detail begrüßt die Kunden am Eingang: ein Getränkeautomat, der keine Getränke ausgibt, sondern die neuesten Sneakermodelle des In-Labels präsentiert. Mit diesem Auftritt ist P448 in der Nachbarschaft einiger internationaler Designbrands ein Highlight gelungen. Besonders in der blauen Stunde und in der Nacht leuchtet der Store über Brera.

Projektdaten + Projektpartner

Standort	Via Ponte Vetero 9 20121 Mailand, Italien
Eröffnung	Februar 2020
Verkaufsfläche (m²/Etagen)	80/1
Planung	Piuarch Srl
Ladenbau	Creative Lab Srl
Lichtplanung	voltaire light design philosophy
Boden	Rezina Srl
Fotografie	Saverio Lombardi Vallauri

PROJEKTPARTNER

Planer, Ladenbauer + Partner 2021

Im STORE BOOK 2021 sind fünfzig Läden weltweit abgebildet. Von A wie Apotheke bis Z wie Zweiradladen sehen wir viele unterschiedliche Retailformate. Von Ingolstadt über Madrid bis nach Osaka, von Israel bis nach China, sind hervorragende, manchmal einzigartige Konzepte und Läden entstanden.

Am Anfang steht immer der Wille eines Händlers, einen besonderen Laden zu eröffnen. Er braucht Ideen, ein Konzept, das Design, die Möbel, den Boden und das Licht, um nur die wichtigsten Dinge für das Entstehen des Stores zu nennen. Damit aus der Verkaufsfläche ein unverwechselbarer Laden wird, braucht es Kompetenz, Innovation und eine Prise Leidenschaft. Die Unternehmen, die an den Projekten in diesem Buch beteiligt waren, bringen diese Qualität mit. Dabei vergessen wir nicht die Fotografen, die uns die hervorragenden Bilder liefern, die dieses Buch überhaupt möglich machen.

Wir stellen alle Projektbeteiligten des STORE BOOK 2021 vor:

Planung

Alberto Caiola Studio
www.albertocaiola.com

Architekten mbB Vahle + Partner
www.vahle-architektur.de

blocher partners
www.blocherpartners.com

Brust + Partner
www.brust-partner.de

C&A Mode GmbH & Co. KG
www.c-and-a.com/de

CuldeSac
www.culdesac.es

Destudio Arquitectura
www.destudio.es

DFROST Retail Identity
www.dfrost.com

EBG Einzelhandels-Beratungs-Gesellschaft mbH
www.ebg-beratung.com

FormRoom
www.formroom.com

gül koc GmbH
www.guelkoc.com

Heikaus Architektur GmbH
www.heikaus-architektur.com

Huuun
www.huuun.com

Interstore AG
www.interstore.ch

Izaskun Chinchilla Architects
www.izaskunchinchilla.es

King Kongs
www.kingkongs.com

Kinzel Architecture
www.kinzel-architecture.de

Klaus Bürger Architektur
www.buerger-architektur.de

Kokaistudios
www.kokaistudios.com

Komo GmbH
www.studiokomo.de

König Object Consulting GmbH
www.harres-metalldesign.de/home-koenig

PROJEKTPARTNER

Kunze GmbH
www.kunze-group.eu

Ladenmacher AG
www.ladenmacher.ch

Manoj Patel Design Studio
www.manojpateldesignstudio.com

Nest One GmbH
www.nest-one.com

Obermeier Objekt + Möbel GmbH
www.ideen-zeichen-werkstatt.de

Oficina Penadés
www.oficinapenades.com

Roman Izquierdo Bouldstridge
www.romanizquierdo.com

schmees Ladenbau GmbH
www.schmees-ladenbau.de

SODA GmbH
www.soda-group.com

Stephanie Thatenhorst
www.stephanie-thatenhorst.com

Studio 10
www.studio10.co

SLT - Studiolite Design Consultancy
www.studiolite.ch

Studio Samuelov
www.samuelov.com

Theodor Schemberg Einrichtungen GmbH
www.schemberg.de

Torafu Architects
www.torafu.com

umdasch Store Makers Neidenstein GmbH
www.umdasch.com

Visual Display S.r.l.
www.visualdisplay.it

Ladenbau

Bohnacker Ladeneinrichtungen GmbH
www.bohnacker.com

Brust + Partner GmbH
www.brust-partner.de

Camagni Arredamenti srl
www.camagniarredamenti.it

donnerblitz design GmbH & Co. KG
www.dbd-moebel.de

estudio atrium s.l.
www.estudioatrium.com

E3 Interieurbow
www.e3interieurbouw.nl

Ganter Construction & Interiors GmbH
www.ganter-group.com

Harres Metall-design GmbH
www.harres-metalldesign.de

Heikaus GmbH
www.heikaus.com

Hoffmann Interior GmbH & Co. KG
www.hoffmann-interior.com

Kienle – Möbel GmbH
www.kienle-moebel.de

Kinzel Project GmbH
www.kinzel-architecture.de

Korda-Ladenbau GmbH
www.korda.de

Kraiss GmbH
www.kraisseinrichtungen.de

Kriwet Projektmanagement GmbH
www.kriwet420.de

Kunze GmbH
www.kunze-group.eu

Ladenmacher AG
www.ladenmacher.ch

schmees Ladenbau GmbH
www.schmees-ladenbau.de

Shopline Shopfitting
www.shopline.com.tr

Schrutka-Peukert GmbH
www.schrutka-peukert.de

Schweitzer Project AG
www.schweitzerproject.com

Tenbrink Ladeneinrichtungen GmbH
www.tenbrink-ladeneinrichtungen.de

Theodor Schemberg Einrichtungen GmbH
www.schemberg.de

umdasch The Store Makers
www.umdasch.com

PROJEKTPARTNER

Licht

BÄRO GmbH & Co. KG
www.baero.com

**CPA Lichtkonzept
GmbH & Co. KG**
www.cpa-lichtkonzept.com

D&L Lichtplanung GmbH
www.dl-lichtplanung.de

**Elan Beleuchtungs- und
Elektroanlagen GmbH**
www.elan-gmbh.de

Endo Lighting Corporation
www.endo-lighting.com

Flos GmbH
www.flos.com

Licht 01 Lighting Design
www.licht01.de

lichtbasis GmbH
www.lichtbasis.com

Max Franke GmbH
www.max-franke.de

micra
www.micra-es.com

Nexia Iluminación S.L
www.nexia.es

Oktalite Lichttechnik GmbH
www.oktalite.com

PG Licht GmbH
www.pglicht.de

RD Leuchten AG
www.rdleuchten.ch

Reflexion AG
www.reflexion.ch

Ruco Licht GmbH
www.rucolicht.de

rühle lichtplan
www.ruehle-lichtplan.de

Simon
www.simonelectric.com

The Soho Lighting Company
www.soholighting.com

XAL GmbH
www.xal.com

Boden

Amtico International GmbH
www.amtico.de

**Baumeister
Raumausstattung GmbH**
www.baumeister-raumausstattung.de

Faus International Flooring
www.faus.international/es

Forbo Flooring GmbH
www.forbo.com/flooring/de-de

galerie terràmica GmbH
www.galerie-terramica.de

Mapei Spain, s.a.
www.mapei.com/es/es/

Project Floors GmbH
www.project-floors.com

**Speckner Bodenbeläge
GmbH & Co. KG**
www.speckner.com

Tarkett
www.tarkett.es

Villeroy & Boch AG
www.villeroy-boch.de

PROJEKTPARTNER

Fotografie

Daici Ano
www.fwdinc.jp

Martin Baitinger
Martin Baitinger Fotografie
www.martinbaitinger.net

Germán Cabo
www.germancabo.com

Günther Egger
www.guentheregger.at

Jules Esick
www.julesesick.com

Andrea Fabry
Foto Fabry
www.foto-fabry.de

Alex Filz
www.alexfilz.com

David Frutos
David Frutos Fotografía
www.davidfrutos.com

Daniel Gerteiser
Foto und Design Gröber
www.foto-und-design.com

Adrià Goula Sardà
www.adriagoula.com

Joachim Grothus
Joachim Grothus Fotografie
www.joachimgrothus.de

Horst Gummersbach
Fotografie Horst Gummersbach
www.fotografie-gummersbach.de

Maximilian Heinsch
www.mhfotograf.de

José Hevia
José Hevia Fotografía
www.josehevia.es

Daniel Horn
Daniel Horn Photography
www.danielhorn.com

HP Studios
www.hp-studios.com

Roman Job
Studio für Fotodesign München
www.romanjob.de

Stefan Klein
www.derphotoshoper.com

Philip Kottlorz
Philip Kottlorz Fotografie
www.philipkottlorz.com

Guido Leifhelm
Leifhelm Eventfotografie
www.leifhelm-panorama.de

Thomas Mohn
Fotografie Thomas Mohn
www.thomasmohn.de

Peter Muntanion
Studio Muntanion
www.pm-studio.de

Patricia Parinejad
www.patriciaparinejad.com

Jens Pfisterer
www.jenspfisterer.de

Uzi Porat

Hanna Połczyńska
kroniki studio
www.kroniki.studio

Alessandro Saletta
DSL Studio
www.dslstudio.it

Shigeta Satoshi
www.shigetasatoshi.com

Tejas Shah
Tejas Shah Photography
www.tejasshahphotography.com

Richard Sinte Maartensdijk
RS Fotografie
www.rsfotografie.com

Uwe Spoering
Uwe Spoering Fotograf
www.uwespoering.de

Tobias Trapp
Tobias Trapp | Werbefotografie
www.tobiastrapp.eu

Richard Unger
Ungershooting
www.unger-shooting.com

Jeronimo Vilaplana
HotelFotograf
www.hotelfotograf.ch

Dirk Weiblen
Dirk Weiblen Photography
www.dirkweiblen.com

Vincent Wu
Sensor Images
www.sensorimages.net

David Zarzoso
www.davidzarzoso.com

Chao Zhang
ZC Studio
www.cargocollective.com/ZCSTUDIO

IMPRESSUM

Herausgeber
dLv Deutscher Ladenbau Verband
Koellikerstraße 13, D-97070 Würzburg
Postfach 5920, D-97009 Würzburg
Tel. +49 (0) 931 35292-0
Fax +49 (0) 931 35292-29
info@ladenbauverband.de
www.ladenbauverband.de

ISBN: 978-3-9823036-0-4
Das Werk einschließlich aller Teile ist urheberrechtlich geschützt. Jede Verwertung außerhalb der engen Grenzen des Urheberrechtsgesetzes ist ohne Zustimmung des Verlags unzulässig und strafbar. Das gilt insbesondere für Vervielfältigungen, Übersetzungen, Mikroverfilmungen und die Einspeicherung und Verarbeitung in elektronischen Systemen.

Autorin:
Cornelia Dörries, Berlin

Projektleitung + Redaktion dLv:
Angela Krause

Redaktionelle Mitarbeit dLv:
Valeria Guzman Palacios

Beirat aus dem dLv-Vorstand:
Carsten Schemberg

Lektorat:
Joachim Fildhaut, Würzburg

Gestaltung:
heller & greller GmbH Axel Treffkorn, Würzburg

Umschlaggestaltung:
heller & greller GmbH Axel Treffkorn, Würzburg

Druck:
bonitasprint gmbh, Würzburg

Fotocredits:
Umschlagvorderseite: Joachim Grothus für blocher partners
Umschlagrückseite: Joachim Grothus für blocher partners
Vor-/Nachsatz: HP Studios

Der Deutsche Ladenbau Verband mit Sitz in Würzburg ist der Branchenverband der deutschen Ladenbauunternehmen sowie der begleitenden Gewerke.

Das jährlich neu vom dLv herausgegebene STORE BOOK beruht ursprünglich auf einer Idee von Reinhard Peneder, ehemaliges Vorstandsmitglied, dem wir an dieser Stelle danken.